思想家鶴見俊輔とその時代

土倉　莞爾　著

関西大学出版部

【本書は関西大学研究成果出版補助金規程による刊行】

まえがき

　本書は，著者が，2021 年から 23 年にわたって細々と書き留めて来た，思想家鶴見俊輔についての論考を集めたものである。

　著者は，大学を定年退職して 10 年以上になる者であるが，現役の教員としての授業科目は「西洋政治史」であった。そのため，その当時，記述した著書，論文は，ヨーロッパの政治・政治史に関連したものが多かったのであるが，本書は，題名のように，日本の思想家に関するものになっている。

　大雑把に言って，著者は，非ヨーロッパの政治，政治史に関する著書をこれまで次のように，2 冊刊行している。

① 『社会科学のほうへ──いくつかの断片』（私家版）（ナカニシヤ出版，2013 年）。

② 『現代日本の政治思考的考察』（関西大学出版部，2015 年）。

　この 2 冊で，何を主張したのか？　『現代日本の政治思考的考察』「まえがき」で，著者はこう述べた。「すなわち日本の選挙政治をフォローしながら，フランス選挙政治の解明のアイデアが浮かばないだろうか，勝手に考えているのである。……この試みは，まだ夢想の段階であり，緒についたばかりである」（同書，ⅰ）。

　「解明のアイデア」は浮かんだのであろうか？　今にしては失敗だったと言わざるをえない。すなわち，意識の底ではどこかでつながっていたかもしれないが，当時，日本政治の分析がフランス政治の分析に役立ったとはとても言えなかったし，ずいぶん時間の経過した今でもそう思っている。

　したがって，本書は，鶴見俊輔について論じたものであるが，鶴見は，フランスの政治学者モーリス・デュヴェルジェやパスカル・ペリノーといった学者とはまったく関係ない。こじつけることもできない。

　何と言えばよいのだろうか。説明に困っている。結局，政治学とは別

に，著者の私的な漫然とした読書遍歴の「なれの果て」である，と居直る
しかないのは，我ながら残念である。

とはいえ，政治学を勉強して来た者として，第6章で引用してある丸山
眞男の言葉をあらかじめ引用して，著者の気持ちとして，「はじめに」の
結びとして考えることにさせていただきたい。

　　客観的な組織やルールが「顔」に代り，人間相互の直接的感性的関
　係がますます媒介された関係に転化するという面を捉えれば，近代化
　というのは人格関係の非人格化の過程ともいえるが，他方因習から目
　ざめてそうしたルールなり組織なりを工夫してつくって行く主体とし
　て己れを自覚する面から見れば，それは逆に非人格関係の人格化とい
　うことになるわけだね。(丸山 1995，『丸山眞男集』第4巻，210-20頁)

筆者の浅薄な理解によれば，「丸山テーゼ」は，「顔」に代わって「非人
格関係の人格化」を説いているように思われるのだが，「顔」という表現
は，筆者は，筆者が非近代的なのかもしれないが，本来の「思想」は，鶴
見が述べているような「直接的感性的」な側面も捨象すべきではないと考
えている。

それは，さておき，本書は，単に鶴見を論じるだけでなく，丸山眞男，
清水幾太郎らをはじめとする多数の思想家についても，鶴見に関連付けな
がら，加言したつもりであるが，だからといって，戦後政治思想史という
つもりはまったくないことをおことわりさせていただきたい。

末尾ながら，本書は2024年度関西大学研究成果出版補助金規程による
刊行である。関西大学に満腔の謝意を表させていただきたい。本書がばら
ばらの5篇の論文と1篇の書評から，1冊の「書籍」へと成長してゆくに
あたっては，関西大学出版部という大きな「力」があったことを特記した
い。

目次

まえがき……………………………………………………………………… i

第1章　非暴力直接行動と鶴見俊輔 ………………………… 1

 Ⅰ　はじめに

 Ⅱ　非暴力直接行動とは何だったのか

 Ⅲ　小田実とのつながり

 Ⅳ　『べ平連』再考

 Ⅴ　韓国慰安婦問題と鶴見俊輔

 Ⅵ　おわりに

第2章　鶴見俊輔の「方法としてのアナキズム」 …………………37

 Ⅰ　はじめに

 Ⅱ　加藤典洋の鶴見・埴谷論

 Ⅲ　鶴見俊輔のアナキズム論

 Ⅳ　鶴見は埴谷雄高をどう読んだか

 Ⅴ　おわりに

第3章　鶴見俊輔：ひとりの保守主義者 …………………………83

 Ⅰ　はじめに

 Ⅱ　鶴見俊輔の「岩床」

 Ⅲ　「戦後」が失ったもの

 Ⅳ　もう1人の保守主義者

 Ⅴ　おわりに

iii

第4章　戦後思想史において『思想の科学』とは何であったのか … 145

   Ⅰ　はじめに

   Ⅱ　『思想の科学』の創刊

   Ⅲ　『思想の科学』の 50 年

   Ⅳ　おわりに

第5章　「共同研究　転向」と鶴見俊輔 ………………………………… 185

   Ⅰ　はじめに

   Ⅱ　「共同研究　転向」のモチーフ

   Ⅲ　「共同研究　転向」研究会の発展と展開

   Ⅳ　転向の遺産

   Ⅴ　おわりに

第6章　【書評】鶴見俊輔著『日本思想の道しるべ』

     （中央公論新社，2022 年） ………………………………… 229

   Ⅰ　はじめに

   Ⅱ　本書の主要論文

   Ⅲ　主要な論点

   Ⅳ　おわりに

あとがき……………………………………………………………………… 275

第1章

非暴力直接行動と鶴見俊輔

Ⅰ　はじめに

　鶴見俊輔とは何者かと考えたときに，思い浮かぶことは，「行動する知識人」という発想である。彼自身，どこかで，自分は著述よりも行動の方が大切だというようなことを述べていた記憶が，筆者（土倉）にはある。

　ただし，そこには逆説的な含意がある。すなわち，「行動する知識人」といっても知識人のわりには，思索や思考，もっといえば思想がない「行動する知識人」という意味ではない。端的に言えば，鶴見の場合，「思想的な行動」なのである。

　本章はそのような問題意識に立って，鶴見俊輔の思想と行動を論じてみようとするものである。

Ⅱ　非暴力直接行動とは何だったのか

　鶴見俊輔は，1981年，『遠い記憶としてではなく，今——安保拒否百人委員会の10年』に，次のように書いた。「すわりこみ，断食は，私にとって何だったかと，考える。……とくに，最初に米国大使館前にすわったことが，心にのこっている。その直前までは，そんなことは自分にはできないような気がしていたので，自分の人生がそこで2つに分れたような気がした」（鶴見 1981，3；同 2017，122）。

　鶴見の場合，「すわりこみ」や「断食」は大きな意味を持っているように思われる。誤解を恐れずに言えば，思想的なものがある。

　鶴見が「そんなことはできないような気がしていた」というのは実によく分かる。考えてみれば，鶴見のような哲学青年だった人が「座り込み」

1

をするということは，普通は考えられないことではないだろうか。しかしながら，「すわりこみ」や「断食」は，見方によれば，哲学的な象徴的な行動であるという思考法もあるのではないかと思うのも一理あると思う。俗に言えば，「すわりこみ」や「断食」が「観念的」なのである。彼の思いを続けて引用しよう。彼はこう書いている。

> 　自分を無力な状態にして，権力に対して抗議するのは，無駄なようにも思え，矛盾を含んでいるようにも思える。たしかにそうだ。他にもっと有効な抗議の仕方をさがさなくてはならない。(同 1981，3；同 2017，123)

「自分を無力な状態にして，権力に対して抗議するのは，無駄なようにも思え，矛盾を含んでいるようにも思える」というのは重大な示唆であると思われる。すなわち，普通に考える場合，権力に抗議する時は，「自分を無力な状態」にしないものである。

鶴見が「批判する相手の国家権力はもっと金があり，大きな組織があり，もっと地位と名声をもっている人をかかえているので，こちら側の有効性をうわまわる有効性をいつも，むこうがもっており，抗議することは無駄というふうにも考えられる」(同 1981，3；同 2017，123) というのも重要な指摘である。

「国家権力」や「大きな組織」に対抗するためにはどうしたらよいのか？これは，永遠の問題であると言えよう。まことに「抗議することは無駄」と考えても少しもおかしくない。しかしながら，「非暴力直接行動」はたしかに現代の逆説なのである。観念的なものは行動的でないという常識をひっくり返すものを秘めているとも思われる。そこに鶴見の思想の意味が生きてくると思われる。

鶴見は，30 代で 1960 年の安保反対運動に加わり，40 代で 1965 年のベトナム戦争反対運動のはじまりに参加し，1981 年にこれまでの行動とは

第 1 章　非暴力直接行動と鶴見俊輔

何であったのか，思索しようとしている。鶴見は次のように自分の生活を
回顧する。

　　1960 年の安保反対運動の時には 30 代，65 年のベトナム戦争反対運
　動のはじまりには 40 代，そして今，1981 年には 50 代の終りで，か
　らだは相当におとろえた。もはや，ジグザグデモはできない。断食と
　すわりこみがようようのこと。……そんなふうで，私は，著作をとお
　して，自分の考え方を発展させることがすすんではいないけれども，
　15 年前のすわりはじめの初心にもとづいて政治活動をしている。10
　数年前にすわりこみで出合い，このごろ会っていない人たちのことを
　よく考える。なくなった柴田道子さんのこと。……すわりこみは，そ
　れぞれの人の中に，生きつづけている。(同 1981，3-4；同 2017，123-5)

　鶴見の回想は，以上であるが，ここで，柴田道子について，筆者なりに
フォローしておきたい。鶴見は，柴田が「戦争が生んだ子供たち」と題し
て『思想の科学』1959 年 8 月号に書いた文章の中から，引用している。
ここに再引用しておきたい。

　　すべての人に，自分の生れた国があるのと同様に，それぞれの人間
　には，幼年期とか少年期とかの，広大なふるさとがある。どの人もそ
　こから出て来た。そうした私のふるさと，それは太平洋戦争だった。
　私はそこ（戦争）から生きるためのエネルギーを引き出し，あるいは
　転化させて来ている。(鶴見 2002，118)

　さて，柴田の小学 5 年生から 6 年生までの生活について，鶴見は次のよ
うに描く。鶴見の史観がよく出ている箇所である。鶴見によれば，「皇国
少女として柴田道子が自分をつくってゆこうとする 5 年生から 6 年生ま
で 1 年半の努力。その中で，美しいものにされてゆく父母とのかつての生

3

活。だが，努力にもかかわらず，学童疎開の体験を彼女は美しいものにかえて記憶にとどめることはできない。とくに消すことができないのは大人の裏切りである。……教師は手のひらをかえすように，軍国主義から民主主義にかわってゆく。それはこの裏切りの記憶に仕上げをした。大人の裏切りの主題は，彼女の記憶に焼きつけられた」(119)。

　鶴見が書いた次のような感動的なエピソードの記述が印象的である。「柴田道子と出会ってから3年ほどして，1960年の安保改定闘争があった。「羽田への道はせまい」という合言葉で，学生たちを羽田空港にあつめた全学連の活動は名高い」(119-20)。鶴見によれば，「そのとき，全学連がそこによりどころをもつとは思えない共立女子大学から，柴田道子が1人参加していたことは，あとで知って意外だった。彼女なりに，学童疎開の記憶が，羽田への道とむすびついていた」(120)。

　さて，鶴見によれば，1960年6月15日，学生たちの2度目の国会突入の中で，東大大学院生樺美智子が死んだ。この時にわずかな数に過ぎなかった共産主義者同盟（ブント）が33万人を国会周辺までひきだしたという(120)。たしかに，ブントの安保闘争における成長は華々しかった。安保闘争はブントの貢献によって盛り上がったと言っても過言ではない。鶴見は次のように続けて言う。「樺美智子さんの命日，6月15日になると，私たちの仲間は，国会通用門前にあつまって，花を置く。柴田道子は，樺美智子とおなじようにまっすぐに道を歩いた」(120-1)。鶴見は柴田道子が樺美智子の生まれ変わりだと言っているようである。このように，いかにも鶴見の思想と人柄を感じさせる回想である。

　ここから大きく話は飛ぶが，ここで，由比忠之進の焼身自殺の問題を考えてみたい。すなわち，焼身の問題と，坐りこみの問題は，どのようにつながるのか？　鶴見はこう書いている。「大正時代の文化の構成要素として，日本のエスペラント語の運動がある。由比忠之進氏は，この大正文化の理想をかかげて長い生涯を生きた人だと思う」(鶴見1967，18)。

　「焼身の問題と，坐りこみの問題は，どのようにつながるのか？」に答

第1章　非暴力直接行動と鶴見俊輔

えるとすれば，それは「党派精神にとらわれないインタナショナリズム」
という「おおらかな姿勢」であると考えてみたい。たしかに，「焼身」が
なぜ「おおらかな姿勢」といえるのかという反論があると思うが，そこは
象徴的問題として思考できるのではないだろうか。と同時に付言したいの
であるが，ふと，鶴見は由比に自分自身を投影しているのではないか，と
筆者は鶴見の筆致から連想したのである。さて，話をベトナム反戦運動に
移してゆくことにする。『鶴見俊輔伝』の著者黒川創によれば，

　　　同年〔1966年——筆者〕6月29日。米軍機が，北ベトナムの首都ハ
　　ノイならびにハイフォン地区という都市部に，初めての爆撃を拡大し
　　た。翌30日，これにただちに抗議して，鶴見俊輔，市井三郎，いい
　　だもも，渡辺一衛，大野明男ら，「非暴力反戦行動委員会」を名乗る
　　人びとが，米国大使館前で2回にわたって坐り込みを行ない，警官隊
　　に排除された。……「非暴力反戦行動委員会」というのは，緊急の必
　　要が生じたときには，逮捕されることも覚悟して直接行動を取るとい
　　う，ベ平連から有志が集った小グループである。(黒川2018，359-60)

　川上賢一もこの小グループの1人であった。川上は，羽田におけるデモ
で裁判にかけられ，鶴見は「特別弁護」人として出廷する。鶴見証人は
次のように述べる。「私が川上君とほとんど同じ思想，同じような条件が
あったなら，同じ行動をとったと思います。……私は虚心に今の憲法を読
めば，今の政府を担当している人達の意識よりも今の若い人達の意識の側
に戦後の憲法があるものと考えています」(小泉ほか2017，78-87)。見事な
弁護であったと思われる。付言すれば，鶴見の哲学とは何か，うかがい出
来るような弁論ではないかとも思う。

Ⅲ　小田実とのつながり

「鶴見俊輔年譜」(小泉ほか2017，126-7)にはこう記されている。

5

1965 年，米軍によるベトナム北爆を機に，「ベトナムに平和を！市
　　民連合（ベ平連）」を小田実，高畠通敏らと発足させる。米兵に軍隊
　　からの脱走を呼びかけたことに対して，67 年 10 月，横須賀の米空母
　　イントレピッド号から 4 人の水兵が脱走し，これをきっかけに脱走兵
　　援助組織「ジャテック」の活動を始める。(126)

　これでわかるように，ベ平連を中心として，鶴見と小田のつながりは非
常に強いきずなで結ばれていたことが予想できる。それでは小田実とは何
者であるのか？　鶴見と小田はいかなるつながりがあるのか？　まずは鶴
見の「スタイル」と題する小田実追悼文から覗いてみたい。鶴見は次のよ
うに述べている。

　　小田実が，これから先に，何を残すか。よくわからないままに，そ
　　れを考えてゆきたい。彼は，ベ平連という大きな運動をつくった。ど
　　の組織を受け継いだのでもなく，どこから資金の調達を受けたのでも
　　なく，壮大な理論体系をつくったのでもなく。彼は，1965 年の日本
　　という状況に，彼のスタイルで訴えた。……日本の近代史の中では，
　　江戸時代の越境者万次郎に似ている。(鶴見 2013, 14)

　「スタイル」は，小田実の追悼文集の巻頭言として書かれたものである
が，筆者（土倉）の率直な私見として，鶴見の文はかなり奇抜な追悼文で
ある。そこが，鶴見のキャラであり，あの状況ではああ書くしかなかった
ことを斟酌するとしても，である。おそらく天国の小田実は，苦笑しつつ
もたまげたに違いない。
　巻頭言の次に掲載されている加藤周一の「呼びかけ人」と題する追悼文
のほうがはるかにオーソドックスである。加藤と鶴見の 3 歳の年齢の差，
と言うべきか？　加藤は次のように述べている。加藤によれば，私的な小
田は実に誠実だったと言う。

第 1 章　非暴力直接行動と鶴見俊輔

　　私的な小田さんは実に誠実な人でした。例えば学生のころ，小説の
　草稿を当時の新進作家・中村真一郎に送って中村から対等の扱いを受
　けたということを，何十年も生涯を通じて覚えていました。公的な小
　田実は驚くべき「呼びかけ人」でした。……弁舌をふるうばかりでな
　く自らデモの先頭に立つ。しかし同時にしゃべる必要があれば理路整
　然としゃべる。不言実行ではなくて有言実行です。そして小田は文学
　者でもありました。『「アポジ」を踏む』や『玉砕』のような珠玉の名
　作があります。(加藤 2013, 17)

　加藤の言う「小田は文学者でもありました」がポイントである。「行動
する文学者」と言ったらよいだろうか。そこで，あらためて小田に関する
鶴見言説をとりあげてみたい。1971 年に書かれた小田の初期の小説や紀
行文といった作品に寄せた鶴見の解説を紹介してみよう。鶴見によれば，
「小田実の作品を年代順に読んで見ると，この人には孫悟空が如意棒を
もったという感じの時期が一度もなかったようだ。13, 4 歳のころから小
説を書いている早熟な少年にしては，異常なことである」(鶴見 1975, 469)
ということになるのだが，しかし，普通に考えて，鶴見の言う例えの表現
こそ，「異常」であり，奇抜である。飛躍して結論を急げば，両者の個性
のぶつかり合いのようなものがある。それは，さておき，鶴見は「孫悟空
が如意棒」云々の理由を次のように説明する。すなわち，「進化論が明治
の少年をとらえ，資本論が大正の少年をとらえたような仕方で，ある理論
が小田実をとらえ，それで説明すると世界のすみずみまでがわかったと
いう感じを彼がもつという時は一度もなかったらしい」(469) と言う。だ
が，森鴎外や夏目漱石のような小説家が進化論にとらえられていたのか？
いやむしろ，漢文文化で育ったのではないか。たしかに，丸山眞男が「資
本論が大正の少年をとらえた」例に当てはまるとしても，小田実に戦時期
から戦後にわたって何か「如意棒」にあたる理論が持てたかというほうが
無理なのではないだろうか。開高健にしても，吉本隆明にしても，よく似

7

た環境に育ったのではないだろうか。

けれども，そうではあるが，鶴見がこうも言っているところは重要である。すなわち，「いかなる地上の国をも理想化せず，へこんだ地面から文明を見るという習慣は，彼〔小田〕が，もっと早く，大阪で空襲にあって大人たちとともに逃げまわった時の感じに根ざしているのだろう」(469)と。したがって，筆者（土倉）なりに言い換えれば，「「如意棒」にあたる理論はなかったかもしれないが「戦時下体験」という身体と精神に沁みついていた「如意棒」といえるものはあった」と言えるのではないだろうか。小田が小説を書き始めたのは，日本が敗戦後，小田が，1年間，肺結核で学校を休んだ中学1年生の頃である。鶴見はこう書いている。

　　〔小田が〕はじめて出会った文学雑誌が「近代文学」創刊号で，そこで印象にのこった作品が埴谷雄高の『死霊』であり，その後に感銘をうけた作品が中村真一郎の『シオンの娘たち』であったりしたので，彼の理想とする文体は，自然にペダンティックなものとなった。初期の彼の作品，とくに『明後日の手記』を読むと，T・Sエリオットやジョイスやマルローやサルトルやキケロやバビットまで出て来て，めくるめく引用文が，こどもの焼跡体験や大阪の闇市とはちがう場所に読者をつれてゆく。(470)

鶴見と小田の違いは，著述家としてのスタートの仕方に始まるのではないか？　前者の場合は，ハーヴァード大学留学であり，後者は，大阪の焼跡，闇市である。しかしながら，両者にとっての共通点もある。それが重要だと思う。両者に共通するものは何か。それは広い意味での「戦争体験」と，時期は異なるとしても「アメリカ留学」ではないだろうか。すなわち，アメリカに対抗する「ベトナム戦争反対運動」に大きく関わる鶴見と小田は，奇しくも，「戦争体験」と時期は違うが，アメリカ「留学体験」を共有する当事者なのである。

第1章　非暴力直接行動と鶴見俊輔

　さて，鶴見の小田論に戻る。鶴見によれば，小田には「教養ある文体」
が邪魔になって来る。「やがて，世界を1日1ドル旅行して歩くなかで，
アジアのどこかで彼は，この文体をぬぎすてる。こうしてうまれたのが，
紀行『何でも見てやろう』〔小田，1961〕で，その新しい文体のつくられた
なりゆきは，開高健との共著『世界カタコト辞典』〔開高・小田，1965〕で
解きあかされている」(470)。

　さらに続けて，鶴見によれば，「『アメリカ』は，『何でも見てやろう』
の執筆によって作者が新しく手に入れた方法で描かれた」(472) と言う。
そして『泥の世界』も，『アメリカ』とおなじく日米小説で，同時に世界
小説の系譜に属すると言い添える (472)。

　鶴見は小田実論を次のように締めくくる。「数千人にとりかこまれて
も，自分のふだんの肉声をうしなうことなく話しつづける小田実のめずら
しい能力は，ここに根ざしている。反戦運動の集会での彼の呼びかけは，
『明後日の手記』，『わが人生の時』以前の彼の少年時代の詩からそれほど
へだたっていない」(473) のだが，よくわからない。おそらく，「ふだん
の肉声」は「反戦運動のよびかけ」と地続きとなっていると鶴見は言いた
いのだろうが，どうだろうか，疑問である。

　すなわち，小田は，少年時代からアメリカ留学を経て，変貌したのでは
ないだろうか。「彼の少年時代の詩」と「反戦運動の集会での呼びかけ」
は，常識的に言えば，変わっていないとは言えないのではないだろうか。

　とはいえ，鶴見の小田実論は大変懐の深い小田論であることは認めざる
をえない。ただ，そう断ったうえで言いたいことは，2人の間には，と同
時に，相違を感じる。それは，小田は，どちらかと言えば行動の人であ
り，鶴見は，どちらかと言えば思索の人であるという原質によるものであ
ろうか。

　さて，歴史学者和田春樹は，鶴見が巻頭言を書いた小田実の追悼文集
に，「七四年九月の集会のこと」と題する一文を寄せている。その一部分
を簡単に紹介したい。和田は言う。

9

小田さんと一緒に運動をするようになったのは，韓国民主化の問題
でである。1974 年春韓国で民青学連事件の大弾圧があった。韓国の
詩人金芝河が学生たちの背後操縦者の 1 人として逮捕され，私たちを
驚かせた。当時私は生まれたばかりの日韓連帯連絡会議の事務局長を
していて，当然にこの事態に取り組んだ。そこで小田さんと一緒に
なったのである。(和田 2013, 162)

　和田は続ける。「小田さんは 1972 年「蜚語」で逮捕された金芝河氏を支
援するために，鶴見俊輔，中井（宮田）毬栄氏らと動いたことがあった。
だから，小田実さんの動きはすばやかった。まず，大江健三郎氏らととも
に知識人の声明を出した。この最初の声明にチョムスキー，サルトルと
ボーヴォワールの署名をえたのは，小田さんが進めたことだった。小田さ
んの国境を越える姿勢が大きな意味をもった」(162)。

　筆者として短く付言すれば，小田の姿勢を表する言葉として，和田のい
う「国境を越える姿勢」と鶴見のいう「普遍言語」は共通する意味をもっ
ていると思われる。和田によれば，1974 年 7 月 9 日，金芝河ら 7 人に死
刑の求刑が出たという知らせが入り，翌日，小田，大江，鶴見，中井（宮
田），真継伸彦，日高六郎，青地晨らが集った。これが死刑の判決になる
と，作家たちは数寄屋橋公園でハンストをはじめた。小田は世界同時行動
を提案し，それを実現するために働いた。これは小田にしかできないこと
であった (162-3)。

　小田は，この日，もうひとつ，日本国内で運動の統一を作り出すという
重要な提案をした。そのことで小田の意を受けて働いたのが和田春樹だっ
た。小田は，「社会党，共産党，公明党の党首に直接電話をかけ，一緒に
会うことを約束させた。8 月 8 日の午後，……ホテル・グランドパレス
で，成田知巳社会党委員長，宮本顕治共産党委員長，竹入義勝公明党委員
長と青地晨日韓連帯連絡会議代表と小田さんの 5 者会談がひらかれた。5
人は小田さんの書いた共同声明にサインをし，全政治犯の釈放，対韓援助

第1章　非暴力直接行動と鶴見俊輔

の根本的再検討を要求していこう，その共同活動の第1歩として，集会と
デモをやることで合意した。……9月19日に明治公園で国民大集会が開
催された。約3万人のデモ隊の先頭を3党首と小田，青地両氏が歩いた」
(163)。

　今や，与党となった公明党に昔日の観はない。今にして思えば，小田は
政治的によくやったのではないだろうか。換言すれば，鶴見と違って，政
治家たちを向こうに回して「有効な方法」を巧みに行使したのではないだ
ろうか。

　それでは，小田と和田のつながりは，どうなのだろうか？　和田は，後
で詳述するが，「アジア女性基金」運動の中心的な推進者であった。鶴見
も「アジア女性基金」の呼びかけ人の1人だった。しかし，筆者の知る範
囲では，小田は「アジア女性基金」の呼びかけ人には名を連ねていない。
しかしながら，小田の韓国の人たちに対する親愛は，鶴見や和田の暖かい
心情以上のものがある。

　以上の前提で，小田実の追悼文集に和田が書いた「七四年九月の集会の
こと」と題する一文の末尾に気になる箇所がある。すなわち，それによれ
ば，小田の葬儀に参加して，和田は志位委員長以下の共産党の人々，福島
委員長以下の社民党の人々の顔をみた。2007年4月に小田から最後の手
紙をもらって，「返事を書くのが苦しかった」(163-4) と述べている。

　小田は最後の手紙で，和田に何を書いたのか？　興味があるところであ
る。ついでに言えば，鶴見，小田，和田の政治思考と行動はそれぞれ違
う。3者の違いについて分析することは，本章の主旨から離れる。とはい
え，鶴見を論じることが本論であることは忘れないで，小田の政治観の一
面を記した，小田の幼馴染でアメリカ在住の画家・作家である米谷ふみ
子の小田追悼集に載せられた一文「世界的英雄，近所の洟垂れ小僧」(米
谷, 2013) から一部分引用することは許されるだろう。米谷はこう書いて
いる。すなわち，

11

神戸の地震のすぐ後だったかに，こちらの友達から電話があって，
「……米谷さん小田さんの友達でしょ。電話を掛けて，小田さんに是
非兵庫県の知事になって欲しいと頼んでくれませんか？」という。
……仕方なく，私は小田さんに電話をしてその旨を伝えた。すると彼
は「僕わなあ，石原慎太郎みたいな馬鹿ちゃうわい！　誰が政治家み
たいなもんになりたいねん！」と大声で怒鳴った。……あの時大変な
努力をして自然災害の生活再建支援法を通そうと政治家や役人とやり
とりしていて頭に来ていたのだろう。(米谷 2013, 70-1)

　小田は政治家になろうとはしない。石原慎太郎とは合わない。そこは鶴
見と共通する。しかし，小田は行動の人であった。このあたりで，小田の
政治活動の本領とも言えるべ平連に入って行きたいが，上記の記述に関連
させて言えば，小田は 1968 年 1 月の佐世保における「エンタープライズ」
寄港反対行動について記した一文において，次のように述べていることを
発見したので，記しておきたい。

　小田によれば，佐世保における，1968 年 1 月 17 日の夜の集会で，「公
明党の矢野書記長は，……公明党が「エンタープライズ」寄港に強く反対
し，公明党としてはじめての院外活動に踏み切った理由として，次の 4 つ
をあげた」(小田 2000, 282) と演説した。

　すなわち，まず第 1 に，それが，ベトナム戦争への直接の荷担を意味す
ること。第 2 に，核兵器の持ち込みが行なわれること。第 3 には，安全性
に疑念があること。第 4 に，政府はこれによって国民の「核アレルギー」
解消をめざし，核武装をふくむ本格的な再軍備に突き進もうとしているこ
と (282) と述べたのである。

　しかし，このように矢野に敬意をささげるだけに終わらないのが小田の
真髄である。小田は次のように述べた。

　　私は彼に同意し，自分自身の反対理由として，さらにつけ加える。

第1章　非暴力直接行動と鶴見俊輔

「エンタープライズ」寄港は，日本国民に対してまっこうから加えられた侮辱であったからだ，と。いや，もう1つつけ加えよう。それは「物」による「人間」の侮辱だった，と。侮辱に耐えられなかった多くの人々が，佐世保をはじめとして，日本の各地で反対に動いたのだろう。まぎれもなく，私もその1人だった。(282)

　加藤周一の言うように「小田は文学者でもありました」という小田のキャラがここにも出ている。
　ところで，「ベ平連」の問題に入る前に，もう1つ，鶴見の回想文「金芝河1941～──非暴力を貫いた反体制詩人」(鶴見2002, 213-30)について言及したい。鶴見が直接金芝河に会見するのは，「ベ平連」以後であるが，問題意識は「ベ平連」問題と重なるところがあると言えるからである。鶴見の回想は次のようなものである。
　鶴見のところへ，前後して2つの電話がかかってきた。ひとつは，アムネスティー日本から。もうひとつはベ平連から，ということは小田実からということであった。韓国の詩人金芝河が逮捕監禁されている。彼の自由を求める署名を集めて，韓国にもっていってくれないかという，同じ趣旨の要請の2つの電話だった。鶴見は承諾した。1972年6月には，金芝河の詩はまだ日本語訳でひろく読まれていたとはいえなかった。やがて，彼の詩を日本語訳で読み，刊行を進めていた中央公論社の中井毬栄をとおして，鶴見は金芝河の略歴を知ることができた (213-4)。鶴見は次のような詩を引用する。

　　　新たな夜明けの裏通りで
　　　きみの名を書く　民主主義よ
　　　ぼくの頭はきみに見放されて久しく
　　　ぼくの足どりはとっくにきみを見失ったが
　　　ただ一途の

燃えつのる記憶がひとつかわいた胸奥にあって
　　きみの名を
　　人目を避けて書く　民主主義よ
　　（「燃えつのる喉のかわきでもって」姜晶中訳）

　「民主主義」という言葉を口にするときの，韓国と日本での体温の
差が私をとらえた。この言葉は，日本語ではすでに初々しさを失って
いる。(214)

　鶴見の回想を続けよう。この時期に，中井毬栄をとおして出合った金芝
河の詩，戯曲，評論の日本語訳は，一種の地下出版として，鶴見たちのあ
いだで力をもった (215)。1972 年 6 月 29 日，鶴見と小説家真継伸彦は，
詩人金芝河釈放を求める署名とともに，韓国に渡った。日本でもらったカ
トリック教会からの紹介状を頼りに，ハンガリー人神父を訪ねた。彼はつ
よい反共の信念を持っており，韓国で今おこなわれている弾圧についても
強く反対しており，金芝河に会う手順を教えてくれた。数日前，ある人が
金芝河をたずねてきて外に連れ出したので，韓国の秘密情報部は病院を
責めた。病院はそのために神経をとがらせていた。やがて事務員が出て
きて，鶴見たちが彼の病院に行くことを許した。1941 年 2 月 4 日生まれ
の金芝河は，その当時 31 歳。韓国解放の年には 3 歳で，日本語を知らな
い。鶴見たち 3 人は，韓国語を知らない (215-7)。「あなたの投獄に反対す
る署名がここにあります。私たちは日本から来ましたが，これは，世界
のさまざまなところから寄せられた声です」。これに対して彼はゆっくり
と答えた。「あなたがたの運動は私を助けることはできない。しかし，私
は，あなたがたの運動を助けるために，私の声をそれに加えよう」(217-
8)。
　それに対して，鶴見は次のように思ったと言う。すなわち，もし鶴見が
同じ境遇におかれて，そこに見知らぬ外国人が入ってきて同じことを言っ

第1章　非暴力直接行動と鶴見俊輔

たとすると，鶴見には，「ありがとう」という以上のことが言えるだろう
か。とっさの間に，自分のなかにある単純な英語を組み合わせて，これほ
ど品格のある文章をつくる。ここに詩人がいた（218）と感嘆した。いか
にも鶴見らしい金芝河へのオマージュである。このあたりで，鶴見の金芝
河訪問記は切り上げるが，よくわかるのは鶴見の韓国の人たちに対する暖
かい心情である。

　さて，鶴見と小田のつながりにおいて重要な「べ平連」の問題に入って
行きたい。小田は著書『「べ平連」・回顧録でない回顧』の第1章「私は
"私たち"になった」の冒頭を次のように書き始める。

　　　あのとき，鶴見さん——鶴見俊輔さんが私に電話して来なかった
　　ら，という気が私にはする。1965年の4月に入ってまださして日数
　　が経っていないころだったと思う。たまたまそのころはまだ生きてい
　　た大阪の父親のところにいた私に鶴見さんが自分で電話をかけて来
　　て，ベトナム戦争反対の行動をしないかともちかけた。（小田 1995,
　　21）

　そこで，小田の「いま何を成すべきか」を筆者（土倉）なりに要約して
紹介することにする。べ平連にかかわる前の小田の，ベトナム戦争反対の
行動の姿勢がよく分かるからである。

　小田によれば，「解決はただ1つ，アメリカがベトナムから手をひくこ
と以外にはない。ただ，私はアメリカの政治家ではないから，1人の日本
の市民として，問題を，その解決にまで，どのようにしてアメリカの政治
を至らせるか，というふうに考える。……「日米文化交流」，「日米知的交
流」といったことが長年言われて来た。……それならどうして，ベトナム
問題解決へむかって，日米の市民が共同戦線を展開するというようなこと
ができないのか」（小田 2000, 231）。まことに分かりやすい論理だと思われ
る。

15

小田はこう締めくくる。「すでに，さまざまなところでさまざまな人がキャンペインをやり出している。私たちはそれを拡大して行かなければならないと思う。海を越えてまで，そうしなければならないと考えている」（232）。

　さて，小田の「私は"私たち"になった」言説に戻りたい。小田はこう述べる。

　　　かんじんなことは，鶴見さんの言い方で言えば，多くの人びとのなかで，この年の「3月から4月にかけて，電話をかけるとすぐ話がきまるほどに米国のベトナム爆撃に対する反対の機運が熟していた」ことだ。その実感は私にもある。（小田 1995, 24）

　つまり，小田が「何かしなければ」という気になっているタイミングに，鶴見が電話をかけたわけである。見事なアンサンブルというべきなのだろうか。

　1969年11月，小田実編『ベ平連とは何か』という書が刊行される。編者は小田だが，「はじめに」は鶴見が書いている。それにあたってみよう。鶴見は次のように述べる。

　　　「ベ平連の牧歌時代は終った」というのは，武藤一羊の名言だ。……5年前，小田実の演説と「平和のまんなかでくらすのが，それが一番だ」という歌と一緒に，赤や青の風船をもって清水谷公園から東京駅八重洲口までのどかに歩いたころから見ると，いくつかの点で，今のベ平連はちがっている。それは1つには，ベ平連にたいする弾圧がはじまったということであり，自分はベ平連だと言っても，それでたいほをまぬがれ得る保証が今ではなくなったということである。（鶴見 1969a, 1）

第 1 章　非暴力直接行動と鶴見俊輔

　ここには，鶴見や小田のリーダーとしての使命感と苦悩のようなものが
よく出ていると思う。すなわち，市民運動から政治運動へのやむを得ない
というか，成り行きとして必然的な変容への，組織の問題も含め，対処し
て行かねばならないという難問と言ったらよいのだろうか。

　さて，ベ平連の発起人である鶴見俊輔，高畠通敏，小田実は，周知のと
おり，アメリカ留学の経験の持ち主であることが，ベ平連の目的，行動に
おいて重要な意味を持っている。ここでは，1968 年 8 月 11 日 - 13 日の
ベ平連主催の「反戦と変革に関する国際会議」についての鶴見の「感想」
をもとに，話を進めて行きたい。

　鶴見によれば，「ベ平連は，黒人の反戦活動家に会議出席のさそいをか
け，旅費の調達にも努力した。その他には，……〔アメリカの〕さまざま
の平和運動のグループに呼びかけて，旅費自弁で来てもらうことにした。
フランス，オーストラリアなどの場合も，同じである。日本側の出席者
は，全国にベ平連のグループが 180 できているので，それらから中心的な
はたらき手を送ってもらうようにたのみ，さらに，ベ平連以外のところ
で，ベトナム反戦運動をすすめている団体の活動家にも，個人として呼
びかけた。……会議の出席者は，日本人 219 人，外国からは 5 ヵ国で 37
人。傍聴者は，300 人ほどだった」(鶴見 1969b，85-6)。

　筆者の私見を書くとしたら，鶴見と小田は，政治運動や組織について，
なんと大らかな，包容力のようなものがあるのだなあと感嘆する。と同時
に，政治運動や組織は，そういう好い加減なものではなかったのではない
かとも思う。よく考えてみたい。ただ，俗見であるが，鶴見や小田の旺盛
な執筆活動は，「自分たちでかせいだ金を運動にいれる」ことも，執筆の
契機として作用していたのではないか，と思わないでもない。

　そこで，やや組織論的な話になる。鶴見によれば，「ベ平連とは何かと
いうのは，ベ平連にとってよくわからないことだ」(90)，と言う。すなわ
ち，「この集団は，……全体を 1 つのものに保つ上で大きな役割を果たし
ているのは，代表としての小田実の姿である。これは，他の政治団体では

17

考えられないほど大きい。この点では，ベ平連は，むしろ目玉の松ちゃんなどを中心として集まった大正時代の映画ファンの会に似ているかも知れない」(91) というふうに，鶴見は議論を進める。

筆者には，少し違和感があるので書き留めておきたい。まず，大正時代のファンの会のことはよく知らないのであるが，筆者の世代で言えば，例えば，「渥美清の会」のようなものはあったのだろうか？　なかったと思うのだが，それは置いておくとしても，ベ平連を「松ちゃんのファンの会に似ている」というのは，小田実に失礼ではないかと思う。もちろん，鶴見流のレトリックであり，小田実自身も，苦笑どころか大笑いするだけだと思うけれども。

次に，こちらの方が重要であろうが，今日では，政党は代表者の顔が大きくものをいう時代である。例えば，安倍晋三の自民党，志位和夫の共産党のように。彼らの存在感は，鶴見説の「他の政治団体では考えられないほど大きい」とは逆の例になっている。

Ⅳ　『ベ平連』再考

さきに述べたように，「ベ平連とは何かというのは，ベ平連にとってよくわからないことだ」(鶴見 1969b，90) というのは鶴見の名言であるが，これまでの最近の研究によって，ベ平連について，あらためて考えてみたい。

社会思想史学者高草木光一は，著書『鶴見俊輔　混沌の哲学──アカデミズムを越えて』(高草木，2023) の第1章「1969年8月・大阪城公園」の第1節「「反博」とベ平連の危機」において，次のように述べている。

1969年8月7日から11日までの5日間，大阪城公園では「反戦のための万国博覧会」……が開催されていた。……ベ平連代表だった作家の小田実によれば，「この「ハンパク」を考え出したのは，「南大阪ベ平連」の有象無象たち」だった。(高草木 2023，23)

第1章　非暴力直接行動と鶴見俊輔

　高草木が言うには，著名人を集めた「執行部」と雑多な大衆参加者という「ベ平連」の2極構造を考えれば，「反博」という大きなイベントが『南大阪ベ平連』等，関西圏の諸団体によって企画・推進されていったことは特異なことと言ってよく，小田をはじめとする「執行部」は，主催者というよりもむしろゲストのような立場でそこに参加した。だからこそ，その「反博」において，ベ平連のあり方に対するさまざまな鬱積した不満が爆発したと言ってもいい (27) という違和感が出されるわけである。それにしても，ベ平連代表の小田のほうから「「南大阪ベ平連」の有象無象たち」という発言は危ういものを感じさせるのではなかろうか，筆者（土倉）の再考の出発点であった。

　まず，1969年8月の「反戦と変革に関する国際会議」がベ平連にとって1つの転機になったこと (28) が重要である。会議となる京都国際会議場を借りるにあたっては，桑原武夫，松田道雄，奈良本辰也といった京都の錚々たる著名人たちが尽力した (28；鶴見・上野・小熊 2004，384)。その1人の桑原が万国博準備委員会の副委員長を務めている（高草木 2023，28；吉見 2011，68）がその1つの例証であろう。

　高草木は「「反博」とベ平連の危機」の結語としてこう述べる。「反博の試みそのものが，ベ平連の2極構造に対する異議申し立ての意味をもっていたと考えることができる」（高草木 2023，28）。これは重要なポイントである。高草木が鶴見をあまり評価しないのは，鶴見が東京と京都を行ったり来たりの生活をする中で，関西のベ平連と東京のベ平連のそれこそ2極構造的な面の両方に気を遣う面があったのではないかと思わせるところがあったと，高草木が推察しているからである。

　高草木によれば，「声なき声の会」の事務局長を務め，文化団体の連合体としてベ平連を構想した政治学者高畠通敏は，ベ平連が発足してまもなくイエール大学に留学したために，ベ平連の活動にはタッチしていなかった。1967年に帰国してみると，彼，ならびに鶴見が構想したものとは大きく異なるベ平連のあり方に驚愕を覚えたらしい。したがって，1969年8

19

月の「反博」は，高畑にとっても，ベ平連を批判する絶好する機会となった。1981年時点での高畑の述懐は次のようになっていると高草木は言う（31）。

　　69年になって声なき声が一番独立にやったのは反博だった。反博に声なき声として参加して，そこでとうとうベ平連執行部と激突しちゃったわけ。あの時には，声なき声は反博に1週間位テント張って地べたに寝っころがって，そこで日大全共闘からきた部分や色々な人たちとつき合った。そういう反博の大衆参加者の横の連帯というのができつつあって，そこにベ平連執行部はやって来てウワーと気勢をあげては夕方帰っちゃう。

　　皆んながそんなお仕着せのスケジュールのカンパニア闘争いやだと，反博に集っている民衆の声をきけ，というような調子で，声なき声もいわば先頭に立って突き上げたような形になる。それで鶴見さんがものすごく苦しんじゃったわけね。反博の講師でやってきた鶴見さんもそのまま地べたに坐りこんで一緒に寝たわけだ。（高草木2023，31：安保拒否百人委員会編1981，33）

　ここには，高畑の鶴見に対する婉曲な批判があるような気がする。しかしながら，鶴見には鶴見の意地のようなものがある。鶴見の回顧をここに引いてみよう。

　　自発性というものは，はじめはつよく，やがて弱くなって，とまる，ということになりやすい。私などの場合，たしかに弱くなっているのだが，同時に，一緒にことをはじめた仲間が，自分よりもはるか前を歩いているということを，この8年のベ平連の中でくりかえし見ているので，その発見が，列外に出てしゃがみこんでしまいそうな自分をくりかえしひきとめる力になっている。（鶴見1974，XII）

20

第1章　非暴力直接行動と鶴見俊輔

　一言，筆者なりにコメントすれば，鶴見は「列外に出てしゃがみこんで」も好かったのではないかと思わないのではないが，後世の者として，筆者はそんな偉そうなことは言えないし，当時の政治・社会状況はそれどころではなかったかもしれないと思う。とはいえ，次節で検討する「韓国慰安婦問題」は，「非暴力直接行動」からは外れるかもしれないが，鶴見らしい非暴力な「行動」だったということができる。

　それはともかく，ベ平連と鶴見の関わりはいかなるものであったのか，という問題は重要な問題である。その意味で，黒川創の『鶴見俊輔伝』（黒川，2018）は実に面白い。ベ平連と鶴見の関わりについて，ベ平連創設に始まる興味深い事情の多くを教えられるところがある。

　黒川によれば，1965年3月，鶴見は，旧知の作家富士正晴の個展が東京の文藝春秋の画廊で1週間開催されるにあたって，連日，受付役をつとめていた。最終日，画廊に高畠通敏がやって来た。当時，米軍の北ベトナム爆撃を支えているのは，日本と沖縄の米軍基地である。だから，これに抗議する市民運動を起こそう，と高畠は問題提起をその場で行ったのだった。そこで，4月初め，本郷の学士会分館で相談会を開いた。5年前の安保闘争とは違った，若い世代に指導者を求めよう，と意見が一致した。やはりその場で，小田実に呼びかけ人への参加を頼んでみたらどうか，ということになった。

　60年安保の騒動に，小田は巻き込まれることなく終わっていた。というのは，『何でも見てやろう』の世界放浪の旅と，帰国後もその大冊の旅行記を書くことに没頭していたためである。小田は，2年間の放浪旅の途中でメキシコに滞在したさい，鶴見の従兄，佐野碩にも会っていた（黒川2018，348-9）。

　黒川は言う。鶴見が電話で小田の居所を探すと，大阪にいることがわかり，つかまった。やる気がある，と小田は答え，東京に出向いてくる機会に新橋駅近くのフルーツパーラーで高畠も加えた3人で会い，その場で「呼びかけ文」，デモの日取りなどについて打ち合わせをした（349）。

21

新しい市民運動の名称は，このとき，「ベトナムに平和を！市民・文化団体連合」と決まった。高畠が，略称は「ベ平連」だな，と名づけた（黒川 2018，349；鶴見 1974，XI）。

　このようにして，鶴見，高畠，小田のトリオが基軸になってベ平連が形成されて行くのであるが，黒川創の『鶴見俊輔伝』の興味をそそるところは，「京都ベ平連」についての記述であった。すなわち，黒川によれば，鶴見は，「京都ベ平連」のことは代表を担ってくれた農学者・京都大学教授飯沼二郎にまかせているという気持ちがあったのだろうと言う。京都での定例デモでは，毎回出発前に，飯沼が硬い表情でまじめなスピーチをする。鶴見のほうは，あくまで参加者の１人といった風情で，なごやかな表情のまま，知人たちと語らいながら歩いているという印象が，当時幼かった黒川に残っていると回想する（黒川 2018，351）。

　ここで，「代表を担ってくれた農学者・京都大学教授飯沼二郎」が重要なポイントであると筆者は考える。

　話は，はるかに後日のことになってしまうが，小熊によれば，「のちに飯沼さんが亡くなったあと彼を偲ぶ会が京都であって，かつて飯沼さんを批判した京都ベ平連の元若者がかなり集まってきた。そして彼らは，今から考えれば悪いことをした，まったく飯沼さんの言ってたとおりだった，と口々に語っていました。これは京都にかぎらず，どこのベ平連でもそういう感じです」と吉川勇一は述べている（小熊 2009，466）。

　ところで，黒川が記す，京都ベ平連の代表として，月に１度くらいの割合で抗議集会とデモを続けていった飯沼二郎の言説は筆者（土倉）の印象に残った。その箇所をここに引用させていただきたい。飯沼はこう述べている。

　　それでも，京都ベ平連の運動をはじめて１，２年のあいだは，運動のために研究の時間をとられることがひじょうに苦痛であった。その上，政治運動は，とうてい，自分にはむいていないという気持があっ

第1章　非暴力直接行動と鶴見俊輔

た。演説をしても，とても皆をふるい立たせるような勇ましいことは
いえなかった。警察に抗議にいっても，かえって，警察側に言いま
かされて帰ってきた。そのたびに，自己嫌悪におちいった。1人だけ
で，本をよみ，論文を書き，バッハを聞き，山を歩いているほうが，
はるかに楽しかった。（黒川 2018, 355；飯沼，1982）

　飯沼がベ平連に関して論述したものは少ないが，2つの文章だけ，もう
少し，断片的に引用させていただく。飯沼は「市民運動」についてこう述
べている。

　　　京都ベ平連のデモは，今まで，市民運動として，最小限度の線を
　　守ってきた。……最近，反戦運動がますますラジカル化しつつあると
　　き，「誰でも参加できる」市民のデモとしての京都ベ平連のもつ意味
　　は，いよいよ重要なものになってきたと思う。……私は，京都ベ平連
　　が，学生諸君のラジカルな運動形態に巻きこまれることを恐れる。
　　（飯沼 1969a, 209-11）

　飯沼は「学生には多くの特権があるが，市民には何の特権もないという
ことだけは，忘れてもらいたくない」(210) と言う。すなわち，学生は警
察に逮捕されても，それだけでは退学させられないが，会社員なら昇給停
止かボーナス減額はまぬがれないからである。また，飯沼は，京都ベ平連
のベトナム反戦運動は，自衛隊員だから好戦的，新聞売りのおばさんだか
ら意識が低い，と初めから決め込んではいけない。国民的規模にまで広
がっていく本当の人民戦線を結成すべきである (210-1) と主張している。
まことに清々しいメッセージである。
　また，飯沼は「権利としてのデモ」と題して，次のような，短い別の文
章を書いている。

デモは，国民として当然の権利の行使であり，不法な行為でも怖ろ
　　しい行動でもないということを，……確認しておきたい。デモによっ
　　て現わされるべき意志は，往々にして現政府の政策に対立する。戦前
　　においては，それはほとんど禁止されていた。敗戦という尊い犠牲を
　　払って，われわれはそれを獲得したのである。（飯沼 1969b，218）

　年長者の飯沼は，日本の戦前からの経験に立って主張しているわけであ
るが，これは基本的な重要な主張である。飯沼によれば，彼は，デモにお
いても他の市民の迷惑にならないことを要請する。そういう意味で，「京
都ベ平連の月例デモは，過去 4 年間，一度も警察との間にトラブルを起こ
したことがない」（218）と胸を張って言っても少しもおかしくはないとい
うことができる。
　さらに続けて，飯沼は短文「権利としてのデモ」を次のように格調高く
結ぶ。

　　　ジグザグデモなり，その他の非合法活動をおこなう場所は，京都ベ
　　平連の月例デモ以外のところでいくらでも求められるであろうし，あ
　　るいは，ただ 1 人でおこなうことも可能であろう。そして，このよう
　　な合法活動と非合法活動が真に相手の自主性を尊重しつつ協力してい
　　くときにこそ，はじめて私たちの意志は貫徹され実現されていくので
　　ある。この両者のあいだの関係は，ゲリラとそれを支持する一般民衆
　　のとの関係になぞらえることができよう。（219-20）

　「ゲリラとそれを支持する一般民衆のとの関係」になぞらえるところが
秀抜である。飯沼は「非合法活動」を否認しているわけではないのだ。
　ベ平連は，革命運動やセクト的な抗議行動ではなく，政治・社会・文化
運動としての抗議行動に徹すべきではなかったか，と筆者（土倉）は思っ
ている。

第1章 非暴力直接行動と鶴見俊輔

　さて，話を戻して，高草木の指摘する，反博の会場で鶴見の行なった演説が小田を激怒させたという「鶴見と小田の不和」の問題に移りたい。

　高草木によれば，鶴見は，ベ平連の代表として小田に白羽の矢を立てたとき，市民運動に素人の小田がこれほどの能力を発揮することも，ベ平連がこれほど大きくなることも予想していなかった（高草木 2023, 46）と述べている。すなわち，高草木によれば，鶴見は次のように回想している。

　　小田の次に「演説に行ってくれ」と頼まれるのは私なんだ。
　　演説ぎらいなのに演説せざるをえない。だんだん自分が偽善者になって，白塗り顔になって，正義の権化になる。「アメリカは正義に反しているから，われわれの正義を」などといえた義理じゃない。私なんて善人じゃないんだ。悪人なんだ。それが正義の仮面をかぶるから，ものすごい苦痛なんです。だけどベ平連が私に課したことは，小田実が私に課したことなんだ。小田さんとはもともとつきあいはなかったけど，ベ平連をつくろうというとき，だれか若い人をというので私がかれに電話した。小田さんはすぐに引き受けた。「アラビアンナイト」じゃないけど，ビンの蓋を開けたらバーッと巨人が出てきたようなもので，私はかれがそんな巨人だとはそれまで知らなかったんだよ。（高草木 2023, 47；鶴見 1997, 98-9）

　高草木の小田への評価は，「小田は，自らの行為の絶対性など主張することはないものの，「反戦」や「平和」のもつ普遍的な正義に疑いをもたない。……ベ平連の「代表」である自分がその根源的な点においてぶれてしまうことは許されないという責任倫理，役割倫理が小田をそうさせているかもしれない」（高草木 2023, 52）というものである。

　他方，高草木の鶴見への評価は，要約すれば，「鶴見が自分を「悪人」と言うのは，一方的な「正義」の側に与しないということだろうが，それは「狂人」であることとほとんど同義になるのではないか」（54）と手厳

25

しい。ただし、「小田を「無邪気な善人」と呼ぶ鶴見には、小田への違和感というよりも、べ平連との関係における自己への苛立たしさが透けて見える」(54) としているのは正鵠を得ていると思われる。いずれにせよ、このようにして、時代に沿ったべ平連の進展は、鶴見、高畠、小田の3名のリーダーシップのあり方をかなり超えるものになってゆくと言えるのではないだろうか。

　歴史社会学者小熊英二によれば、小田実は、1969年2月のべ平連第4回全国大会において次のような意見を出している。「学生べ平連に、学生運動と市民とをつなぐ役割を期待する。今の大学変革の運動の主体から一般市民へ向けての直接的訴えがない」。「べ平連のとり組んでいる問題のレンジはかなり広い。……だが、この中間が抜けている。ここを埋める問題として、安保、沖縄、基地の問題は重要だ」。こうして「ベトナムに平和を！」に加えて「安保・沖縄・基地」がべ平連の取り組むテーマとして浮上した（小熊 2009, 428）。

　小熊は続けて次のように述べる。1969年4月28日、「沖縄デー」のべ平連のデモは「独自の姿勢」を示したものとなった。この日は警察が街を無人状態にしたあと、諸セクトが銀座付近で火炎ビンやバリケードで「解放区」を築き、機動隊と激しく衝突した。この日の夜、デモ参加人数を少なめに見たべ平連は、公安委員会の届け出に予定人員150人と書いた。だが集合場所の常盤橋公園には、約3000人が集った。セクトのゲバルト戦術に疑問をもつ学生や市民が、べ平連に加わった。デモ隊は花やビラをまきながら行進し、沿道から参加する人びとで人数が増え、約1万人に達した（430）。

　4月28日のべ平連のデモはユニークであったと言えよう。吉川勇一に言わせると、「主催者の予想をもはるかに上まわる参加者の中には、沢山のチューリップやグラジオラスなどの花をもったグループがあったり、パネルに張った大きな手書きのポスターをめいめいにかついだグループがいたり、またヘルメットをかぶってジグザグデモをするグループがいたりし

第1章　非暴力直接行動と鶴見俊輔

た」という（吉川 1974, 58；小熊 2009, 435-6）。

　重要なことは，ベ平連はセクトや全共闘とも共闘したがゲバルトは肯定しなかったことである。例えば，小田実は，1969 年の雑誌取材では，「ぼくは玉砕主義やないから，中核がいうような武力闘争が，大衆に対する起爆剤になる，なんてそんなバカなことは信じとらんよ」と述べていると小熊は言う（小熊 2009, 438）。小田はこの雑誌取材で，「ベ平連はベトナム戦争が終わって，ベトナム人民が満足すれば，即時解散するよ」と答えている（439）。

　吉川もこう述べていた。「今のようなベ平連運動がそのままの形で長く存続するとは思えないし，また存続させようなどということは，ベ平連の誰一人として考えてもいないだろう。そういう意味では，ベ平連も市民運動も現在の状況に規定された過渡的存在なのだ」（439）。したがって，小熊英二が次のように述べていることは，まさに核心をついていると考えられる。筆者（土倉）は「過渡的存在」説に賛成である。ベ平連も変遷があって当然であるし，市民運動とは何かという原理的な問題もあるだろうと考えたい。すなわち，ベ平連は，「ゲバルト闘争」か，「穏健で整然としたデモ」か，という問題に行き当たることになる。小熊によれば，

　　　こうしてベ平連は，〔「ゲバルト闘争を行なうセクトか，穏健で整然とした社共などのデモか」（434）という〕二者択一を拒み，組織の存続を自己目的化することも拒否して，「不定形」の運動として展開しようとした。そのことが，従来もそうであったように，既存のセクトや革新政党の両者に違和感のあった「どこへも入るところのない」人びとの不満の表現手段としてベ平連が選ばれ，69 年の量的拡大をもたらしたといえる。（439）

　しかしながら，小熊が続けて指摘することはもっと重要である。小熊によれば，ベ平連活動が勢いを増しているのは，新・旧左翼双方の衰えがも

たらした相対的な結果でしかない。そしてべ平連内の若者と年長者の対立は，1969年に元全共闘などの学生が流れ込んできたことで激化することになったということである。

　その危機が最初に表面化したのが，1969年8月7日から開かれた「ハンパク」だった（451）。これについては，筆者は，「それにしても，べ平連代表の小田のほうから「「南大阪べ平連」の有象無象たち」という発言は危ういものを感じさせるのではなかろうか」と，本章ですでに先に記したとおりである。

　小熊によれば，「ハンパク」の最終日，8月11日には，大阪の御堂筋を「ハンパク」に集まった人びとの「10万人デモ」で埋める予定であった（457）。筆者のコメントを挟めば，その予定が大きすぎたと思う。憶測であるが，小田，鶴見，高畠が「べ平連」を起ち上げたとき，そのような類いの構想は持っていなかったのではないだろうか。

　案の定，事務局がこの案を大衆討議にかけずに一方的に押し付けたという声があがり，議論が沸騰した。11日昼は，羽仁五郎，井上清，小田実による「市民大学」の予定だったが，中止され，約1000人が大天幕に集まり，10日夜に続いて，「ハンパク」を論ずる大討論会となった（457）。

　重要なのは，日大全共闘と吉川勇一の論争ではないだろうか。小熊の要約によると次のようになる。

　日大全共闘はこう主張した。「そもそも，デモを勝手に決めるとは何ごとか。まず，「ハンパク」の意義を明らかにせよ」。「この会場は，権力との緊張関係を欠いた疑似解放区である。我々は，このお祭り騒ぎを粉砕し，「ハンパク」を一定の目標をもった戦いの場にしなければならぬ」（457）。

　吉川勇一はこう反論した。べ平連は「60年安保闘争における市民運動とはちがった質をつくりだしたことは明らか」で，「市民主義の限界ではない」と言い返した（458）。

　小熊のこの点における見解の総括は，次のようになるだろう。すなわ

ち，吉川から見れば，日大全共闘の倫理主義は「自殺」と映った。しかし，小田にとっては，全共闘運動のような，青年の『通過儀礼』に付き合うのはほどほどにしたいという考えだったから，日大全共闘の追及には「うんざりしていた」(458) と思ったと言えよう。

「うんざりしていた」という小熊の小田についての観察は慧眼だと思われる。ベ平連と全共闘はもともと論理が違うのではないか。そこのところを冷静に考えて，協調していくためには互いの自己抑制が必要だった。もちろん，闘争の渦中にいれば，それどころではなかったのかもしれないが。

ここで，小田の「ハンパク」についての後に記された回顧にあたってみたい。小田は，「ハンパク」が終り，「大討論会」のほとぼりがさめてからの時点で，「ハンパク」自体は，小田にとっては，「解放区」(あるいは，その実現体としての「疑似解放区」) でも「祭りの場」でもなかったし，「反戦」という名の商品を万国博と同じスタイルで売り出し，受動的な観客の動員数で成功度をはかる，民青的論理におちいった「興行」ではなかった。小田にとって，それは彼たち自身とともに外からやって来る「見物人」にも反戦と平和の問題とを考えるきっかけになる「見世物」だった。その「見世物」として「ハンパク」に主催者の小田たちがしていたことに無責任さもからんでいることを小田は強く反省している (小田 1995，528-9)。

1970 年 6 月 23 日，小熊によれば，日米安保条約はあっけなく自動延長され，小田が提唱していたベ平連の「毎日デモ」も 7 月 2 日で終わった (小熊 2009，479)。

1970 年 9 月 14 日，15 日に，ベ平連全国懇談会が開かれた。参加団体や人数は，前回に比べ減少していた (479)。小田実はこうした状況に集会でこう発言した。「私たちは，もう一度，市民に戻ろう。路地裏に入り，家庭に入ろう」(486)。

小田の発言は抽象的で，そこには多義的な含意があることは留意すると

しても，一般論としては「退行」への一里塚であることは否めない。

　1973 年 1 月，パリでベトナム和平協定が調印され，アメリカ軍の撤退が決まった。京都べ平連は，1973 年 4 月には「これからもやるぞ！　解散集会」を開いて解散した。東京べ平連も，1974 年 1 月には「危機の中の出直しを銘打った解散式を行なった (497)。べ平連は，1973 年以降，彼らが夢見たほどではなかったかもしれないが，各地に市民運動の種をまいて解散したと言ってよいだろう。

　しかしながら，結論的に，要約して言えば，べ平連は，予想を超えて，巨大化し，長く存続したと見ることが出来るのではないか。1960 年の安保闘争と比べてみても，質の深い，規模の広がった運動だったことも重要である。ただし，と同時に，小田の言うように，日本国民は，世界的にもそうかもしれないが，市民に戻り，家庭に入ることが 1970 年代以降には全国化したかに見えるといっても過言ではない。それは，20 世紀末の日本だけでなく，世界の先進国の大衆社会の状況であったかもしれない。では，続く 21 世紀の日本あるいは世界において，大衆社会下の市民社会のもとで，幸福な家庭が多く見られるかというと，必ずしもそうではないのではないかということも事実である。

　さて，ここで，本章のタイトル「非暴力直接行動と鶴見俊輔」の鶴見俊輔について，彼とべ平連の関わりの文脈で述べてみたい。

　鶴見はこう言う。「自分に感情の根があると思ったとき。つまり私はアメリカに育ててもらったし，アメリカは相当いいと思ってきたし，それがあんなことやるのはあんまりじゃないか，という気があるわけだ。そういう根があると動くんだな」(鶴見 2009，129-30)。

　名言だと思う。言い方は「ぼやき」めいてはいるが，鶴見一流の「照れ」と言えるかもしれない。

　少し話を広げると，鶴見は何といってもプラグマティストである。彼の思想，精神の領域は，多岐にわたることを認めたうえで，彼のアイデンティティとしてあるのは，アメリカで学んだプラグマティズムであるとい

30

第1章　非暴力直接行動と鶴見俊輔

うことができる。そこに，ベ平連の起ち上げにおいて，小田実と高畠通敏
が絡まって来る。このようにしてベ平連は巨大な運動となった。

　さて，ベ平連は，何といっても，よい意味での反アメリカの運動であ
る。したがって，ベ平連のスタート時点において，鶴見，高畠，小田とい
う3人の「アメリカ帰り」が存在するということは，「アメリカは相当い
いと思ってきたし，それがあんなことやるのはあんまりじゃないか，とい
う気」がした鶴見の名言は，それこそ生きていると思われてならないので
ある。

　ここで，事務局長としてベ平連を実質的に支えて来た吉川勇一の回想の
ほんの一部を紹介しておきたい。

　　　1990年の9月初め，京都の楽友会館で京都ベ平連の機関紙だった
　　『ベトナム通信』の復刻合本の刊行祝賀会があった。60年代後半から
　　70年代初めにかけて，京都の地でベ平連運動になんらかのつながり
　　のあった人びとが70人以上参加した……。……出席者の中での最長
　　老は，……飯沼二郎氏……だったと思うが，多くは，「ベトナム戦争
　　という言葉を毎日新聞で見ながら育った世代」……今では40代半ば
　　になっている。（吉川 1991, 223）

　吉川によれば，「さまざまな職業分野について社会の中堅になっている
それらの人びとが，つぎつぎと立って発言する内容は，ベ平連の運動の中
で身に付けた考え方が，その後の人生の中で一貫した指針となっていると
いうようなことだった」(223) ことを吉川は感動して聞いていたという。
彼は，ベ平連を実質的に支えて来た者として，当日の京都での祝賀会にわ
ざわざ東京から駆け付けたわけであるが，感慨深いものがあったことは容
易に想像できるのである。

31

V 韓国慰安婦問題と鶴見俊輔

　社会学者小熊英二は，同じく社会学者の上野千鶴子とともに，鶴見俊輔に聞く，鼎談形式の書（鶴見・上野・小熊，2004）で「女性のためのアジア平和国民基金」について，鶴見に問い質す。

　小熊は次のように鶴見に問う。すなわち，1991 年に金学順の告発があり，1993 年に日本政府が慰安所開設に対する日本軍の関与を認めて，1995 年に戦後 50 年の国会決議がなされた。それと並行して，「慰安婦」への「日本国民による償い」という名目で，政府のバックアップによる「アジア女性基金」が設立された。しかし，「アジア女性基金」は日本政府が公式の補償と謝罪を行なわないために設けたものだという批判を日本国内でも受けているだけでなく，元「慰安婦」の女性達からも支給金の受取りを拒否される事態を招いた。この問題を今どう考えたらよいのか。

　鶴見は次のように答える。鶴見としては，日本の国家がはっきり関与を認めて賠償すべきであった。ただ，アジア女性基金は，お金を集めることはできたけれど，渡す段階で受取り拒否が出てしまった。それは誤算であった。今になって言えることは，韓国なりフィリピンなり，地域ごとに事情を判断して展開して行けばよかった。韓国の場合について言えば，せっかく和田春樹が 70 年代から金大中の人権問題に取り組んだり，長年にわたって日韓交流に努力してきたんだから，韓国政治の文脈でも別の通路を作れたはずだったというものだった（鶴見・上野・小熊 2004，76-85）。

　鶴見が次のように付言したことも面白い。すなわち，「私は放蕩少年の出身だけあって，和田や大沼よりもう少し，悪知恵があるんだけどなあ。彼らは村山政権のあいだに基金が実現すればチャンスだと思ったろうけど，政治の素人はそういうチャンスを活かせると思って，ミイラ取りがミイラになるんですよ」(85) と述べる。

　ここで，鶴見の言う「ミイラ取りがミイラになる」問題に少しこだわってみたい。まず，歴史学者吉見義明の「「河野談話」をどう考えるか──その意義と問題点」（吉見，2013）論文にあたってみよう。

第1章　非暴力直接行動と鶴見俊輔

　吉見によれば，「問題を解決するためにどうしたらいいのか考えたい」として，2007年12月13日に出されたEU議会の決議と河野談話を比較する。EU議会は次の5つを指摘している（吉見2013，20）と言う。

　第1に，曖昧さのない明確な認知と謝罪を行なうこと。第2に，補償を行うための効果的な行政機構を整備すること。第3に，裁判所が賠償命令を下すための障害を除去する法的措置を国会が講じること。第4に，EU議会決議は，事実を歪曲する言動に対して公的に否定すること，と言明している。第5に，史実を日本の現在と未来の世代に教育すること，というものであるが，河野談話はこれとほぼ同様の事柄を認めている。すなわち，河野談話は「われわれは，歴史研究，歴史教育を通じて，このような問題を永く記憶にとどめ，同じ過ちを決して繰り返さないという固い決意を改めて表明する」と，対内的にも，対外的にも約束している。ただし，これは非常に重要なことだが，実際には守られていない，と吉見は付言する。すなわち，日本では，現在，逆に，中学校の歴史教科書から「慰安婦」の記述が全部なくなってしまうという，河野談話の約束とは反対のことが進行していった（20-1）。

　吉見は最後に次のように述べて締めくくる。地味な結論である。すなわち，「結論として，欧州議会の決議が勧告しているように問題が解決されることをめざして，河野談話の積極的なところは維持し，不十分なところは改めていくことが求められている」(21)。

　次に，歴史学者金富子によれば，「驚くべきことに，その後，日韓「双方が誠意ある対話」を重ね，2012年前半に「日本の首相の心からの謝罪」「国のお金で償い」の線で「合意寸前だった」ことが明らかになった。これが事実なら，日本政府が「法的解決済み」論を乗り越えようとしたと解釈できなくもない。……現状では「河野談話」の継承は不可欠である」（金2013，83）。金の言説には，まことに「歴史とは何か」を問う興味ある言説となっている。

33

VI おわりに

　小田実の没後7年後に，小田・鶴見の共著という形式で刊行された，『オリジンから考える』(鶴見・小田，2011) という両名共著の著書がある。「小田実とは，現実の人生において，お世辞なしでのつきあいであり，そのつきあいを，亡くなった後も変えることなくこの本によって保てたと思う」と鶴見は「あとがき」(鶴見・小田 2011，260-1) に書いているが，その書に収められている「小田実との架空対談」という鶴見の書いた長い一文がある。そのほんの一部分を引用してみたい。

　　　小田実は朝鮮籍（現在は韓国籍）をもつ在日の女性と結婚した。岳父は韓国人である。……小田実の日本語はすぐに在日韓国人の岳父に通じた。2人は何度も何度もそれぞれの人生経験を語り合った。……〔小田の小説である〕『河』のはじまりは，1923年，東京で迎えた関東大震災。主人公重夫は朝鮮人の父と日本人の母とのあいだに生まれて日本国籍をもつ。……『終らない旅』をしのぐこの長大作『河』3冊を，小田さんの死後に読みながら思った。生きているうちに彼はどの革命党派にも入らなかったが，どこに移動しながらも，この大作を書き続けた。その努力が彼を殺した。その間，なんの検査も治療も受けず。その重さが感じられる大作だ。(24-8)

　鶴見の小田への追悼はこのへんで終えたい。たしかに，末尾の「小田実の小説論」は，「非暴力直接行動」論に論理的には繋がらないかもしれないが，次のように考えることによって，それほど支離滅裂になることは免れていると思っている。

　第1に，鶴見が「アジア女性基金」に参加したのは，「ヤクザの仁義として」であるというのは誤解を招く表現であって，筆者（土倉）なりに表現すれば，「日韓民衆の連帯を目指す知識人の政治行動の一環」である。そして，それが本章のテーマにも合うと思っている。

第1章　非暴力直接行動と鶴見俊輔

　第2に，小田が「アジア女性基金」に参加しなかったのは，小田のひと
つの原則なのかもしれない，と思ったりもする。鶴見が言うように「彼は
どの革命党派にも入らなかった」が，「アジア女性基金」も1つの「党派」
(「組織」)ではなかっただろうか。ただし，彼の病気もあった。何よりも
大作『河』3冊の執筆に集中したかったのではなかろうか。「ベ平連」の
小田は文学者でもあった。

　最終的な結論として，鶴見は哲学者，小田は文学者，高畠は政治学者，
その3人の決意で歩み始めた「ベ平連」は大きな歴史的航跡を残したので
はなかろうか。「ベ平連」の優れたところは，「ベ平連」が多くのドキュメ
ントを残していることである。後世の者はますます学ぶところがあるので
はなかろうか。

参考文献

安保拒否百人委員会編 (1981)，『遠い記憶としてではなく，今──安保拒否
　　百人委員会の10年』，安保拒否百人委員会。
飯沼二郎 (1969a)，「市民運動について」，小田実編『ベ平連とは何か──人
　　間の原理に立って反戦の行動を』，徳間書店，209-11頁。
───── (1969b)，「権利としてのデモ」，小田実編，前掲書，218-220頁。
───── (1982)，「百姓に学問は必要ですが学歴は不要です」，『京都大学新
　　聞』，1982年4月29日号。
小熊英二 (2009)，『1968〈下〉──叛乱の終焉とその遺産』，新曜社。
小田　実 (1961)，『何でも見てやろう』，河出書房新社。
───── (1995)，『「ベ平連」・回顧録でない回顧』，第三書館。
───── (2000)，『小田実評論撰① 60年代──「難死」の思想など』，筑摩
　　書房。
開高　健・小田　実 (1965)，『世界カタコト辞典』，文芸春秋新社。
加藤周一 (2013)，「呼びかけ人」，藤原良雄編『われわれの小田実』，藤原書
　　店，17-8頁。
金　富子 (2013)，「『国民基金』の失敗──日本政府の法的責任と植民地主
　　義」，「戦争と女性への暴力」リサーチ・アクションセンター編『「慰安婦」
　　バッシングを越えて──「河野談話」と日本の責任』，大月書店，68-85
　　頁。
黒川　創 (2018)，『鶴見俊輔伝』，新潮社。

小泉英政ほか（2017），『なぜ非暴力直接行動に踏みだしたか』，編集グループ
　　SURE。

高草木光一（2023），『鶴見俊輔　混沌の哲学——アカデミズムを越えて』，岩
　　波書店。

鶴見俊輔（1967），「大臣の民主主義と由比忠之進——焼身で訴えるというこ
　　と…」，『朝日ジャーナル』1967年11月26日号，朝日新聞社，17-9頁。

———（1969a），「はじめに　牧歌時代以後」，小田実編，前掲書，1-5頁。

———（1969b），「日本とアメリカの対話——『反戦と変革に関する国際会
　　議』の感想」，小田　実編，前掲書，83-103頁。

———（1974），「ひとつのはじまり——あるいは，べ平連以前」，「ベトナ
　　ムに平和を！」市民連合編『資料「べ平連」運動』上巻（1965-1968），河
　　出書房新社，IX-XII頁。

———（1975），「小田実」，『鶴見俊輔著作集第2巻』，筑摩書房，469-73頁。

———（1981），「遠い記憶としてではなく」，安保拒否百人委員会編，前掲
　　書，3-4頁。

———（1997），『期待と回想』上巻，晶文社。

———（2002），『回想の人びと』，潮出版社。

———（2009），『言い残しておくこと』，作品社。

———（2013），「スタイル」，藤原良雄編，前掲書，14-6頁。

———（2017），「遠い記憶としてではなく」，小泉英政ほか，前掲書，122-5
　　頁。

———・上野千鶴子・小熊英二（2004），『戦争が遺したもの——鶴見俊輔
　　に戦後世代が聞く』，新曜社。

———・小田　実（2011），『オリジンから考える』，岩波書店。

吉川勇一（1974），「ベトナム反戦・反安保・街へ！」，「ベトナムに平和を！」
　　市民連合編『資料「べ平連」運動』中巻（1969-1970），河出書房新社，
　　57-63頁。

———（1991），『市民運動の宿題——ベトナム反戦から未来へ』，思想の科
　　学社。

吉見俊哉（2011），『万博と戦後日本』，講談社学術文庫。

吉見義明（2013），「『河野談話』をどう考えるか——その意義と問題点」，「戦
　　争と女性への暴力」リサーチ・アクションセンター編，前掲書，2-22頁。

米谷ふみ子（2013），「世界的英雄，近所の洟垂れ小僧」，藤原良雄編，前掲
　　書，63-74頁。

和田春樹（2013），「七四年九月の集会のこと」，藤原良雄編，前掲書，162-4
　　頁。

第 2 章

鶴見俊輔の「方法としてのアナキズム」

I　はじめに

　2019 年 5 月に亡くなった文芸評論家加藤典洋は，文庫版の鶴見俊輔著『埴谷雄高』（鶴見, 2016）の「文庫版解説」を次のように書き始めている。

　　2015 年の 7 月にこの本の著者である鶴見俊輔は亡くなった。行年
　　93 歳。その鶴見が書いた埴谷雄高が亡くなったのは，さらにその先，
　　1997 年 2 月のことである。行年 87 歳。（加藤 2016, 374）

　1997 年から 2015 年までの間，様々なことがあったと加藤は言う。加藤によれば，2001 年 9 月の同時多発テロ，2003 年のイラク戦争勃発，2007年の世界金融危機，2009 年の日本初の本格的な政権交代，2011 年の東日本大震災・福島第一原発事故，そしてその後の亡国的な自民党政権の再登場と，日本の政治的な危機。また，IS の登場に代表される世界の新たな危機（374）というわけである。

　たしかに「様々なことがあった」時代であった。政治学の観点からは，日本政治において自民党が政権復帰したことが大きい。その後，右傾化に突っ走る安倍政権がカムバックしたからである。加藤のこのような書き出しを読むだけでも，彼のパッションが伝わってくるのだが，加藤言説を詳しく辿ることは，本章の「はじめに」の想定の範囲を超えるので，加藤言説は，あらたに節を設けて，次節で検討することにする。

　というのは，言い換えれば，埴谷と鶴見はどのように相和し，また対決したのか？　政治の問題として，思想の問題として，非力をかえりみず，

37

よく考えてみたいとするのが，本章のなかのひとつの基本的な狙いであることをおことわりしておきたいからである。考えてみれば，2015 年，鶴見が亡くなった後を追うようにして，2019 年に加藤典洋も亡くなっている。なにか壮絶なものを感じさせる気がしてならない。

　さて，本章では何が論ぜられるのか，ごく簡単に記しておきたい。すなわち，本章は次のような構成になっていることをあらかじめお断りしておくことにしたい。

　II「加藤典洋の鶴見・埴谷論」は，鶴見の著書『埴谷雄高』（鶴見，2005）の巻末に付された文芸評論家加藤典洋の「解説」をベースにして論じたものである。加藤の「解説」は，優れた埴谷論になっているだけでなく，それ以上に鶴見論にもなっており，筆者は多くのことを教えられた。

　III「鶴見俊輔のアナキズム論」では，鶴見のアナキズムに関する見解を筆者なりに整理してみた。鶴見は，ピョートル・クロポトキンに親近感を持つというよりも，かなり傾倒しているのではないか，というのが筆者の印象である。

　IV「鶴見は埴谷雄高をどう読んだか」では，本来なら鶴見の埴谷に関する全言説に目を通すべきところ，能力と時間の関係でそれを達成できなかった。反対に，埴谷・鶴見問答のようなものが大半のスペースを占めたことは，恥ずかしく，遺憾とするところである。

　それでは，II，III，IVの順で本論に入って行くことにする。

II　加藤典洋の鶴見・埴谷論

　文芸評論家加藤典洋は，「埴谷さんが亡くなるまで，埴谷さんが鶴見さんにとり，これほど大きな存在だということがわからなかった」（加藤 2005, 318）と率直に言う。続けて，「1994 年だったか。鶴見さんは，大きな病気で入院した。それ以後，自分はある一定の枚数以上の文章は当分書かないと，周囲の人間にもらされた」（318）と回想する。

　そのため，1997 年 2 月に埴谷が亡くなってからしばらくした頃，鶴見

第2章　鶴見俊輔の「方法としてのアナキズム」

が長い原稿にとりかかろうとしているらしいという話が聞こえて来て，それが埴谷の代表作である思弁的長編小説『死霊』にまつわる論だということがわかった時，加藤は意外の感に打たれる。その後，加藤には，鶴見は「どうも体力を顧みないで没頭している，身体を壊すのではないか」と周囲の人々が懸念しているという風説も伝わって来た。事実，擱筆後は，鶴見が寝込んだとも聞いたと加藤は回想している（318-9）。

　因果で鮮烈な話と言ってもよいのだろうか。鶴見はどうしても『死霊』について書きたかったに違いない。たしかに，鶴見には「あれも好い，これも好い」というところがある。しかしながら，人が想像する以上に，鶴見にとっては，埴谷は大きな存在であったと言うべきではないだろうか。

　しかし，大患後の鶴見の身体はその後も順調で，なぜか，続いて，さらに数編，50枚を越えるような長さの埴谷論が企てられたらしい。加藤の言葉を引用すれば，「こうして書きためられたイノチガケで書かれた数編と，それ以前に書かれた……数編とを集めて，この本はできている」（319）。「この本」とは，鶴見俊輔が解説した『埴谷雄高作品集3』の「埴谷雄高の政治観」で述べられた言葉であるが，素晴らしい話だと思われてならない。

　加藤によれば，「埴谷，鶴見，2人の関係には，鶴見のほうから見るとき，2つの要素と，3つの段階があった。2つの要素とは，2人の相似と両者間のはっきりした相違ということであり，3つの段階とは，鶴見が埴谷に言及した，この本の中身を分ける3つの時期のことである」（319）。

　加藤は言う。「この本には鶴見の書いた埴谷に関する文章が執筆時期順に並んでいる。このうち，1959年に書かれた「虚無主義の形成——埴谷雄高」と，1971年に埴谷の作品集解説として書かれた「埴谷雄高の政治観」の2本は，それぞれ，鶴見の埴谷に対する親和の側面と疑念の側面とを述べている」（319-20）。

　加藤によれば，「そしてこの2つとも，埴谷はしっかりと受けとめたと思われる。ここで，余人は知らず，互いに深い信頼をわかつ両者の関係は

39

定まったのである。この関係に動きをもたらしているのが，……1990年に実現した「未完の大作『死霊』は宇宙人へのメッセージ」と題する座談会である。……これがいわゆる座談会，対談を含め，両者にとり，はじめての誌紙上面談の機会だったというから驚く。……このときの会話で，鶴見の中で何かがむくむくと動く。2人の関係がにわかに色づく。鶴見は，およそ1年半後，埴谷にむけて「手紙にならない手紙」と題する公開書簡を書いているが，そこには，座談会の親和の残映が生き生きと描写され，おだやかに，しかし忌憚なく，鶴見からの鋭い疑念がふたたび提示されている」(320)。

　加藤は埴谷と鶴見は似ていると言う。すなわち，「鶴見が埴谷に言及したはじめての文章は，1959年に『共同研究　転向』上巻に発表される「虚無主義の形成——埴谷雄高」だが，この文章は，ある奇妙な印象で読む者をとまどわせる。……この文章の発表時，鶴見は37歳。そのしばらく前，8，9年前にあたる1950年に，彼は重いうつ病にかかっている。……鶴見は年譜を残さないが，どうやらそのころ1度目の精神病棟への入院をしている。……結局，京都大学をやめ，東京に移り，病がいえた後，東京工業大学で教えはじめる。そこではじまるのが，「虚無主義の形成——埴谷雄高」をうむ，学生をまきこんでの転向研究である。その共同研究で，鶴見は「後期新人会員」，「翼賛運動の設計者」，「翼賛運動の学問論」，「軍人の転向」，「転向論の展望」などとともに，この「虚無主義の形成」を執筆している」(322-4)。

　埴谷雄高の『死霊』は，1945年の末に『近代文学』の創刊号に掲載されたとき，誰にも理解されなかったといわれている。その意味をはじめて世に知らしめたのは，埴谷の友人武田泰淳による1948年のエッセイ「『あっは』と『ぷふい』」だというのが通り相場である，と加藤は推定する (325)。

　一方，鶴見は当時だれもその意味を受けとることのできなかった夢野久作の奇書『ドグラ・マグラ』の意味をはじめて取りだした評者として世に

第 2 章　鶴見俊輔の「方法としてのアナキズム」

知られている。しかし，ある意味で，鶴見こそ，『死霊』がどのような小説であるのかを，より本格的な考究という意味で，はじめて，誰よりも早く世に示しているのではないだろうかと，加藤は鶴見を評価している（326）。

　加藤によれば，武田の「『あっは』と『ぷふい』」は，埴谷の『不合理ゆえに吾信ず』にはふれていないと言う。加藤は，「50 年代前半の，1 つの部屋を思い浮かべよう」と言い，「鶴見は暗い精神病棟の闇の底で目をとじている。そうしてそこで何日も何日も過ごす。その場所からは，『不合理ゆえに吾信ず』の世界が見え，そして『死霊』の世界が見え，また，『ドグラ・マグラ』の世界が見える」と加藤は続ける（326）。

　加藤は，鶴見の「虚無主義の形成――埴谷雄高」（1959 年 1 月発表）は，吉本隆明の「転向論」（1958 年 11 月発表）と一対の関係にあると言う。すなわち，加藤によれば，吉本が，戦前の転向した左翼文学者の中からとくに 1935 年の中野重治の経験を取りだし，その独自の意義をあきらかにするように，鶴見は，1933 年の埴谷雄高の経験を取りだし，その特異な意味をあきらかにしている，と論証する（326-7）。

　加藤によれば，吉本の転向論は，これまでだれにも否定できなかった戦後の非転向の日本共産党指導部の政治倫理的優位性を，そんな信念への忠誠には何の思想的な価値もない，と吉本は一言のもとに切って捨てた点で，当時としては画期的な意味をもつ。これに対し，鶴見の「虚無主義の形成」は，埴谷雄高の転向に着目して，吉本とは違う，また別種の転向の可能性の像を描く。それは，あくまで現実に背を向けたまま，マルクス主義からの転向後，いわば中空にとどまり続ける，永遠転向者としての像である（328）と対比する。

　また，加藤は，この鶴見のもう 1 つの転向の可能性の像は，鶴見が，日本共産党に対しては批判の観点を保ちながら，それと対立しつつ，同時にそれと併走，同伴するという，以後，埴谷の『近代文学』，鶴見の『思想の科学』に共通するリベラルな左翼，革新のあり方に道を開いた（330），

41

と立証する。

　加藤は，『近代文学』と『思想の科学』を次のように比較する。

　　『近代文学』は 1945 年 12 月創刊，1964 年 8 月に終刊している。
　『死霊』はこの創刊号から連載開始され，1949 年に中断した後，母体
　の雑誌が終刊した後も，ひそかに時代を耐えて書きつがれ，1975 年
　に約 26 年ぶりに 5 章「夢魔の世界」を発表，以後，章を重ねて 1995
　年 11 月の 9 章「《虚体》論——大宇宙の夢」で，未完のまま，擱筆
　される。ところでこれは，鶴見が『近代文学』に踵を接する形で 46
　年 5 月に創刊した『思想の科学』が，第 8 次の更新を重ね，ちょう
　ど 51 年目にあたる 1996 年 5 月を期して休刊となるまでの歩みと，
　まったく同じである。この 2 つの雑誌は，ともに創立同人は 7 人。鶴
　見が『思想の科学』創立同人中最年少でありつつ，この雑誌の実質上
　の中核存在だったように，埴谷は『近代文学』創立同人 7 人のなかに
　あって，年長の 3 人（山室静，平野謙，本田秋五）と年少の 3 人（荒
　正人，佐々木基一，小田切秀雄）をつなぎとめる，やはりこの雑誌に
　あって中核的な存在だった。2 人はこの意味でも戦後の 50 年を併走
　した，「同好の士」だった。(345)

　加藤のこの比較は，真底をついた極めて重要な分析であると思われる。
大変興味深い。

　さて，1971 年，加藤によれば，鶴見は「埴谷雄高の政治観」（鶴見，
1971）に次のように書く。すなわち，鶴見によれば，埴谷はつねに，「社
会主義とは何か」，「革命とは何か」についての定義を構築するが，この方
法には，決定論のしっぽがくっついている，と言う。現実の諸力がたがい
にぶつかりあう時の偶然の役割，その時に生じる意外なものの出現につい
て，埴谷はあまり関心を示さないからだというのである（加藤 2005，343）。

　加藤は，鶴見が，1998 年の「『死霊』再読」（鶴見，1998）で，埴谷の作

品が，まず，この作品が時代にしっかりととらえられていること，そのう
えで時代から隔絶して中空に浮かぶ作品なのであることを，示そうとして
いる（加藤2005，344-5）と言う。

　加藤によれば，この鶴見の論考は，第1に，埴谷の『死霊』の文体が
1903年に「巌頭の感」を書いて華厳の滝に投身した一高生藤村操以来の
「旧制高校」の流れにあることを指摘する（345）。第2に，『死霊』の中心
命題をなす「自同律の不快」が，新たに植民地に生まれ育った埴谷の出自
との連関の上におかれ，再吟味されている（346）。第3の焦点は，『死霊』
の物語の中心をなす革命にまつわる小集団内の事件と現実のリンチ事件と
の生々しいまでの近接性に，光をあてている（349）と述べていると言う。
加藤は鶴見の論考に脱帽しているように思われるが，同時に加藤の鶴見に
対する追跡は見事ではないかと，筆者は思う。

Ⅲ　鶴見俊輔のアナキズム論

　鶴見は，アナキズムの定義にあたって，「アナキズムは，権力による強
制なしに人間がたがいに助けあって生きてゆくことを理想とする思想だと
して，まずおおまかに定義することからはじめよう」（鶴見1991，3）とし
て，次のように述べている。

　　人間は……権力によって強制されて生きることを好まない。権力に
　よって支配される関係から自由になることを夢みることは，あたりま
　えだ。このように道義感から見て自明のことに思える権力ぬきの助け
　あいの社会がどうして実現しないのか。このことについての認識が，
　多くの人に，自分の素朴な道義感のままにアナキズムにむかうことを
　ためらわせる。また，若い時にアナキズムを自分の思想としてえらん
　だ人にとっても，自分の理想が実現しないということのいらだちが，
　アナキズムをたやすくテロリズムに転化させる。(3-4)

鶴見は，「私が好んでいるアナキズムは，静かなアナキズムだが，きば
のないものではない」(4) と言う。すなわち，鶴見は，権力的支配のない
相互扶助の社会，というような理想主義的な構想をもつと，その反動とし
て，それがいらだたしさをつのらせ，テロリズムにかわる。このコースを
かえるために，なにか鎮静剤をあたえていらだたしさをとりのぞく必要が
ある (4) と論理を進めてゆき，次のように述べている。

　　　アナキズムが人間の習慣の中になかばうもれている思想として特色
　　をもつものだとすれば，思想としてのアナキズムが静かな仮死状態で
　　もなく激発して別のものに転化するのでもなく，生きつづけてゆくた
　　めには，それを支えるかくれた部分が大切だということだ。そのかく
　　れた部分は，個人のパースナリティーであり，集団の人間関係であ
　　り，無意識の習慣をふくめての社会の伝統である。そこから考えてゆ
　　くのでないと，人間の未来にとって重大な意味をもつようなものとし
　　てアナキズムをほりおこすことは，できないだろう。(5)

　「かくれた部分が大切」という鶴見らしい含蓄のある示唆は，まことに
重要なものだと思われる。鶴見によれば，アナキズムは，その思想がどの
ように伝統の中に根づくかをとおして見るほうが，よくわかるのだが，そ
れだけではなく，個人のパースナリティーにどのように根ざすかを見るこ
とも，アナキズムをとらえるために大切な方法である。ヘンリー・デイ
ヴィッド・ソロー（1817-1862）は，この意味で，とくに注目すべき人物
だと思う (14) と言う。
　すなわち，鶴見によれば，ソローは，1845年からコンコードのはずれ
のウォルデンの森の中に自分ひとりで小さな家をたて，畑をつくったり，
魚をとったりして2年2カ月暮らした。その記録の中で，ソローはこう述
懐していた。ソローがしたと同じような暮らし（戦争に反対したり，税金
をはらわなかったり，野宿をしたり）をすると，当時のアメリカでは，警

第2章　鶴見俊輔の「方法としてのアナキズム」

察と右翼団体に殴り殺されていた (13)，と。

　鶴見は続けて言う。1847 年 9 月 6 日にソローは 2 年 2 カ月のウォルデンの生活を止める。ソローがそこで暮らした 2 年間は，ソローにとってその後どのような生活状況に対しても，ひとつの準拠枠として働いた。ソローはソローの実験によって少なくともこう学んだ (15)。

　さらに，鶴見は，次のようなセンテンスをソローから引用している。鶴見はソローに感銘している。

　　もし人が自分の夢の方向に自信をもって進み，そして自分が想像した生活を生きようとつとめるならば，彼は平生には予想できなかったほどの成功に出あうであろう。彼は何物かを置去りにし，眼に見えない境界線を越えるであろう。新しい普遍的な，より自由な法則が，彼の周囲と彼の内に確立されはじめるであろう……彼が生活を単純化するにつれて，宇宙の法則はよりすくなく複雑に見え，孤独は孤独でなく，貧困は貧困でなく，弱さは弱さでなくなるであろう。(鶴見 1991，15；ソロー 1951，196)

　鶴見によれば，以上のことは，「主として，抵抗としてのアナキズムにかかわる。その抵抗を内側から支えるヴィジョンとして革命像をもつことが，これまでのアナキズムの運動の特色となっている。クロポトキンの『農園，工場，学校』(1899 年)，ハーバート・リードの『緑の子』(1935 年) などは，みずからの内面の革命像を人に見られるように書きのこした見事な作品である」(鶴見 1991，18) と推奨する。どちらも大事な文献である。

　鶴見は，さらに次のように述べる。すなわち，「アナキズムの運動は，革命にむかって大衆がたちあがるごとにおこっている」として，歴史的事実を列挙する。すなわち，1776 年のアメリカ革命，1789 年のフランス大革命，1848 年のフランス革命，1871 年のパリ・コミューン，1905 年のロ

45

シア革命，大衆の蜂起が起った時は，大衆の中にアナキズムがあらわれた。1917 年のロシア革命においても，革命を起こした大衆の思想は，アナキスティックなものだった (19)。このように，「ヴィジョンとして革命像」とアナキズム運動は裏腹のものであったと言い得よう。

鶴見によれば，ジョン・リードの『世界をゆるがした 10 日間』(1919年) が見事に伝えるように，ロシア革命をおこす自発的な大衆があった。その行動を支えたものは，ある種のアナキズムと呼ぶことが自然だ (20)ということになる。革命とはアナキズムに支えられた大衆の行動であると言ってもよいのではないだろうか。

「長くイギリスに亡命していたピョートル・クロポトキンは，革命がはじまったことを聞いて 1917 年にロシアにもどった」と鶴見は言う。クロポトキンは初めドイツとの戦争継続を唱えたために，ロシアのアナキストのあいだに影響を失くした。しかし，10 月革命以後にボルシェヴィキが中央集権を強化してから，クロポトキンは公然と政府を批判する数少ない人として知られるようになった。1921 年 2 月 8 日にクロポトキンが死んだ時，その葬列には，モスクワで 5 マイルも人が続いたという (20-1)。

クロポトキンについては，鶴見の少年時代の回想が興味深い。鶴見はこう書いている。

　　神田の古本屋街は，あとになって気がつくと，世界にまれな，本のよせ場だった。小学校のかえりに神保町でのりかえて，2 時間くらいゆっくりかけて本を見るのが，私にとっては，4 年生くらいからあとのたのしみで，神保町の角にあった巌松堂は，世界一の知識の宝庫のように思えた。(鶴見 1989, 88)

さて，鶴見が，中学校に入り，何度も放り出されていたころ，手にすることのできたのは，マルクス主義以外の本で，クロポトキンの『ある革命家の思い出』(大杉栄訳) の改造文庫本に出会ったのは，その頃だった，

第2章　鶴見俊輔の「方法としてのアナキズム」

という。少年鶴見は文庫本上・下2巻に分かれて出ていたこの本を，熱中して読んだという。鶴見がそれまでに読んできたプーシュキン，レルモントフ，ゴーゴリ，ツルゲネフ，トルストイ，ドストエフスキー，チェーホフの小説に，1つのまとめをあたえる本のように思えたと彼は回想している (88-9)。鶴見の回想は次のように続く。

　　私をひきよせたのは，1歳年上の兄アレクサンドルとピョートルの親しさで，この2人の友情が，大きい家のよそよそしさの隅で，さらには何十マイルもはなれた別々の学校で，何千マイルもはなれたロシアの辺境と都市の間で，幼年時代から青年時代を通してつねに新しくあざやかにたもたれて，自伝を支え，動かしてゆくところだった。(89)

クロポトキン家と鶴見はかなり家族の状況は違うが，鶴見俊輔と姉の鶴見和子は終生親しい間柄であった。鶴見はおそらく自分のことをふまえて，次のように述べる。

　　実母は早くなくなり，実父は，次の母をむかえた。まま母は，兄弟の母の思い出を家から消そうとして，母ゆかりのものをすてさせて家風を一新した。このことが，1歳と2歳で実母に先だたれたアレクサンドルとピョートルにとっては，寒々とした印象を両親についてもたせるようになり，実母を好いていてその思い出をくりかえしはなしてくれる召使と農奴が，幼ないころから，2人にとって自分たちに近しい人だと感じられるようになった。実父継母はともに敵であり，敵である両人から金をもらわないようにすることが，無意識の部分からはえでた，兄弟の共同の理想となる。(89)

以上のような，幼いクロポトキン兄弟についての鶴見の叙述は，ある種

47

の感動さえ呼び起こす。すなわち，規模も質も違うが，鶴見は自分の少年時代と自分の家族のことを感情移入しているように思われてならない。鶴見のような恵まれた家族にとって，贅沢な話だと思われるかもしれないが，いずれにしても，鶴見はクロポトキンに傾倒する。鶴見は以下のように言う。鶴見は何度も述懐しているが姉和子に庇ってもらったり，可愛がってもらった姉弟の関係は麗しいものがある。

　鶴見は，「父に対する軽蔑，早くなくなった実母の思い出につらなる召使と農奴への一体感。これが，クロポトキンを，やがて無政府主義者にするもとの力だった。だがそれだけではない。クロポトキンの革命思想のもとには，自然があり，それが，18世紀以来のヨーロッパ近代の革命家から彼を区別する。その点では彼は東洋の社会思想家に近い」(91) と述べるが，クロポトキンは東洋の思想家に近いとするのは，主観的すぎないかという気がしないでもないが，まことに鶴見らしい独得な着想だと思われる。

　鶴見によれば，クロポトキンは「自然を見失うことのない社会主義」者だった。すなわち，『ある革命家の手記』(クロポトキン，1979) は，亡命後のクロポトキンが，米国の雑誌『アトランティク・マンスリー』に連載したもので，無政府主義者としての彼の経歴をのべることを中心とした。しかし，その本の中に，探険家としてのクロポトキンの生涯が，書かれなかったもう1冊の本として，見えかくれしている，と言う。すなわち，クロポトキンがとらえたのは，自然のふところにある社会であり，彼の説いたのは，社会の中にある自然を見失うことのない社会主義だったと評価している (94)。

　鶴見のクロポトキン論について，続けて考察しよう。鶴見は，クロポトキンの考えた革命は，ソヴィエト・ロシアの政権と尺度の違うものだと言う。すなわち，「1917年の革命は，ロシアの大衆のおこしたものだったが，権力によってそれをとりしきったのはレーニンたちマルクス主義者であった。早くも，1917年5月30日にクロポトキンはペトログラードに

第 2 章　鶴見俊輔の「方法としてのアナキズム」

ついているが，10 月革命以後，『倫理学』の草稿に手入れをすることだけ
で，79 年の生涯を，1921 年 2 月 8 日に終えた」(100-1)。

　鶴見は，「レーニンがクロポトキンを許容したのは，その影響が小さ
かったからであろうが，クロポトキン記念館を支えつづけることは，ス
ターリン治下にも民間の運動としてつづけられた。クロポトキンの考えた
革命は，自然史の中で人間の自治の習慣を支えとしておこりまたつづけら
れるものであり，ソヴィエト・ロシアの政権と尺度のちがうものだった。
そのちがう尺度が，私には，今も大切なものに思える」(101) と言う。こ
こに，鶴見のアナキズム観がソヴィエト社会主義に対置して述べられてい
るということができる。

　最後に，鶴見は，クロポトキン『ある革命家の手記』の再読の感想を次
のようなメッセージで締めくくる。まことに鶴見の人柄（思想）がよく出
た締めの文章だと思う。筆者からすれば，少し読み違いになるかもしれな
いが，鶴見はクロポトキンを語りながら，自分自身を語っているような気
がしてならない。

　　前に読んだ時に，おしつけがましさのない，自伝のスタイルに感動
　した。それは，革命家としての彼の不足でもあっただろう。彼が，幼
　い時から，親と一体化しないようにと身がまえ，少年時代から自立し
　た人間として生きてきた結果でもある。彼がその宣言を書いた「チャ
　イコフスキー団」においても，亡命アナキスト集団においても，彼は
　運動をひきいてたつ指導者とはならなかった。このことが，指導者な
　き自治への彼のうったえを誠実なものとし，彼の自伝を，初読の時か
　ら 50 年後読みかえす時にも，私にとってこの本を色あせたものにし
　ない。(101)

　ところで，鶴見は，アナキズムの理論に対する要請という形で，メモを
記している（鶴見，1991）。それらを要約した形で次のように紹介してみた

49

い。

(1) アナキズムの理念による革命は，近代の歴史においては成功した実例を知らない。この事実を認めることが，アナキズムの理論の一部となることが必要である。しかし，大規模に成功したことがないとしても，現代のように国家が強大になって，政府の統制力が人間の生活の隅々にまで及んで来ている時には，国家が人間の生活に立ち入って来るのに対して戦う力を準備しなくてはならない。その力を作る思想として，アナキズムは，存在理由を持つ（鶴見 1991，23）。

(2) 権力とは区別された自主管理の形が探し求められなくてはならない。しかし，そのような自主管理は，同人雑誌の編集のような非権力的な実務にどれほど近づけることが出来るだろうか。おそらくはアナキズムの理想を踏みにじるまいという思想を強くになう新しい官僚が現れることが必要になるだろう。そのような官僚性を育てることが，アナキズムの実現にとって重要である（23）。

(3) 19 世紀までの科学は，たやすく決定的な世界像，歴史像をつくることを許したが，20 世紀以来の科学倫理学は，そのような決定論に対して留保することを当然のこととしている。疑う権利の留保は，認識の領域としてだけでなく，政治の領域においても，より明白に守られることが必要である。アナキズムそのものが決定論的世界像を立てる場合には，アナキズムは自らの道から逸れて行く（23）。

(4) 小さい状況に集中すれば，そこにはアナキズムの理想を実現しやすくなる。それは，地域，友人との付き合い，個人の私生活，最終的には個人のある時の観念，ということになるが，この種の退行がアナキズムに弾力性を与える場合もあるし，逃避に終る場合もある。しかし，大きな状況についてだけ考えて行くとすれば，どのようなアナキスティックな理念も，結局は官僚的な机上地図に転化するだろうし，官僚的支配の一部分に取り込まれて，アナキズムとしての活力を失くすだろう（24）。

(5) アナキズムを，主として表層より下にあるものとしてとらえることが

第 2 章　鶴見俊輔の「方法としてのアナキズム」

必要である。氷山のように，いくらか水面上に明らかな部分があるとして
も，その明らかな部分だけに固執して行動する時には，この思想は負ける
ことを運命づけられている。アナキスティックな構想の生み出した何かの
行動原則を教条として守ることは，アナキズムの用いえる自在性とは逆の
ところに，運動を運んで行くであろう。沈んでいる部分を活用して，自在
な行動を作り出すようにしたい (24)。

　以上であるが，「組織のつくりかたにしても，オルダス・ハックスリー
は『主題と変形』(1950 年) で，一刻もねむらない組織は，しぜんに機械
とおなじような反応形態をそなえるようになり，たとえ人間のつくったも
のであっても人間的な性格を失ってゆくとのべている。ねむりそのものが
活用されるような組織の形をもとめるようでありたい」と鶴見は述べてい
る (24)。「ねむりそのものが活用されるような組織」とは実に印象的な表
現である。そこに鶴見のアナキズムの本質を見るような気がする。

　さて，話は変わるが，「鶴見と吉本のもっと根元的な位相のズレは，両
者の政治哲学の中にひそんでいる」と，政治学者高畠通敏は考える。高畠
は次のように明瞭に解きほぐす。

　　それは鶴見における場合，彼の政治哲学としてのアナキズムの問題
　に他ならない。……鶴見はハーバード大学卒業の直前に，アナキスト
　としてアメリカで投獄されて以来，70 年代日本で内ゲバリンチ事件
　に直面しながら「方法としてのアナキズム」を書く今日まで，一貫し
　て思想としてのアナキズムをゆるがせたことはない。それは必ずし
　も，特定の政治主張やプログラムをもったイデオロギーとしての意味
　においてではない。彼におけるアナキズムとは，むしろ，理想や気
　質，方法や感性の域に属する。しかし，そのことは，彼の価値観の根
　底に，あらゆる権力からの抵抗と自立という感覚が流れていることを
　意味する。……鶴見における大衆の意味が，吉本のそれと根本のとこ
　ろで対立するのは，そのためである。鶴見は，大衆ひとりひとりが自

51

立して，ゆるやかな連合をつくり権力に頼らずに相互扶助体をつくってゆく可能性を信じる。大衆の自立とは，決して〈ウルトラ〉な蜂起や情念的な団結によってあらわれるのではなく，日常的な生活の中での自発的な連帯によってよりよくあらわれると考える。鶴見が，ヤマギシズムなどのコミューン運動にかかわり，家（イエ）のとらえなおしをはかり，東京・下町にのこる習俗や大衆芸能に愛着を感じるのは，日本の中での彼流のアナキズムの可能性を手探りすることと結びついている。(高畠 2009a, 170-2)

　さすがに，鶴見と近く，親しい存在であった高畠らしい名言であると感嘆せざるをえない。まことに鋭利な分析と指摘で，高畠がアナキズムに対する「鶴見の方法の特質」への評価をなしたことにおいて，筆者が教えられたのは，次の 2 点である。

　第 1 に，「日本においてアナキズムは文人気質や社会的不適応者の思想となりやすく，プラグマティズムは体制に順応した生活の実用思想に風化しやすい。この異質な 2 つのものをない合わせることによって，戦後日本を観望する独標三角点へ，鶴見は自らを押し上げていった」(172) という指摘である。

　第 2 に，「鶴見の多くの思想家論の中で，埴谷雄高を論じる一篇がとりわけ見事な出来映えをしめしているのも，私の解釈によれば，鶴見が深いところで埴谷のアナキズムに共感するところがあってはじめて可能になったのだろう」(172) と，高畠が指摘する点である。それでは，高畠は，戦後日本の政治思想の文脈で，アナキズムをどう考えたのだろうか。以下において，高畠言説についてしばらく検討してみたい。

　1960 年代初期，高畠たちが『声なき声のたより』を発刊してまもなく，アナキズム研究家の大沢正道より一文が高畠たちに送られて来た。高畠は次のように返答した。

第2章　鶴見俊輔の「方法としてのアナキズム」

　「「市民」ではなく「人民」を」と私〔高畠──筆者〕がタイトルを
つけた小文の中で大沢さんは，「1960 年 5 月 19 日以降の闘いが，資
本と労働の対立を中軸として展開されたとみるぼくは，この過程から
「市民の誕生」を引きだすことが，どうにもできません。ぼくは一字
ちがいですが，「人民の誕生」としてなら，この事態を理解できます」
といわれている。……問題は，今でも大沢さんが〈人民〉ということ
ばにこだわり，私が〈市民〉ということばにこだわっていること，そ
のことに象徴的に集約されるといっていい。(高畠 2009b, 111-2)

　この問題をどう考えるか。高畠は「この問題の根源を，アナキズムが
歴史的な近代社会として，われわれのまえに現実にあるものに取り組む姿
勢の問題にまでさかのぼって考えなくてはならないと思う」と言う。すな
わち，「しばしば指摘されるように，詩人や哲学者に比べるとアナキズ
ムの側に立つ社会科学者が少なく，これに対し，ボルシェヴィキや近代主
義者の中にアカデミシャンが輩出するゆえんは何か。それは，歴史的な事
実としていうかぎり，マルクス主義や近代主義が，歴史的な近代社会の現
実の中にある法則性，傾向性を探求し，それをふまえてユートピアを構想
するという姿勢を明らかにしているからであって，そのかぎりにおいて，
近代社会の歴史的現実の分析に興味をもつ若者たちを吸引するのも当然な
のである。……だが，法則性や傾向性をふまえるということは，もちろ
ん，それに追随することではない」と高畠は言う (112)。
　すなわち，「逆にマルクスやウェーバーあるいはその他の近代社会科学
者たちの理論を分析すればするほど，近代社会の歴史的現実のうちの何を
〈自然史〉的な与件，歴史的〈必然性〉，近代の〈宿命〉としておき，何
を〈操作可能〉の範囲においたか，その仮定の立て方がユートピアの構成
の仕方，運動論の展開の仕方といかに密接に結びついていたかが明らかに
なってくる」(112-3)。
　「ここでアナキズムにもどって考えよう」，と高畠は続ける。「アナー

53

キズムが，これらに対抗して独得にもつところの，歴史的近代社会から引きずりだした核観念は何なのか。私はここで立ちどまらざるをえない」，と言う。すなわち，「人はあるいは，〈自由〉をいい〈反国家〉〈反権力〉の概念をいうだろう。しかし，これらの概念は，これまでのところ多く「目標価値」であるしかなく，歴史的な近代社会の構成や展開を分析する核としての位置づけをほとんどあたえられてきていないのである」(113)と主張している。高畠はそうは言っていないが，私見では，略言すれば，アナーキズムと社会科学は，詩と散文の違いであるようなものであると言ったらよいのだろうか。

　高畠は次のように締めくくる。すなわち，「そもそもアナーキズムが主義として成立したのは，まさに，このような近代社会における個人の問題と切りはなせなかったはずであり，それは〈市民〉という視角と無縁のはずがない。しかし，その具体的検討についてはあらためて記す以外にない」(116)と。

　高畠も故人となった今，彼の残した「具体的検討」については，今後，彼の1971年以降の著作から調べなければならないのであるが，きわめて乱暴に約言すれば，アナーキズムにおける問題は，リベラリズムとの関連はどうなるのか，個人対集団の問題はどのように生かされるのかといったところが，筆者の私見としてのアナーキズムへの問いかけである。一言で言えば，高畠の言うように，鶴見の行ったアナーキズムとプラグマティズムの組み合わせには大いに賛意を表しておきたい。

Ⅳ　鶴見は埴谷雄高をどう読んだか

　鶴見は埴谷雄高をどう読んだのだろうか。彼の埴谷論（鶴見，1959；1972）によって，とくに，論中の「虚無主義の系譜」という章に焦点をあてて，読解してみたい。

　鶴見は，「埴谷の哲学と，伝統とのむすびつきを最後に考えよう」（鶴見1972，240）というふうに問題を立てる。鶴見によれば，「埴谷は，自分の

第2章　鶴見俊輔の「方法としてのアナキズム」

外にある日本共産党信仰の柱からきりはなされた時，他の柱によることなく，自我の中におちこみ，自我の要素の新しいくみあわせによって新しい柱をつくろうとしている。民族の伝統にたいする呼びかけをまつたくしないことが，特徴的である。こういう点が，埴谷の転向を，「日本浪曼派」の亀井勝一郎，保田与重郎，太宰治らと区別する。「日本浪曼派」におけるように，むりやりに日本の伝統を美化して考えようという動機は，転向の前にも，後にも働かない。転向後はかえつて，よりみにくいものとして日本の文化をとらえ，よりするどく日本の伝統から切れている。そのために，まつたく自分の底のほうまでさらつてみて根源的比喩をさがしだし，それらをくみあわせることによって自己の創世神話をつくる道をとつた」(240-1)。

　「日本の伝統を美化して考える」というのが普通の転向であると考えるのが常識であるが，埴谷の場合は違うと言い切る鶴見の指摘は実に鮮やかである。鶴見は，埴谷の場合，「むしろ，日本の伝統とはむすびつかぬままに，西洋および東洋のニヒリズムの伝統とむすびついている」(241) と言う。すなわち，次のように述べる。

　　西洋のニヒリズムの系譜の上では，スティルナー，カント……，ドストエフスキー，キェルケゴール，ランボー，マラルメ，ポウ，ニイチェ。東洋のニヒリズムの系譜では印度教，ジャイナ教，仏教，老子，荘子。東洋の宗教的伝統が深く入つているという意味では，埴谷の転向は日本への回帰なしの東洋への回帰と考えてよく，同時代の萩原朔太郎，室生犀星，志賀直哉，佐藤春夫らのような日本への回帰を主とした東洋への回帰とはちがう転向の系譜にぞくする。むしろ，明治末期の木下尚江の転向の経路に近いものではないだろうか。木下尚江はキリスト教社会主義者としての実践運動を明治末にしりぞき，それ以後も日本の天皇制権力に反対の姿勢をとつたまま，一種の虚無主義者となつて静坐生活を昭和に入るまで続けた。軍国主義の進行を前

55

にして，もう一度社会運動に参加する志をもちながら死んだ。(241)

　キリスト教社会主義者として木下尚江を鶴見が注目していたことは興味深い。今後の研究課題として大切にしたいと考えている。

　鶴見によれば，「同時代の人では，村山知義，三好十郎，坂口安吾，武田泰淳，椎名麟三が，転向をとおしてニヒリズムに達しているということでは埴谷に近い。とくに，椎名は労働者出身であり，埴谷より少しはやく1931年にやはり積極的な共産党員として検挙され，転向するのであるが，転向後の彼の思想は，埴谷におけるよりもより多く日本の庶民的な生活感情の中からニヒリズムの素材をとつている」(241) と見事に要約するのであるが，心から同意したい。とくに，筆者の大学生時代，椎名麟三を愛読した友人が多かったことを鮮明に記憶していることを付記しておく。

　さて，鶴見は，転向ということと虚無主義を絡めて，埴谷のアナキズムを次のように理解している。すなわち，鶴見によれば，「転向が近代日本思想の底にある特徴的な主題であるとするならば，この主題ともつともねばり強くとりくんでここから1つの思想体系をつくつた埴谷雄高は，日本の伝統からほとんどその思想の素材を借りていないように見えるとしても，やはり，近代日本のもつとも代表的な思想家と言えるのではないだろうか」(243) と評価するのであるが，たしかにそうかもしれない。ただ，ここで乱暴に話を飛躍させれば，「転向」は別として，「日本の伝統からほとんどその思想の素材を借りていない」のは，ある意味で，埴谷と鶴見は，根において，相通じるものがあるのではないか，と考えてみたくなる。

　閑話休題，鶴見の発信するメッセージは，厳密な文章表現だけでなく，講演，対談，座談形式の著述書も数多くあり，無視できないものがある。

　以下において，鶴見と埴谷が顔を合わせたある座談会における2人のやり取りに焦点を当てて，紹介してみたい。それは，「座談会　未完の大作『死霊』は宇宙人へのメッセージ」(鶴見ほか，1990) である。これは後

56

第 2 章 鶴見俊輔の「方法としてのアナキズム」

の鶴見の著書『埴谷雄高』（鶴見，2005）に転載されている。以下において
は，興味ある箇所を選んで，抜粋してみることにしよう。

埴谷はこの座談会で次のように発言する。

　　『死霊』では自序で断っている。非現実の場所から出発する，と。
　「こんなことはあり得ない」と批評家から言われても，ぼくは，これ
　は思考実験だ，と述べている。……鶴見さんは自分を不良少年という
　ふうに規定しているから途方もない裏から眺められる。その場合，ほ
　かの人と全く違った新しい意味づけが思いもよらぬかたちでもたらさ
　れる。……ところで，真面目な本多秋五は外から見る。『死霊』は異
　邦人，つまり自分の国と違った国の人の言葉だと言った。たしかにそ
　う立場をはっきりさせれば，『死霊』は遠望できる。『死霊』の骨格を
　はっきりさせたのは本多秋五ですね。武田泰淳が「"あっは"と"ぷ
　ふい"」という小論を書いているんですが，内部へ入った最初のもの
　として，これがいちばんいい。（鶴見 2005, 92-3）

　埴谷の発言から読み取れるのは，埴谷の『死霊』を鶴見，本多，武田が
三者三様の受けとめ方を感謝していることである。埴谷は『死霊』という
作品に十分自信を持っていると理解してよいと思われる。埴谷は自分の小
説論を次のように語る。

　　カントの仮象の論理学はぼくにひじょうに影響しました。逆影響し
　たというべきですね。それは，哲学の世界では越権行為だけれども，
　小説の世界では，未知への飛翔を保証してしまった。不可能性の作家
　こそがまさに作家であると，ぼくは仮象の論理学を仮象の小説学とし
　て無理やりもぎとってしまった。（94）
　　地球が死滅した後，太陽系が死滅した後，宇宙人が来たときに，か
　つて人間というものがいて，何かやっていたということを知る。ビル

57

ディングがあった。人間は何か書いていた。哲学もやっていた。哲学
は宇宙とか人間についてもよく論じていて，それを見たら，人間もだ
いたいわかった。けれども，小説をみたら，わからなくなった。こん
なものが宇宙にあるのかしらと驚く。

そういうものが書かれてないとだめでしょう。宇宙人が初めて会っ
たというようなもの。それがぼくの小説論。(95)

「仮象の論理学を仮象の小説学として無理やりもぎとってしまった」と
いう埴谷の大胆な独特の表現は驚かされる。「こんなものが宇宙にあるの
かしら」と宇宙人驚くような小説と自負するところも秀抜である。ただ，
カントをよく勉強して見なければわからないが，カント解釈はそれでよい
のだろうかと素人には不思議に思わないでもない。

これを受けて鶴見はどのように応答するのだろうか？　鶴見は次のよう
に応答する。

埴谷さんは 20 年ぐらい前から言われていますね。『死霊』は完結し
ないかもしれないけれども，だれかに乗り移って書かなければいけな
いと。(96)

埴谷が「そうですね」と応じると，すかさず鶴見は「埴谷さんが乗り移
る相手は，この日本文化のなかから出てきそうですか」と問う。埴谷はこ
う答える。「いや，高橋和巳に半分乗り移ったんですが，これはぼくの文
学が乗り移られたんじゃないんです。自序に耆那（ジャイナ）教のことが
出てきます。……それに高橋和巳がほれ込んじゃったんです。……勝手に
ぼくの弟子になりました」(96-7)。

何というか，2 人の漫才を聴いているように思われてならない。たしか
に，高橋和巳の小説は幻想的なものがある。筆者は若年の頃，高橋の小説
『悲の器』（高橋，1962）に感動したことがあったが，高橋の小説は，埴谷

58

第 2 章　鶴見俊輔の「方法としてのアナキズム」

の哲学と近似性があるとは思えなかった記憶がある。埴谷は次のように回想する。

　　彼は『邪宗門』で大本教のことを書いていますけれども「だんだん小さくなる。文学が向かうのは常に無限大でなければだめだ」と，ぼくは精神病患者の先輩らしく言った。それで，彼は発奮しました。「埴谷さんはそう言うけれども，大学闘争のとき，埴谷さんの政治理論じゃ全くだめだった」(笑)。(97)

　ここで，読み取れるのは，高橋の小説を「だんだん小さくなる」と埴谷はきびしく評価するが，反対に高橋は埴谷の「政治論は駄目だ」と反論していることである。それはさておき，埴谷は調子を上げて，以下のように，平野謙ではなく鶴見を絶賛する。

　　ぼくは驚いたんですが，鶴見さんは『転向』でぼくを論ずるのに『不合理ゆえに吾信ず』を土台にしている。あれは『死霊』の原型なんです。
　　ぼくの仲間に平野謙がいましてね。……「おまえの『不合理……』は一行もわからない」と言うんです。ぼくは，弱ったなあ，平野みたいな親友でさえわからないんだから，これはどうしようもないと思っていたけれども，鶴見さんはやっているんですね。「『薔薇，屈辱，自同律』──手裏剣をなげるようにして 3 つの単語で定着した体験」と書いている。(103)
　　鶴見さんがそこから新しいものを見つけて取り上げると，たちまち思いもかけぬ価値があったことに，人々は気づかされる。(104)

　何と言うか，たしかに，鶴見の異才を激賞しているように，埴谷は持ち上げているが，根底には，埴谷自身の自慢話になっているように受け取る

読者もいるのではないだろうか？　立場を変えて，埴谷は鶴見に次のように問いかけている。

　　あなたは日本の文学とか哲学を変えてくれました。入り方がいろいろある，正面ばかりでなくて裏門もあるし横門もあるんだということを教えてくれた。でも，なかなか横門から入る人は少ないんです。「思想の科学」もいろいろなことをやっているけれども，ほんとうに横門から入ってくる人は出てこない。あれはもう何年やっていますかね。(104)

　鶴見はこう答えている。そして返す刀でこう問いかける。「45年。埴谷さんの「近代文学」と同じときから（笑）。ひとつ，私がわからないことがあるんです。なぜ埴谷さんは60年の安保闘争にかかわったのだろうということなんです」(104)。埴谷は以下のように答える。

　　取り上げ上手の鶴見さんにそう聞かれるのは，おもしろいですね。ぼくは豊多摩刑務所の中で，生のなかの小さな部分として政治を捨てた。ところが，政治のほうは，ぼくが刑務所から出てきて文学へ行っても手放さない。『死霊』の5章がなかなか書けないでいるとき，ぼくは夢についてのエッセイと並んで，政治論文をいくつも書いていました。想い出してください。昭和35年1月に中央公論社から『幻視のなかの政治』が出たとき，その帯の推薦文を書いたのは，俊輔さん，あなたですよ。そして，あなたが政治論文集の推薦文を書いたから始まったわけではないけれども，安保闘争が高まったのはその年ですよ。その推薦者のあなたにいま「なぜ安保闘争にかかわったのか」と聞かれるのは変です（笑）。(105)

　埴谷の言うとおり，たしかに，変である。埴谷は戦後日本の初期からこ

第2章 鶴見俊輔の「方法としてのアナキズム」

つこつと政治評論的なものを書いていた。そこのところを多忙な鶴見は見落としたのだと思われる。鶴見は，とぼけたのではないと思われるが，こう答える。

　　いや，『死霊』をこの数日読んでいるうちにわからなくなってしまったんです（笑）。無限大の宇宙をこれだけ書いているのに，どうして目前の政治に関心をもてるのか。『死霊』はどんどんどんどん拡散していくでしょう。それは目前の政治というリアリズムとどのような関係があるのか，それがわからないんですよ。30年前はわかったつもりだったんですが。(106)

　名解答というよりは，珍問答と言ったほうがよいのではなかろうか。応ずる埴谷も名答弁である。埴谷は言う。「それはいまこうやって話している埴谷を見たらわからないですよ。夢のなかに出てきたぼくを見たらぱっとわかりますよ」(106)。たしかに埴谷の話は夢のような話である。読む方としたらまるで煙にまかれたような気がしないでもない。埴谷の話はさらに次のように続く。

　　裏返してみればね。寝そべったまま足を機械仕掛けみたいにやたらに動かして，ぼくは宙を飛んでいますよ。オブローモフがピョートル・ヴェルホーヴェンスキイにもなっているんです。同一物の非同一性です。正面からぼくを見ると，どうしたって『死霊』と政治が離れているという分析をするわけだけれども，宇宙の全体からみれば，離れているはずのものも非同一物の同一性としてくっついているんですよ。

　　ふつう，水と火は反対の関係にありますね。ところが宇宙では，溶岩は液体なんですよ。水であって火なんです。ふつうは「あ，火だ。水をもってこい。水で消す」と言うけれども，それは宇宙では通用し

61

ないんです。溶岩を見ればそうでしょう。白昼ばかりでなく，夜，夢を見る立場に立ってみれば，夜，『死霊』で無限大へ飛び去っている埴谷が，昼，『幻視のなかの政治』を書いてスターリン批判という現実的現実につき合っているのも当たり前とわかるはずです。(106-7)

　今年（1990年），ぼくは小林トミさんから手紙をいただいたんですが，小林さんは一種の空虚感を書いてきました。毎年毎年やっているけど，ひとつも効果があると思えないと言うんです，だからぼくは返事を送ったんです。政治というのはすべて効果がない連続である，と。(107)

　「正面からぼくを見ると，どうしたって『死霊』と政治が離れているという分析をするわけだけれども，宇宙の全体からみれば，離れているはずのものも非同一物の同一性としてくっついている」と埴谷は応答するが，埴谷の思想に馴染んでいない素人から見れば，詭弁すれすれではないかと思いたくなる。埴谷は小林トミとの手紙のやり取りでも「政治というのはすべて効果がない連続である」と小林に答えている。鶴見も，埴谷の小林への返事が「いい言葉ですねえ」(107)と呼応しているが，そのような考え方は，政治学的思考ではないと思われる。「政治というのはすべて効果がない連続である」という問題について，なぜそのようになるのかいろいろと分析を試みるのが政治学の方法である。このような観点から見ると，埴谷の答は「煙にまいている」といってもよいのではないだろうか。埴谷の弁舌はなお次のように続く。

　　レーニンがやる前のナロードニキ時代は挫折，挫折，挫折の連続時代です。「非権力の小林トミさん。政治というのは挫折するのが当たり前なんです」。そう述べたら「やっと安心しました」と言ってきた(笑)。だから，鶴見さん，ぼくを奇異に思わないでください。

　　埴谷が分裂症だということはそのとおりなんですよ。あなたがひ

第 2 章　鶴見俊輔の「方法としてのアナキズム」

じょうにいいことを言ったのは，埴谷は刑務所にいるとき気が違った
んじゃなかろうかという洞察です。たしかにそうなんですよ。気が
違ったのかもしれない。しかしだれもわからない。本人はなおさらわ
からない。(107-8)

「しかしだれもわからない。本人はなおさらわからない」とは，埴谷ら
しい弁明である。鶴見はやはり「いい言葉ですねえ」と言うのだろうか。
筆者はあまり感心しないのである。埴谷は，それはわかっていると思われ
る。埴谷が鮮やかに次のように述べることには，皮肉ではなしに，さすが
だと敬服したい。埴谷の弁明はなおも続く。

　「近代文学」という雑誌をぼくたちは始めたんですが，新しい文学
をつくる，いままでと違ったものをつくるというのが『不合理ゆえ
に吾信ず』を書いたときからのぼくの念願です。そしてやっと『死
霊』が始まった。ところが，どうしてこんな変なものをつくるんだと
言われる。これには弱りました。前に言ったように本多秋五がそうで
した。彼はだんだんわかってきて，異邦人がだんだん近づいてきた
(笑)。(111-2)

　さて，埴谷の思想には「植民地だった台湾での体験」(117) が大きく影
を落としていると考えられる。埴谷は次のように言っている。

　植民地にならなかった日本は逆に植民地支配に加わる。いちばん後
からだったので，台湾は，初めのアフリカより幾分いいといえるで
しょう。しかし，奴隷支配に近いですね。……ぼくは子供ながらそれ
を見て日本人が嫌になってしまった。(120-1)

鶴見は埴谷にこう応じる。「日本人は，自分は日本人だという，もう揺

63

るがない信念をもっていますね。そこから出発する」(121)。これは，日本人の尊大さを，外国経験がある鶴見から見た日本人観であって，埴谷に同調していると思われる。埴谷は調子に乗って次のように述べる。

　ところで，日本人嫌いになったぼく自身が日本人なんだから，矛盾的自己否定ですね。心中とか自殺とかに少年で思いふけってしまった。この自己勧滅の芯が幾転変して，外国映画好きから，1冊の書物のなかだけで，日本人どころか現宇宙の全廃棄から未出現存在の創出まで行う，ということになってしまった。これは，妄想型精神病へ向かっての幾転変ですね。
　ぼくが「わからない」とか「難解だ」とか言われるのは，『死霊』の印象だけでなく，幾転変のなかに，映画と演劇と探偵小説，政治と文学，といった面がいくつも回って出てくることにも由来するでしょう。(121)

鶴見は埴谷にこう応じる。

　昔「綜合文化」という雑誌に「即席演説」という埴谷さんの短い論文が載っていて，私には初めてアッとわかった。それにはこういうことが書いてありました。イプセンの『ペール・ギュント』のなかにボイグというのっぺらぼうの入道が出てくる。それと主人公のペール・ギュントが格闘するんです。そのときに埴谷さんは「しっかりやれ，ボイグ」と応援したと。埴谷さんにはそういう衝動が深いところに常にあるらしくて，その後『ザ・グッド・アース（大地）』という映画があって，ポール・ムニとルイゼ・ライナーが主演なんだけど，彼らが畑を耕しているとイナゴの大群がウワーッと来る。そうしたら，埴谷さんがひとりでイナゴに大拍手をしたという。(121-2)

64

第2章　鶴見俊輔の「方法としてのアナキズム」

これに対して埴谷はこう応じる。

　　いや，イナゴは遠い山の向こうから出てくるんです。何かが黒くあ
　らわれたと思うと，ウワーッと全天をいっぱい真っ黒に覆って大きく
　なる。それで拍手したんです（笑）。ぼくはあたりの客に怒られた。
　イナゴがせっかくの収穫物を食って荒らすわけだから。(122)

埴谷が「あたりの客に怒られた」ところが傑作である。埴谷としては，
意気軒高，嬉しかったのではないだろうか。すかさず，鶴見は埴谷に問
う。「『ペールギュント』はほんとに見られたんですか」(122)。埴谷はこ
う答える。

　　『ペール・ギュント』をやったのは丸山定夫という築地小劇場では
　有名な役者で，広島にいて原爆で亡くなった人です。帝劇でぼくは見
　たのですけれども，この人がひじょうにうまくてね。真っ暗闇です。
　ペールは何ものかと格闘しているんですよ。何もみえぬ舞台で棹の先
　へランプをつけて下へやったり上へやったりすると，丸く光った目玉
　がつぎつぎに消えたり点いたりするんです。「おまえは誰だっ」（押し
　殺したような声で）「おれはおれだ」。「おまえは誰だっ」（同）「おれ
　はおれだ」。ボイグの目が闇のなかをあっちへ行ったりこっちへ行っ
　たりすごい効果をもった場面でした。これにもぼくは拍手しましたね
　（笑）。イプセンがスティルナーの唯一者をボイグとして闇に置いたの
　ですが，日本では珍しい演出でした。
　　築地小劇場には大劇場進出時代があって，『ペール・ギュント』や
　『真夏の夜の夢』や，シラーの『群盗』などを帝劇でやったんです。
　築地みたいに狭い舞台ではないから，闇もすごく広くて，丸いランプ
　の光があっちへ行ったりこっちへ行ったりする。丸山定夫は「はっ，
　はっ，はっ」と息づきながら広い舞台のあちこちで一所懸命格闘して

65

いる。だから，築地でやるより効果がありましたね。(122-3)

　「イプセンがスティルナーの唯一者をボイグとして闇に置いた」がポイントである。すなわち，イプセンは，マックス・シュティルナーの『唯一者とその所有』（シュティルナー，1967・1968）からボイグを主人公とした劇に翻案したのである。

　さて，鶴見は次のように言う。「いまの日本にはあまり悲哀はない。どうしたら財テクできるか，円がどのくらい上がるかということを主に考えている。それに対して『死霊』は別の石を置いている。ほとんど黙狂のごとく一冊の本を置いているというところがおもしろいですね」(127)。

　たしかに，経済大国日本における「財テク」効果は表面的には華々しいものがあった。したがって，鶴見がそれに対して「『死霊』は別の石を置いている」と評するのも一理はある時代もあった。「黙狂のごとく一冊の本」という表現も鮮やかな言葉かもしれない。しかし，鶴見の応答はあまり生産的とは思えない。ところで，これに対する埴谷の言葉における回答は次のようなものである。

　　　小さい石ひとつひとつも皆一冊の本を書きたがっている，と思うことにしましょう。万物はみな自身に満たされない。存在も非在も神ものっぺらぼうも，われ誤てりと悟ったときだけそれ自体で，常に自身に満たされない。そして，これはこうとしか考えられない思索は，その思索法を変えたいと思索している。(127-8)

　埴谷の表現はあまりにも抽象的である。「これはこうとしか考えられない思索は，その思索法を変えたいと思索している」という発想はわからないでもないが，埴谷の言葉を借りれば，やはり「満たされない」のである。さて，鶴見の応答は，ただ，埴谷に同調しているだけのような気がする。それがプラグマティズムなのであろうか。鶴見はこう答えている。

第 2 章　鶴見俊輔の「方法としてのアナキズム」

「全部それは論理として同じですね。日本人であることを嫌だと思う。人
間であることを恥じる。神は神であることを恥じる。宇宙は宇宙であるこ
とを恥じる」(128)。しかし，それでは同義反復（トートロジー）ではな
いだろうか。どうもよくわからないのだが，埴谷の次の応答も，あまりよ
く分からない。すなわち，埴谷はこう述べる。

　　　しようがないですね。神も宇宙も，存在の革命のなかで虚体にとっ
　　てかわられるのは気の毒だけど，これまで長くいかめしげに出ずっぱ
　　りだったのだから，「一冊の書物」のなかだけで，全放逐されること
　　になってもしようがありませんね。(128)

　上記，鶴見のほうから同調していっているのはよく分かるのだが，最後
のところでの埴谷の発言では，結局，鶴見と埴谷の対話はすれ違ってし
まったように思われてならない。我田引水的な言い方が許されるなら，2
人は別方向に向かって発言しているのではないかと思われる。さらに言え
ば，うわべは別として，鶴見は埴谷に全面的には承服はしていないように
思われる。そう思わせるのは，「手紙にならない手紙」（鶴見，1992；2005）
という短いエッセイで，自分は埴谷とは違うとやんわり，しなやかに言っ
ているように考えられるからである。少し，長くなるが，引用してみよ
う。鶴見は以下のように書いている。

　　　今はひらたい時代に入っているように私には感じられます。そのひ
　　らたい感じは，日露戦争以後の大正時代にもあったように思えます。
　　……そういうひらたい時代から埴谷さんのような人があらわれたとい
　　う事実は，今の日本にもそういう人がどこかにいるということを思わ
　　せます。（鶴見 2005，131）

　鶴見が言わんとしているのは，この戦後日本という「ひらたい時代」に

67

埴谷のような「一種遁れがたい罠である白昼の法則」（131）に従わないと《存在への挨拶》をする人もいるという感嘆である。鶴見の回想は続く。

> 　私が埴谷さんにお目にかかったのは，竹内好さんの御見舞の時に出会った何度かを別にすると，両三度にすぎません。読者としては，敗戦の翌年の正月に，「近代文学」創刊号で『死霊』のはじまりを読んで以来です。……それから47年。今，『闇のなかの黒い馬』をひきだしてきて読んで，自分の存在のうらにある非存在の感覚に，親しいものを感じます。宇宙の闇をかける黒い馬。これは私の中にあるイメージとかけはなれています。……ここのところで埴谷さんとちがって，私は日常につかって生きていることを感じます。宇宙の果てまでかけぬけることに興味をもたず，ただここにいるだけです。（133）

　鶴見と埴谷の親和と乖離は戦後日本思想史の興味あるポイントかもしれない。まず，鶴見は，埴谷を哲学者として，埴谷をどのように考えているのであろうか。鶴見には，「哲学者としての埴谷雄高」（鶴見，1997a；2001）という短い一文がある。それをベースにしながら少し考えてみたい。鶴見はこう書き始める。

> 　『□□と○○』と名づけられた何冊もの小文集を読むと，長編小説『死霊』を支えつづけた埴谷雄高の日常性があらわれる。観念の自己増殖の形をとる著者の表現には，日常性の受け皿があった。この特色は，著者の哲学を同時代の講壇哲学からわかつ。（鶴見2001，467）

「著者の哲学を同時代の講壇哲学からわかつ」と鶴見は当たり前のように言うが，鋭い指摘だと思う。鶴見は続けて，次のように，埴谷の読書歴から考察する。

第 2 章　鶴見俊輔の「方法としてのアナキズム」

　　読書歴から埴谷雄高を考えると，シュティルナー，ここで転調があ
　り，さらにマルクス，レーニンから，カントという逆転がきわだって
　いる。カントにたいする独得な読みがいとぐちとなって，埴谷は自覚
　して妄想の領域にふみこみ，観念の自己増殖にまかせるという過程が
　はじめは箴言，短編，やがて長編小説となる。(468)

　手際のよい見事な考察だと思う。それはやはり，鶴見がずっと埴谷に書
いたものに慣れ親しんで来たことの証拠となっている。たしか，丸山眞男
も，マルクス，レーニンのあとでカントを読み直したと述べていたような
記憶が筆者にはある。
　さて，鶴見はさらに次のように哲学者としての埴谷に踏み込む。

　　自分の考えていることは，対象とかかわりのない，妄想ではない
　か。それは，考えることのはじまりから，いや人間よりも古くから，
　あっただろう。その気配の感覚をのりこえて，考えたことだけを言語
　にしてのこすのが普通の哲学者の流儀である。しかし「私は私であ
　る」という，もっともひかえめで確実な言明をしてさえ，心中にはそ
　れはうたがわしいという感じがのこっている。(468)

　鶴見は，埴谷が，「私は私である」と控えめで確実な言明をしながら，
それを疑わしいと思っていることを，高く評価している。鶴見のすぐれた
識見だと思わざるをえない。続けて，鶴見は，以下の引用のように，埴谷
が「新植民地台湾にうまれて台湾人の中の少数者としてそだった」ことを
重視する。鶴見は次のように述べている。

　　「A は A である」という自同律をうたがわしく感じる，この気配の
　感覚に埴谷雄高の哲学の起源がある。この自分の頭を使って考えるこ
　との他に，別の考え方があるのではないか。その感覚はいつうまれ，

69

どのようにそだったのか。

　世界の海をただよう日本という樽につながってひかれてゆく，新植民地台湾にうまれて台湾人の中の少数者としてそだった埴谷には早くからこの気配の感覚がそだった。(468-9)

ところで，鶴見は戦時下の埴谷の姿を次のように描く。

　時代はいよいよにつまった。もはや何をすることもできなくなったと感じるころ，パール・バック原作「大地」の映画がかかった。中国の農民夫婦に扮したポール・ムニとルイズ・ライナーが努力もむなしく貧しさにおわれてはたらくところに，追い討ちをかけるように天地をおおうイナゴの大群があらわれる。そのイナゴの大群に，埴谷は喝采をおくる。そういう自暴自棄の心境の中で，彼は共産党員としての投獄，独房生活，転向，結核による出所後の療養生活をおくる。のっぺらぼうとの彼なりの格闘は，天皇制をふみぬくことを教え，スターリン独裁をみぬく道を示した。結核にくわえて心不全となり，寝たきりの姿勢で心臓がしばらくとまる。この経験は，モノの位置に彼をたたせ，そこからくりひろげられる架空像としての宇宙の見方をはぐくんだ。(469)

　見事な埴谷像である。鶴見から教えられるのは，埴谷の哲学は架空なように見えて，きわめて状況的であり，そういう意味では時代の様相を色濃く反映していると言えるのではないだろうか？

　さて，それでは次に，鶴見が埴谷の政治観をどう見るか，というテーマに入りたい。鶴見には「埴谷雄高の政治観」(鶴見，1971；2005) という興味深い論考がある。以下，それに基づいていくつかの問題を検討してみよう。鶴見はこう書き出す。

第2章　鶴見俊輔の「方法としてのアナキズム」

　　埴谷雄高の政治思想は，ハッピー・エンドへの期待をもたない。そ
　のことが，明治以来の日本の政治思想史の中で，この人の政治評論
　を，独特なものにしている。(鶴見 2005, 63；同 1971, 279)

　そうすると，鶴見によれば，「明治以来の日本の政治思想史」は，「ハッ
ピーエンドへの期待」を持つものばかりということになるのだろうか。例
えば，中江兆民などの政治思想は「ハッピー・エンド」で飾られていたの
だろうか。今後の課題としてよく検討してみたい。
　鶴見は，埴谷雄高が，「書かれたものの上」という限定がつくにせよ，
「ハッピー・エンドへの期待に自分をゆだねたことがない」というが，筆
者の個人的な思いとしては，埴谷を悲観論者として決めつけることは本人
に失礼ではないかと思われるのだが，どんなものだろうか。鶴見は，普通
の日常生活のうえでは，埴谷が，竹内好，武田泰淳，丸山眞男らと羨まし
いような親交を持っていたことは忘れてはいけないであろう。
　それにしても，鶴見が以下のように言っているのはどうしても理解でき
ない。

　　埴谷雄高もひとりの人間として生きている以上，彼としては，自分
　の日常の人生に幸福な結末を期待する習慣をまったくもたなかったと
　いうこともないだろうが，書かれたものの上では，ハッピー・エンド
　への期待に自分をゆだねたことがない。実人生の上ではあり得ない架
　空の場所をつくって，そこから人間社会を見ることを，一貫してつづ
　けて来た人である。
　　その持久力は，私が読むことのできた範囲では，日本の思想史にお
　いてめずらしい。(同 2005, 64-5；同 1971, 280)

　さて，鶴見によれば，「現実についての観察が，埴谷の評論にあらわれ
てくるのは，昭和35年の安保闘争以後である。昭和45年のソヴィエト・

71

東欧紀行『姿なき司祭』においてはつい最近の見聞にもとづく政治評論があらわれる」(同 2005, 70-1 ; 同 1971, 283) と述べている。

　これについては，さきに取り上げたように，鶴見は，埴谷に「なぜ安保闘争にかかわったのか」と聞かれるのは変です」(鶴見 2005, 105) と窘められている。すなわち，たしかに，『姿なき司祭』は安保闘争以後に刊行されているが，埴谷は安保闘争当時から政治について書いているのである。しかも，鶴見自身が次のようにそのことを以下のように確認している。

　「埴谷雄高が何を言おうとしているのか，はじめは読者にはっきりしなかっただろうと思う」と鶴見は述べている。鶴見によれば，

　　　『不合理ゆえに吾信ず』という最初の思想表白は，どれほど理解されたかうたがわしい。しかし，時代は埴谷に追いついた。埴谷のとりくんだ問題が，時代の問題として，ひろく人びとの前におかれるようになった。
　　　1956 年のスターリン批判，同じ年のハンガリア反乱とその弾圧は，埴谷の出してきた原則上の問題に，適切な例解をあたえた。このころから，埴谷の文章は，初期の『不合理ゆえに吾信ず』に見られるような激越なわかりにくさをぬぎすてて，おだやかでやさしいものになる。(同 2005, 75 ; 同 1971, 285-6)

「5 月 - 6 月の運動の理念を，彼はこのように書く」と鶴見は埴谷の文章を引用する。重引になることをかまわず，ここにも引用しておこう。

　　　「恐らくこんどの国会デモ以後の私達の課題は，個人の自由と幸福をまもる市民意識の徹底化と，階級的な不自由と不幸とを打破する闘争のなかで成長する自己権力の自覚とのあいだの二重の接点を，どのように拡張しゆくかであつて，その絶えざる弾条は，市民意識の底部

第2章　鶴見俊輔の「方法としてのアナキズム」

にも資本主義的生産の過程にもあるところの《変革》の意味をつい
に見失わないことにただただかかつていると言えるだろう」（「自己
権力への幻想」「週刊読書人」昭和35年7月15日）（同2005, 82；同
1971, 290）

　鶴見は次のように結語する。あらかじめ私見を挟めば，埴谷も形而上学
的だが，この結語においては，鶴見も形而上学的である。鶴見は，埴谷に
ついて次のように言う。

　　彼が，政治ではなく文学を自分の仕事として選んだことと，現世に
　ついての究極的革命への絶望とはかかわりがある。にもかかわらず，
　革命への努力は，文学を仕事とえらぶにしてもえらばないにしても，
　続けてゆかなくては，人間として生きる条件がなくなる。こうして埴
　谷は，革命への行動の起点に文学者としてかかわりつづけることを
　とおして，現実の革命運動との彼自身の接点をもつ。（同2005, 85；同
　1971, 292）

　鶴見の言わんとすることは，埴谷は「文学者として革命への努力をす
る」ということである。現実の革命運動との埴谷の接点は「文学」という
ことになる。鶴見の見立ては正鵠を得ていると思われる。
　話は変わるが，鶴見と埴谷の世代からかなり離れた世代の哲学者熊野純
彦は，才気煥発な野心的秀作である名著『埴谷雄高：夢みるカント』（熊
野，2010；2015）を著した。鶴見のアナキズムを考察するうえで貴重な参
考文献だと思われる。以下において，ささやかではあるが，熊野言説を
フォローしてみたい。熊野は，彼の著書の「はじめに」の終わりの部分で
次のように述べている。

　　小説家の回想には，一般的にいって，意識的─無意識的な虚構が避

73

けがたく紛れこみ，過ぎ去ったあらゆるできごとを，ひとつの物語のうちへと統合してゆこうとするかたむきをもっている。……本書では，しかしそうした論点はしばらく措き，埴谷雄高の思考，わけても『死霊』のそれを，カントの思考とのかかわりをときに意識しながら読みといてゆくことにしよう。そのくわだては，『死霊』の作者の思考を，この国の近代が生んだ，ある特異なかたちでの哲学的思考のひとつとして問題としてゆくこころみともなるはずである。(熊野2015, 6-7)

筆者なりに言えば，ここでのキーワードは，「近代」であり，「特異なかたち」であろう。さて，熊野は，著書の「はじめに——カントとの出会い」を次のように書き始める。熊野が「引用しておこう」としたところをさらに引用を重ねるのは気が引けるが，一部だけ引用が重なることをお許しいただきたい。熊野によれば，埴谷雄高は，戦後の1951年になってから記された文章である「あまりに近代文学的な」を，次のように書きはじめているという。

　幅が四尺五寸，奥行きが九尺ほどの灰色の壁に囲まれたその部屋にはいると，扉の掛金が冷たい鋼鉄の敲ち合う鋭い響きをたてて，背後に閉まった。青い官給のお仕着せをきた私は，その薄ら寒い部屋のなかに敷かれた一枚の畳の上に，ゆっくりと坐った。……そこへいれられたばかりの私は，読むべき本も，為すべき仕事も持っていなかった。私は端座したまま，眼を閉じて自身を覗きこみ，また，眼をあけて眼前の灰色の壁を凝視した。……薄闇が這い寄ってくる宵，この建物の広い区劃から離れた遠い何処かで，号外を知らせるらしく走っている鈴の金属的な響きが幾度か聞えた。5・15事件の日であった。(3-4)

第2章　鶴見俊輔の「方法としてのアナキズム」

熊野によれば，

　　埴谷雄高は，日大予科除籍後に戦前の日本共産党の非合法活動に参
　加して，逮捕されている。一文で描きだされているのは，豊多摩刑務
　所の未決囚の独房の情景で，埴谷はそこに，1932（昭和7）年5月か
　ら，翌年11月まで繋がれていた。……のちに小説家となって，『死
　霊』という奇妙な作品を書きつぐことになる埴谷雄高は，未決の独房
　のなかで，カント『純粋理性批判』と出会っている。天野貞祐訳の上
　巻だけをそのかたわらに置き，「濃い鼠色のベノー・エルトマンの版」
　で，たどたどしく一語一語，一文一文を読みといていった未決囚は，
　やがて超越論的（先験的）弁証論に辿りつくことになる。そのとき埴
　谷の「驚愕は，殆ど筆舌につくしがたかったほどであった」。将来の
　小説家は，まさに「晨に道を聞けば，夕に死すとも可なり，とはかく
　のごときものかと魂の奥底深く酷しく想いしった」のである。(4)

　熊野は，埴谷の別の一文をもう一度長く引用する。したがって本章も重
引用が長くなる。熊野によれば，埴谷は「カントとの出会い」（1965年）
でこう書いていると言う。

　　私は，少年期から青年期へかけて，スティルネルの徒であると自己
　規定していたのであったから，俺は，俺である，という直截なテーゼ
　が青春の中空高く掲げられていていい筈であったにもかかわらず，俺
　は——といいだしたまま，俺である，という述語がつぎにどうしても
　暗い胸裡からでてこないのであった。例えば，淡白色の電灯の光の圏
　のなかで一冊の書物に深夜読みふけっているときなど，ふと頭を擡げ
　た瞬間，未知の思いがけぬ暗黒の空間を覗きこんだような，一種のか
　たちもない通り魔が眼前を薄紗のごとく横切ったような気分にとらえ
　られて，それまで読みふけっていた書物のなかの或る文字が何故その

ような意味をもっているのか，忽然として理解しがたくなってしまう
茫然たる自己離脱の時間がやってくる場合が私達に時たまあるけれど
も，いってみれば，私の少年期はそのような瞬間の長い継続なので
あった。しかも，私にとって困ったことは，俺は俺である，といい
きってしまうことがこの自然を支えている何物かによって巧妙に瞞さ
れている罠の事態であると思われるばかりでなく，俺は——俺であ
る，といいきってしまわないことがいわば始めも終りもないこの無限
な宇宙の大暗黒のなかではじめて頭を擡げる或る種の目覚めであるか
のごとくに感ぜられることであった。(5-6)

　このような私が，カントの先験的弁証論のなかへ忽ちのめりこんだ
ことは，いま考えると，至当な出会いと思われる。(6)

　熊野によれば，埴谷は同じ一文の中で「「後年，私はカントのきびしい
警告をさらに逆用して，小説という手段による形而上学の創立へ向ってひ
た走りに走ったので，カントとの接触はいわば暁方のきれぎれの夢のなか
の一瞬に終ってしまった」とも書いている」と言う。しかし，熊野は，
「たとえそうであるにせよ，「きれぎれの夢」の一片は，それでもなお問わ
れるにあたいするように思われる」(6) と言う。まことに，至言である。

V　おわりに

　以下，「おわりに」というより，「おわりにかえて」になるのだが，それ
は，キセル乗車を文字って「きせる学問」と自称する鶴見俊輔のせいであ
る。すなわち，鶴見の著書『期待と回想』上巻の中の第6章「アナキズム
は何の方法か」(鶴見，1997b) を読んで唖然としたからである。

　鶴見は言う。「アナキズムにもし意味があるとすれば，社会設計の出発
点以前になにかある。そして社会設計が実現して終点に達した以後——そ
の両方のときに対する示唆なんですよ。その中間点では，「それほど一所
懸命やっても，計算し尽くすということはないですよ」という声がこだま

第 2 章　鶴見俊輔の「方法としてのアナキズム」

として何回も聞こえていれば，それがアナキズムです」（鶴見 1997b, 262）。

　筆者の率直な感想は，え？！，それがアナキズム？　それは単なる，一般的な「示唆」あるいはプラグマティズムではないだろうか？　と問わせていただきたい。もっと言えば，アナキズムとは「なんでもあり」なのだろうか？　という疑問が湧いてくるのである。しかしながら，筆者が教えられたのは，鶴見の次のようなメッセージであった。鶴見は次のように言う。

　　　松田道雄さんの『アナキズム』によると，日本のアナキズムの出発
　　点は石川三四郎の「堺兄に与へて政党を論ずる」（1906 年）だというん
　　です。石川三四郎が日本社会党に投げかけた疑問の中に，日本のア
　　ナキズムの萌芽を見たいというんですね。(300)

　筆者としては，松田道雄のアナキズムの業績も本章で論じるべきであるのに，できなかった。残念である。

　さて，「なんでもあり」と上記に書いたひとつの理由は，鶴見の次のようなメッセージもあるからである。

　「私にとって桑原さんとの接触は幸せなものだったし，私のおふくろがすさまじい人物だったので，桑原さんは私にとっては慈母という感じがしたんだね」(306)。

　まさに鶴見のキャラ全開である。しかしながら，それはアナキズムの方法とは関係のないことではないだろうか。

　次に，筆者の無能力と不見識をお詫びしたいのは，鶴見と埴谷を課題として論じるなら，評論家吉本隆明の業績も参照すべきであるのにできなかった。他日を期したい。その代わりというわけではないのだが，この間，丸山眞男と埴谷雄高の対談を読むことがあったので，アナキズムを少し離れるが，丸山の埴谷観がよく出ているので，「おわりにかえて」にふさわしいと勝手に決めさせていただくことにした。ご理解いただきたい。

77

対談は，1978年に『ユリイカ』3月号に掲載されている。あれから半世紀ほど経った。感無量のものが筆者にはある。

　丸山は埴谷に向かって次のように言う。

　　　日本自身の歴史が非常に逆説的な状況でね。つまり日本には素朴唯物論はあるけれども，主体―客体の哲学としての近代観念論というのはいまだかつてなかった。そうしてその素朴唯物論の背景に，簡単にマルクス主義の唯物論が導入されちゃったというところがある。

　　　あなたに共感する1つの要素はね，ぼくと違った領域で生きて来たけども，非常に僭越ないい方をすればある意味でぼくと似た歩みをしているんだね。というのはぼくはマルクス主義者にもコミュニストにもならなかったけれども，若いときに決定的といっていいほど影響を受けたのは，やっぱりマルクス主義だ。そうして大学を卒業してから，ぼくの場合はドイツ観念論なんだけど，ともかく，「観念論的」とかなんとかいってそれまでけなしていたその観念論にだんだんいかれてゆく。つまりあなたもぼくも，西洋と思想の順序が逆なんだよ。マルクス主義のほうが先へ来て……。（丸山・埴谷 2000, 192-3）

「マルクス主義のほうが先へ来て」というのがポイントである。丸山は続けて次のように言う。

　　　だから，あなたが逆に行ったってのは，つまり監獄のなかで『純粋理性批判』を読んだっていう，そういう人がコミュニストのなかから出て来たということは，さっき言った日本の状況を考えると非常に例外的じゃないのかな。そういう人がもっと出ていれば，戦後の思想的出発ってものがもう少し違ってたんじゃないか。そうでないから，便乗者じゃない人たちも，ああ暗い時代が終ってまたあのよき時代に帰るんだということで出発しちゃったところがあるわけだよな。(193)

第2章　鶴見俊輔の「方法としてのアナキズム」

　筆者のような戦後世代の者で，安保闘争の後に大学生になった者の記憶
に残っている実感を言えば，あの頃の大学にはマルクス主義者の教授が多
数いたという印象であった。いわゆる「新左翼」という言葉が流行になる
のはその後の話だったと思われる。丸山は続けて次のように言う。

　　埴谷氏が戦前コミュニズム運動に入ったのは，もちろん社会的不
　正義の打破とかね，そういうこともあるだろうけど，社会的不正義の
　打破なら，なにもマルクス主義じゃなくたっていいわけでしょう。
　やっぱりマルクス主義の世界観の持っている，あの呪縛力というか，
　ドストエフスキイの受けとめ方にもいわば陰画のようにそれが作用し
　ている。その点がぼくらの共通項だよね。だからまあ歩いて行こうと
　思えば行けるわけだ。ところが，いまは大変な距離になっちゃったと
　思うんだ。だから，さっきいった自閉症に安心立命を与えるだけじゃ
　困るんだな。(210)

　筆者のささやかなコメントであるが，丸山の持つ埴谷像と，鶴見の抱く
埴谷像は，少し違うかもしれない。何が言いたいかというと，埴谷は，鶴
見の言う「アナキスト」を超えているかもしれないという点が，筆者には
気になりだしている。
　それに関連するが，鶴見が「晩年の埴谷雄高──観念の培養地」（鶴見,
2002 : 2005）というエッセイにおいてこう述べていることを引用・付記し
て，拙論の結びとしたい。

　　埴谷は文学者としての自分をドストエフスキーの伴走者として位置
　づけているが，彼がドストエフスキーと出会う前に台湾製糖があり，
　会社の付属小学校に台湾人にかこまれて「豊ちゃん先生」という自分
　自身がいたなどということは，現役の文学者である時代には，かくし
　たかったにちがいない。（鶴見 2005, 189）

79

まことに、「文学のあらわれる前に、その文学をになうその人なりの肉体の反射の系列がある」(189) という鶴見らしい見解だと思われる。

参考文献

加藤典洋 (2005)，解説「六文銭のゆくえ——埴谷雄高と鶴見俊輔」，鶴見俊輔，後掲書，318-57 頁。
─── (2016)，文庫版解説「くねくねしたものは，死なない——「六文銭のゆくえ」付記」，鶴見俊輔，後掲書，374-6 頁。
熊野純彦 (2010；2015)，『埴谷雄高——夢見るカント』，講談社，2010 年；講談社学芸文庫，2015 年。
思想の科学研究会編 (1959)，『共同研究　転向』上巻，平凡社。
高橋和巳 (1962)，『悲の器』，河出書房新社。
高畠通敏 (2009a)，「解説『鶴見俊輔著作集』第二巻」，栗原彬・五十嵐暁郎編『高畠通敏集　2　政治の発見』，岩波書店，157-72 頁。
─── (2009b)，「《市民》の視角とアナーキズム」，栗原彬・五十嵐暁郎編，前掲書，111-6 頁。
鶴見俊輔 (1971；2005)，「埴谷雄高の政治観」，『埴谷雄高作品集 3』，河出書房新社，1971 年，279-92 頁；─── (2005)，後掲書，61-85 頁。
─── (1959；1972)，「虚無主義の形成」，思想の科学研究会編，前掲書，289-315 頁；『埴谷雄高作品集別巻』，河出書房新社，1972 年，216-43 頁；─── (2005)，後掲書，5-59 頁。
─── (1989)，『再読』，編集工房ノア。
─── (1991)，「方法としてのアナキズム」，『鶴見俊輔集 9　方法としてのアナキズム』，筑摩書房，3-24 頁。
─── (1992；2005)，「手紙にならない手紙」，『太陽』1992 年 6 月号，平凡社；─── (2005)，後掲書，129-34 頁。
─── (1997a；2001)，「哲学者としての埴谷雄高」，『ちくま』1997 年 4 月号，筑摩書房，『鶴見俊輔集・続 4』，筑摩書房，2001 年，467-9 頁。
─── (1997b)，「アナキズムは何の方法か」，───，『期待と回想』上巻，晶文社，259-313 頁。
─── (1998)，「『死霊』再読」，『群像』1998 年 3 月号；─── (2005)，後掲書，135-80 頁。
─── (2002；2005)，「晩年の埴谷雄高——観念の培養地」，『群像』2002 年 2 月号，講談社；─── (2005)，後掲書，181-213 頁。
─── (2005)，『埴谷雄高』，講談社。
─── (2016)，『埴谷雄高』，講談社文芸文庫。

第 2 章　鶴見俊輔の「方法としてのアナキズム」

─────ほか（1990），「座談会　未完の大作『死霊』は宇宙人へのメッセー
　　ジ　埴谷雄高／鶴見俊輔／河合隼雄」，『潮』1990 年 10 月・11 月号，潮
　　出版社；─────（2005），前掲書，87-128 頁。
丸山眞男・埴谷雄高（1978；2000），「文学の世界と学問の世界」，「ユリイカ」
　　1978 年 3 月号，『埴谷雄高全集　第 15 巻「思索的渇望の世界」』，講談社，
　　2000 年，186-210 頁。
クロポトキン，ピョートル（高杉一郎訳）（1979），『ある革命家の手記』（上，
　　下），岩波文庫。
シュティルナー，マックス（片岡啓治訳）（1967・1968），『唯一者とその所有』
　　（上，下），現代思潮社。
ソロー（ソーロー），ヘンリー（神吉三郎訳）（1951），『森の生活』下巻，岩
　　波文庫。

第3章

鶴見俊輔：ひとりの保守主義者

I　はじめに

　鶴見俊輔とは何か。本章では鶴見の思想における保守的なスタイルに焦点を当ててみたい。考察は次のような手順でおこなわれる。

　II「鶴見俊輔の「岩床」」では，政治学者中島岳志の「鶴見俊輔の岩床」論を起点として，鶴見俊輔をひとりの保守主義者として理解する理由を考察して行く。

　III「「戦後」が失ったもの」では，吉田満の名著『戦艦大和ノ最期』をめぐって，鶴見と吉田の対談を中心に論じる。

　IV「もう1人の保守主義者」では，鶴見が好評価する丸山眞男「陸　羯南──人と思想」（1947）論文をメインにして，丸山と鶴見の対話を考える。

　以上であるが，総体的に言って，鶴見俊輔，吉田満，丸山眞男の思想を「保守主義者」的側面に焦点をあて，検証しようと試みるものである。

II　鶴見俊輔の「岩床」

　政治学者中島岳志は，鶴見俊輔の岩床について，次のように語り始める。なかなかの名文である。少し長くなるが，引用してみよう。中島によれば，こうである。

　　鶴見が評価する人物は，一貫した「岩床」を持った人物である。人はどうしても時代に左右されやすく，変化に迎合する。23歳で終戦を迎えた彼は，戦中と戦後で発言や態度を一変させる人間を多く目の

83

当たりにし，嫌悪した。彼は小賢しい人間を横目で見ながら，変わらぬ岩床を持つ人間に敬意を寄せた。

　鶴見にとって「自分の古さを自覚し，岩床を探ろうとする」人間こそ，真の保守主義者だった。本当の保守は，時代に阿（おもね）らない。変えることのできない価値に信頼を寄せ，庶民の集合的経験知を重視する。一時の断片的熱狂に冷水をかけ，極端なものを嫌う。そのような一貫した態度こそ，保守の真髄である。（中島 2015，284；同 2018，241）

　本当の保守とは，「一時の断片的熱狂に冷水をかけ，極端なものを嫌う」がキーワードであると思う。冒頭から，本章の結論を先取りすれば，鶴見俊輔は，一人の大事な「保守主義者」であるということになる。

　普通，鶴見は，俗に「進歩的文化人」と呼ばれて来た。しかし，よくよく彼の書いたもの，話したものにあたってみれば，「あれ！」と思わせるような言辞や，俗にいう「右翼的」な人物と意気投合したりしている。好意的な見方をすれば，実にスケールの大きく，柔軟な思考の広い幅を持った思想家だと思われる。

　実際問題として，中島の言葉を紹介しておきたい。中島によれば，「鶴見は「日本人の精神的伝統としての岩床」を「自発的な非国家神道」に求める。その特色は「思想？　フーン，そんなもの……」という思想嫌いにあり，「思想を重く見ないという思想」こそが，日本的伝統の「岩床」だという」（同 2015，284；同 2018，242）。実に，鶴見の意表を突くような発言である。そして，中島は，鶴見の次のような発言を引照する。そのまま，引用しておこう。

　たとえば，国体明徴とか目をつり上げないで，「人柄がいいなら，マルクス主義者でも何でもいいじゃないか」というようにして，助けてくれる人がいるでしょう。夢野久作はまさにそうなんですね。彼の秘書は共産党なんだ。自分は玄洋社の系統なのに，まったく平気でい

る。あれが非国家神道だと思いますね。（鶴見 2015，177；中島 2015，285；同 2018，242）

中島は言う。「鶴見は，土着世界の精神に依拠した夢野久作を高く評価した。夢野は玄洋社の反功利主義的側面に強い愛着を持ち，憧憬の念を示しているが，この精神にこそ鶴見が抱きしめた「岩床」がある。エリートの「一番病」に厳しいまなざしを向け続けた鶴見の哲学が，ここに集約されている」（中島 2015，285；同 2018，243）。

鶴見がよく使う言葉に「一番病」がある。要するに，東大出身の知識人たちは秀才だったが，彼らのような一番を狙うような思考形態に冷や水を掛けるわけである。ある意味で「戦後日本の左派陣営」に入る進歩的文化人への牽制球であるが，たしかにうなずける側面はある。

「鶴見は戦後日本の左派陣営の中にあって，一貫して合理主義的な「進歩」を疑った人物である」と中島は言う。中島によれば，「進歩を掲げる人間には，自らの能力に対する過信が潜んでいる。「一番病」の驕りが付着している。この傲慢な姿勢に，根源的な疑義を呈さなければならない。それが鶴見の生涯をかけたテーゼだった」（同 2015，288；同 2018，246-7）。

ただし，筆者としては，「一番病」という言葉で，ある特定の人たちにレッテルを貼ることは逆の意味で「差別」ではないだろうか。「偏見」にならないだろうか，という問題を残しておきたい。

さて，鶴見は司馬遼太郎との対談で，次のように言っている。

　　15 年間もあんな戦争をやったんだから，水野広徳的な反戦思想が用意されていなければならないはずだし，それが日本が国家として，国民として寄りかかるに足る思想の共通の河床＝岩床だと思いますね。……いまわれわれが日本人としてなすべきことは，15 年間の戦争をやらせた力に歯止めをかけるという，現実把握なんです。それをなしうる岩床を探すことが第一で，資本主義がいいか，社会主義がい

いかなんていう問題以前の問題ですよ。(鶴見 2015, 166)

「資本主義がいいか，社会主義がいいか」というのは「問題以前」と，鶴見が当時考えていたというのは重要である。すなわち，「15年戦争」から出てくる反省は「反戦思想」が重要だからであるというのは，何よりも貴重な出発点だからである。

　鶴見の発言は次のように続く。すなわち，司馬遼太郎の「その岩床を探すというのはたいへんなことだな。岩床を探さねば，日本の政治的正義というのがくりかえしうわすべりしてゆくということになりますね」(167) という問いかけに対して，鶴見が次のように答えるところが大切である。鶴見はこう答える。

　　自分はどういう気持ちで15年間戦争をしてきたのか，自分がまちがえたときの期待の次元をもう一度自分のなかで復刻し，それを保守すべきだったのに，そのときに，占領軍の威を着て，嵩にかかってまちがった戦争だった，わかりきっていたことだと回顧の次元だけで，あの戦争を見たでしょう。あれがまずいんですね。その期待の次元から手を放さなかったという意味で，丸山眞男氏はえらかったと思います。……丸山さんは馬に乗せたキツネにならなかったわけで，そういうものを全部洗い流して，彼も進歩的文化人のなかに入れてしまうのはまちがいです。また，逆のタイプの人で，吉田満氏をえらいと思う。戦争が終わって呆然としているなかで，彼は戦争中に自分に植えつけられた文体（文語文）で，戦艦大和が沈められて自分が漂流しているときに，自分のなかを行き交った心象をそのまま定着した。期待の次元での戦争像から手を放さないでいた。……わたしが子どもだったときに綺羅星のごとく並んでいた進歩的評論家，学者は，清沢洌や宮本百合子，広津和郎とか，ほんの数人の例外を除いては，ほとんど"鬼畜米英"の旗を振っていたでしょう。その人たちの動きをキチッ

第3章 鶴見俊輔：ひとりの保守主義者

と書きとめたいと思った。（166-8）

　さて，吉田満については節をあらためて検討することにして，次に著名
な保守派の編集者だった粕谷一希の鶴見批判について議論を進めて行きた
い。すなわち，鶴見は左翼知識人・進歩的文化人というレッテルを張ら
れ，通俗的な理解の中で批判されてきた。ここでは，中央公論社の元編
集長でもあった粕谷の「戦後史の争点について――鶴見俊輔氏への手紙」
（粕谷，1978）と，鶴見の「戦後の次の時代が見失ったもの――粕谷一希氏
に答える」（鶴見，1979）をもとにして考えてみよう。

　ところで，筆者が粕谷の鶴見批判について示唆を受けたのが，政治学者
中島岳志の言説であった。とりあえず，まず，その中島が言及する粕谷・
鶴見論争を紹介するところから始めて行きたい。

　中島によれば，「粕谷は次のように言う。鶴見さんは日本の保守派が，
政府と国家を同一視しがちなことに危惧をもたれていますが，保守派は日
本の進歩派が，政府や体制を否定することで，トータルな国家否定にいた
ることを危惧しているのです」（中島 2015，298；同 2018，258）。

　たしかに，粕谷の危惧は一理ある。当時の論壇では，「日本の進歩派」
の一部には「政府や体制を否定する」論調が強かった側面があったという
記憶が筆者にはある。そうではあるが，近年の中島の言説は別の側面から
なされている。中島の主張にも肯けるものがある。

　中島は言う。「鶴見にとって，「民族の自己同一性」は「村の思想」に
あった。無名の庶民たちが紡いできた経験知の蓄積こそ，民族のアイデン
ティティだった。その豊穣な世界を分断し，価値の転換を迫る存在こそ近
代国家だった。鶴見は功利主義と一体化した現代国家を，庶民＝市民の立
場から批判したのである」（同 2015，299；同 2018，259）。中島によれば，鶴
見は次のように述べる。

　　私は，保守主義者を重んじたいと思っています。……その保守主義

が，みずからのうちにうたがいをもっていることを，つよく希望したいのです。保守主義が，みずからの現在の思想にたいしてうたがいをもち，そのうたがいが自分のうしろだてとなっている国家に及ぶような保守的懐疑主義としての機能を何らかの仕方で保つことを希望します。そうであれば，保守的であるということが，そのまま，国家批判の権利を放棄することにならず，まして，現政府のきめた政策をそのままいつも支持するという立場をとることとかならずしもつながらなくなります。

　戦争中から戦後をとおって今にいたるまで，私が，こだわっているのは，保守主義がそのまま国家批判の権利の放棄につらなるありかたです。(鶴見 2015，245；中島 2015，300；同 2018，260)

　鶴見がこだわるポイントは，「保守的であるということが，そのまま，国家批判の権利を放棄することにならず，まして，現政府の決めた政策をそのままいつも支持するという立場をとることとかならずしもつながらなく」なることにあると思われる。つまり，保守主義とは常時現政府を支持することではない。日本の場合，現保守政権支持＝保守主義になっていることの反省でもある。保守主義が自らの現在の思想に対して疑いをもち，その疑いが自分の後ろ立てとなっている国家に及ぶような保守的懐疑主義としての機能を保つことを鶴見は願っていることになる。そういう意味で鶴見は紛れもない保守主義者であるといえよう。

　このようにして，中島も，鶴見の言説を引用した後に，以下において，鶴見の強調する「保守的懐疑主義」を熱烈に擁護することになる。

　すなわち，中島によれば，「鶴見が強調する「保守的懐疑主義」は，保守思想の中核にある観念である。保守は人間の完成可能性を疑っている。あらゆる人間は無謬の存在ではない。倫理的にも知的にも限界をもって生きている。そんな不完全な人間は，不完全な社会しか構築できない。過去・現在・未来のいずれの時間においても，人間は不完全な世界の中で生

第3章　鶴見俊輔：ひとりの保守主義者

きざるを得ない。保守の人間観・世界観は，完成への積極的諦念を基礎として成り立っている」（中島 2015，300；同 2018，261）ということになるが，同感である。中島の言説は非常に的確な見解であると思われる。

　少し，横道にそれるが，以前，中島は鶴見に対する弔辞を『共同通信』（2015 年 7 月配信）に書いている。一部分だけ紹介したい。

　　鶴見俊輔さんの訃報に接した時，全身から力が抜け，虚脱感に襲われた。鶴見さんの存在は，私にとってあまりにも大きかった。
　　鶴見さんは，時に進歩的文化人の代表と見なされる。しかし，彼ほど「進歩」という概念を厳しく懐疑した人はいない。（中島 2018，263）
　　長い冷戦が続く中，鶴見さんはアメリカとソ連の両方を疑った。確かに両国は資本主義と社会主義というイデオロギー面で対立している。しかし，「進歩の幻想」にしがみついている点では同じである。そして，ほかならぬ戦後日本も同じ罠にはまっている。この病理をいかにすれば乗り越えられるかが，鶴見さんの問いだった。（263）
　　鶴見さんは，進歩幻想の背景にあるエリートの「一番病」を指摘し続けた。進歩を疑わない人には，自らの能力に対する過信がある。人間の力によって，完成された未来を切り開けるという思い上がりがある。「正しい答え」を所有できると思い込んでいる。結果，彼らは時の権威者に追随し，自己を失っていく。（263）

　さて，粕谷一希の鶴見批判，あるいは，粕谷・鶴見論争の地点までようやくたどり着いた。まず，1978 年に書かれた粕谷一希の「戦後史の争点について──鶴見俊輔氏への手紙」（粕谷，1978）を紹介しよう。粕谷はこう切り出す。

　　『諸君！』8 月号に掲載された吉田満氏との対談〈「戦後」が失ったもの〉を拝読しました。この対談自体，吉田満氏の「戦後日本に欠落

89

したもの」（中央公論『経営問題』1978 年春季号——それは私の編集者としての最後の仕事になりましたが）を受けた形でなされており，鶴見さんがそれをどう批評されるか，私としてもきわめて興味深かったためであります。

　……省みれば，私の編集者生活の最初の仕事のひとつは，『中央公論』に連載された「日本の地下水」という，鶴見さんと武田清子，関根弘氏と共同の，サークル誌評を担当することでした。またその後，中央公論社版の『思想の科学』編集を 3 年間，お手伝いすることで，一面ではある種の違和感を感じつつも，じつに多くのことを学びました。(鶴見 2015, 218)

　粕谷一希は中央公論社の有能な編集スタッフだった。彼は，はじめ『思想の科学』編集を最初の仕事のひとつとして，3 年間担当したこともあった。鶴見と粕谷は十分な信頼関係がある時期続いていたことは容易に想像できる。粕谷が『中央公論』の編集者として，吉田満と鶴見の「対談」を担当したことは何か運命的なものを感じる。

　粕谷はこう回想する。「あれから 20 年近い歳月が経ちました。……編集者という立場の拘束から解放されて自由になったいま，『諸君！』編集部から何か書いてみないか，という御好意を受けたとき，最初の仕事として，鶴見さんの胸を借りて，戦後日本の歩みについて，私なりの感想をまとめてみることを思い立ちました。……異論を正面に据えながら自説を展開される数少ない例外として鶴見さんは存在しています。私もまた敬意をこめて公開形式の手紙という形で，いささか鶴見さんへの異論を展開してみたいと思います」(219)。

　鶴見の論壇への影響力の大きさは知られたところである。その鶴見の影の併走者として数年付き合って来た粕谷が鶴見をどう見ていたのか，粕谷が鶴見言説に対して，どのように考えているのか，批判しているのかは，興味深いものがある。粕谷は以下のように論じている。

第3章　鶴見俊輔：ひとりの保守主義者

　じつは，ここ数年来，私の念頭にもある空しさと危惧が去来してい
ました。それを結論的にいってしまえば，次のような疑念です。
　——敗戦によって日本は生れ変ったはずだった。単純化すれば，戦
後の歩みは，明治以降の"富国強兵"路線を捨てて，"富国"の道を
歩んできた。けれども路線の違いこそあれ，日本人の体質はあまり
変っていなかったのではないか。かつての日本が"列強に伍して"軍
事大国を実現したとき，すでに破局への萌芽を宿していたように"世
界の先進国に伍して"経済大国を実現したとき，それ自体稀有な能力
の証明なのでしょうが，新しい破局の萌芽をすでに宿しているのでは
ないか。
　かつて日本人は軍人の独走を許したように，戦後の日本人も経済人
の独走を許してしまった。そのことに関し，世界認識と存在の在り方
に責任をもつべき知識人は，またもや自らの無力を証明してしまった
のではないか。……——
ということです。(220-1)

　粕谷は何を言わんとしているのか，筆者なりに要約すれば，第1に，戦
前の日本が「列強に伍して」軍事大国を実現したとき，すでに破局への萌
芽を宿していたように，戦後の日本が「世界の先進国に伍して」経済大国
を実現したとき，戦後の日本人も経済人の独走を許してしまったと，粕谷
は批判する。
　第2に，こちらのほうに粕谷はウェイトを掛けていると思われるが，
第1に述べられた情勢について，戦後の日本人も経済人の独走を許してし
まったことについて，世界認識と存在の在り方に責任をもつべき知識人
が，またもや自らの無力を証明してしまった，ということにある。
　筆者の私見は，粕谷と見解を異にする。戦後の日本が経済大国を実現し
たのは経済人の独走を許したからだけだとは言えないし，ましてや「世界
認識と存在の在り方に責任をもつべき」知識人が「またもや自らの無力を

91

証明してしまった」というのはあきらかに暴論であるということである。とくに，知識人について言えば，「戦後民主主義」の代表的知識人たちの存在と活躍は，戦前日本には見られなかったのではないかと考えたいのである。

　さて，粕谷の主張はまだまだ続く。あとしばらく耳を傾けてみたい。粕谷は次のように言う。

　　　私たち多少下の世代から眺めていますと，戦後の論理には，"醤油を飲んで徴兵を逃れた"，いってみれば醤油組の天下といった風潮がありました。『きけ　わだつみのこえ』の編集方針も，意識的に反戦的学生の声だけが集められました。愚劣な戦争に駆り出されて無駄な死を強制された。だから二度とこうした戦争を起させてはならない。もう『僕らは御免だ』，ドイツの戦没学生の手記も訳されて，戦後の反戦感情・反戦運動は盛り上げられてゆきました。それは半面では正当に思われました。けれども微妙なところで，何かエゴイズムの正当化といった作為的な思考のスリカエがあるように思われて，当時から私にはなじめなかったことを記憶しています。(224)

　粕谷説に対してコメントするとすれば，「半面では正当に思われました。けれども微妙なところで，何かエゴイズムの正当化といった作為的な思考のスリカエがあるように思われて，当時から私にはなじめなかった」がポイントである。

　筆者なりの把握では，極論すれば，粕谷説こそ「作為的な思考のスリカエ」という「スリカエ」があるような気がする。すなわち，例えば，『きけ　わだつみのこえ』の編集方針が粕谷にはお気に召さないようであるが，百歩譲って，時流に乗った「編集方針」であったかもしれないとしても，また，粕谷がそれに「なじめなかった」にせよ，それを「作為的な思考のスリカエ」とするのは暴論である。言い換えれば，感情においても運

第 3 章　鶴見俊輔：ひとりの保守主義者

動においても，エゴイズムをそこに見ることはいささか狭い見方であると
思われる。

　同様に，粕谷より「多少下の世代である」筆者から眺めてみて，次のよ
うな粕谷の言説には同意できない。粕谷は次のように言っている。

　　敗戦の 8 月 15 日，『近代文学』の同人のひとりの方は，「腹の底か
　ら笑いがこみ上げてきた」そうです。その感情に嘘偽りあるとも思い
　ませんし，その世代の批判的グループの実感として，それ自体を非難
　する気は毛頭ありません。軍国主義による 15 年戦争の終り，それか
　らの解放という意味で喜びに価いする日であったでしょう。……しか
　し 8 月 15 日は他面においてやはり日本国家の敗亡として，民族とし
　ての悲しみだったのです。(226-7)

　微妙な問題であるが，粕谷が「批判的グループの実感」自体を非難する
気はないように，逆の立場から筆者も「批判的グループ」を擁護しなくて
もよいのだが，常識的に言って，「批判的グループ」の人たちも日本民族
の一員である。悲しみがまったくなかったとは言えないのではなかろう
か。「批判的グループ」の体面として，「笑いがこみ上げてきた」というの
は，どちらかと言えば，「批判的グループ」の意識過剰から来る「はった
り」に近いものではなかったのかと憶測しているのである。

　鶴見ならどうなのか。粕谷は「批判的グループ」と鶴見を同一視はして
いないようである。粕谷はこう言う。「鶴見さん御自身は，進歩思想の中
に身をおきながら，全く異なった発想と行動様式を取られた方ですが，戦
争中にすでに戦争の結末を見通され，戦争遂行に懐疑的であった点では，
義務としての死を覚悟して積極的に戦闘に参加していった吉田満氏とは，
かなり戦争体験の感じ方がちがうと思われます」(227)。

　粕谷は吉田満と鶴見とは「戦争体験の感じ方がちがう」と言う。そのと
おりである。問題はその次にある。極端に言えば，吉田満と鶴見とは，そ

93

れぞれの「戦争体験」にたって，今後の処し方についての考えで意気投合するのである。言い過ぎになるかもしれないが，粕谷はその観点を見落としてはならないのである。

　粕谷が次のように述べていることは，その意味で重要である。粕谷は次のように述べている。

　　8月15日の事態が，無条件降伏による敗亡の悲しみと，戦争終結と軍国主義支配からの解放の喜びという両義性をもっていたように，占領という事態もまた，幸か不幸か，民主化・近代化の推進者という意味で，占領軍は占領者であると共に解放者でもありました。このことが日本人の国民としての自立性・主体性をどれだけ阻害してきたことか。占領状態が終ったのちもながく，自らの判断と能力で自立決定する機会をもつことができず，また自らの手で抑制しあるいは解放することの困難さを実感できないできてしまいました。(228)

　ここで，キーワードは，占領軍は「占領者」であると同時に「解放者」であったということにある。粕谷が「（日本国民が）自らの判断と能力で自立決定する機会をもつことができず，また自らの手で抑制しあるいは解放することの困難さを実感できな」かったことを後悔していることが重要である。粕谷はその観点を忘れてはいけない。ただし，粕谷が次のように述べていることは，看過できないし，筆者も同意できることが重要である。粕谷は次のように述べている。

　　戦後日本の保守体制は「私」の論理の拡張のなかで節度と抑制を失い，日本人を納得させる公共性を獲得しているとは思えません。同時に，革新陣営もまた社会主義の論理と運動のなかで挫折し，日本人を納得させる公共性を形成していません。私には戦後の日本人は，自らのものとしての国家を公共の場として，まだつくりえていないように

第 3 章　鶴見俊輔：ひとりの保守主義者

思えます。……

　戦後日本の進歩思想が到達した最終的理念は "市民" の観念であっ
たように思われます。(233)

　戦後日本には大きく言って「保守」と「革新」陣営に分かれた。粕谷
は，どちらの陣営も「日本人を納得させる公共性を形成して」いないと言
う。そのとおりであった。

　粕谷の主張するように，「戦後の日本人は，国家を公共の場とすること
ができなかった」ということも同意できる。私見を披露すれば，戦後日本
の「保守」と「革新」という陣営の分岐は，「資本主義」か「社会主義」
かの分岐とほぼ一致するのではないかと考えている。

　粕谷は鶴見に対して，次のように主張する。粕谷によれば，「60年安保
に結集したエネルギーが去っていった時，革新陣営は直線的な中央突破を
あきらめて，"農村が都市を包囲する" 命題に学んで，生活に密着した自
治体攻略を考え，革新自治体を次々に成立させながら，"市民主義の論理"
を深化させてゆきました」(234)。私見を挟めば，政治学者松下圭一あた
りがそのイデオローグであったような記憶がある。

　さて，粕谷は鶴見に対して次のように彼の主張を続ける。粕谷によれ
ば，「鶴見さんは日本の保守派が，政府と国家を同一視しがちなことに危
惧をもたれていますが，保守派は日本の進歩派が，政府や体制を否定する
ことで，トータルな国家否定にいたることを危惧しているのです」(235-
6) ということになるのだが，私見を挟めば，保守派の危惧は，一部を除い
て，その通りだろうか？　例として池田勇人などそんなことは脳裏になか
ったであろうことは容易に推測できる。

　したがって，粕谷の言説の結論は「保守も進歩も，なんらの幻想をもて
なくなったいま，国民の強調が危険を招くのか，市民の強調が甘えを招く
のか，行きがかり上のアクセントの違いはあっても，ファナティックな相
手の否定は，サメた若い世代の共感を得られないでしょう」(237) となっ

95

ているのだが，どうもよくわからない。

　すなわち，第1に，「国民の強調が危険を招く」とはどういう意味だろうか。現代のナショナリズムはそれほど危険を招くことはないし，オリンピックなどに見られるように平和的な国民の強調も健全と言ってもよいのではなかろうか。

　私見では，粕谷の議論は，「市民」対「国民」の対抗図式にこだわりすぎるように思われる。そして，「国民」→「政府」→「国家」の連続線も気になるところである。

　さて，粕谷への返答であるところの鶴見の「戦後の次の時代が見失ったもの——粕谷一希氏に答える」(鶴見, 1979) 論文の検討を以下において試みたい。ただし，この鶴見言説は，すでに中島を通して一部分紹介している。その部分は重複を避けるため省略している。

　鶴見は次のように述べる。「中央公論社から雑誌『思想の科学』が出版されたころの編集者として，一緒に仕事をしたころの粕谷さんについて私のおぼえているところでは，その後，かわっておられないとすれば，政治的な保守主義者であったように思います」(鶴見 2015, 245)。鶴見は続ける。

　　戦争中から戦後をとおって今にいたるまで，私が，こだわっているのは，保守主義がそのまま国家批判の権利の放棄につらなるありかたです。理論的には別の保守主義があり得る，しかし現実にはそういう別の保守主義が日本でつよくそだたなかったし，その成立の社会的基礎そのものが薄いという認識です。……そうだとすれば，その欠落をうめるために，保守主義以外の思想の潮流が代行することを認める。この認識がおそらく，粕谷さんと私とを分つものであろうと思います。
　　私が，吉田満氏の著作をはじめて読んでからこの人にたいして敬意をもちつづけながら，日本の現在についての診断として書かれた「戦後日本に欠落したもの」に，いくばくかの不満をもったのは，戦争把

第 3 章　鶴見俊輔：ひとりの保守主義者

握の深さにもかかわらず，なおも国家批判の権利を保つところがはっきりしていないということを感じたからです。(245-6)

　鶴見が言いたいのは，保守主義が国家批判をしてもよいのではないか，そういう保守主義もあってもよいのではないか，というポイントである。それに関連して，吉田満の「戦後日本に欠落したもの」(吉田，1978) に，鶴見は「いくばくかの不満」を持っているところも看過できない。

　さて，鶴見は，次のようにも粕谷に反論する。以下，鶴見の文をそのまま引用する。

　　粕谷さんの論文によると，保守派が進歩派のトータルな国家否定におびえているということですが，その現状把握には，私は疑問をもちます。むしろ，進歩派は，とくに 1960 年代の高度成長に入ってから，よりよく管理されることを要求することで，自治を忘れさる方向に進んでいるように思え，その故に，保守派・進歩派もろともに，国家権力によってさらに完全に管理される立場になだれこんでいるように私には思えます。(鶴見 2015，251)

　「保守派・進歩派もろともに，国家権力によってさらに完全に管理される」と鶴見が括るところが大事なポイントである。とくに進歩派が「国家権力に管理される立場」になだれこんでいるところが，筆者は重要だと思う。筆者はこの状況は，進歩派が「自治を忘れさる方向に進むだけでなく」「福祉国家論」という現代的な構想に巻き込まれて行く過程とつながっているのではないかと愚考している。しかし，それにもかかわらず，鶴見は，さらに，次のようにも，粕谷に激励のメッセージを送るところにも注目する必要がある。

　　粕谷さんの文章と私の文章との両方に，石橋湛山についての言及が

97

あり，この人は，私たちが共通に敬意をもって対する人のようですが，この人は，明治末期の文芸評論以来，小さい，しかし生活の質のすぐれた日本という未来像を保ちつづけて，第1次世界大戦中の成金時代の日本に対し，また満州事変以後の軍国日本に対した人でした。

石橋湛山のような道すじを歩く評論家になってほしいと，私は，粕谷さんに望みます。

『思想の科学』の中央公論社版創刊のころに協力した時代だけが，私と粕谷さんとのつきあいのすべてなので，私にとっては，信頼できる人としての記憶が今も生きています。今後の御努力を望みます。(253)

以上のように，鶴見は，粕谷を称讃しているわけであるが，それはさておき，鶴見はいくつもの論説で，吉田茂と石橋湛山を好評価している。鶴見がよい意味での保守主義者であるゆえんである。ここで，さらに私見を挿めば，石橋湛山を語るときには，そこに鶴見の保守主義者の側面がとくによく現れているように思える。別の言い方をすれば，近代化一辺倒の進歩主義ではなく，古風な調和のとれた保守主義の風貌が浮かび上がってくると言ったらよいだろうか。

ところで，1978年に書かれた粕谷の「戦後史の争点について——鶴見俊輔氏への手紙」(粕谷，1978)は，同年，『諸君』8月号に掲載された吉田満と鶴見俊輔の対談「「戦後」が失ったもの」(吉田・鶴見，1978)に触発されたものであった。そして，この吉田・鶴見対談は，吉田満が「戦後日本に欠落したもの」(吉田，1978)という論文における問題提起を受けて実現されたものであった。

したがって，吉田満「言説」を先に検討すべきであるが，吉田の「言説」については，節をあらためて論じたいという行論の経緯によって，まず，最初に，吉田と鶴見の「対談」を，紹介・検討することにしたい。「対談」は次のようにして始まる。まず，鶴見が次のように問題提起の口

第3章　鶴見俊輔：ひとりの保守主義者

火を切る。

　　おそらく吉田さんの論文には，日本人の抑止力のなさというか，ブ
　レーキがきかなくなる特性に対する憂慮があるような気がするんです
　ね。その点についてはわたしも同感なんです。
　　ただ，吉田さんの論旨とわたしの論旨が違ってくるのはそれから先
　で，吉田さんが「アイデンティティーを失った」とおっしゃるとき
　のアイデンティティーということば，その受けとりかたがわたしは
　ちょっと違うんだな。……
　　吉田さんの場合は，民族のなかでの自分個人のよりどころという，
　エリクソンの問題意識が受け止められていないような気がするんです
　よ。むしろ，ちょっと横すべりしてしまって，国家としての同一性と
　いう地点に早くもってゆきすぎているように思われるわけです。……
　　……問題は，日本人が個人としての自分らしさを失ってしまってい
　る点だと思うんです。たとえば，わたしがメキシコで会った中国人の
　学者が……「日本人は個人としてどんなによくっても，集団になった
　場合は信頼できない」と。これは日本人についての妥当な意見だと
　思うんです。集団として攻め込むとか，残虐行為をするときに，一
　人「おれはやらない」と横を向いてじっとしている，あるいは人を抑
　えることのできる日本人の個人というのはきわめてまれです。（鶴見
　2015, 191-2)

　ここでのポイントは，第1に，鶴見がエリクソンの問題意識にしたがっ
て，アイデンティティーとは，「民族のなかでの自分個人のよりどころ」
としているが，吉田の場合は，「国家としての同一性」に持って行き過ぎ
だと指摘する点である。
　第2に，中国人の学者が指摘したように，日本人は「集団になった場合
は信頼できない」という点である。日本人は「アイデンティティーを失っ

99

た」という吉田説には，鶴見の指摘のほうがふさわしいという気がする。
さて，吉田は次のように応答する。

　　確かに，自分で考えてみましても，自分の個としてのアイデンティ
　ティーの内容がとても空虚であるという実感がつよくありますね。と
　くにわれわれ世代の戦争前から戦争中にかけての状態を考えると，自
　分自身の個としての内容がいかに空虚であったかを痛感したもので，
　そのことをだいぶ書いたつもりです。……
　　その場合，いつも思うのは，いわゆる戦前派の世代ですね。戦前派
　の世代は，われわれよりもっと自分を確立できる時間的な余裕が時代
　的にあったはずだと思うんです。ところが，そういう世代が戦争中に
　何をしたか，そして戦後に何をしたかを考えますと，どうもわれわれ
　以上に自分の個の内容を充実させているとは思えない。そんな気がし
　てなりません。(193)

　吉田は率直に鶴見の指摘を受け入れている。清々しい。そのうえで，吉
田の世代と彼より年長の世代との違いを指摘する。すなわち，吉田より年
長の世代である「戦前派の世代」は，吉田の世代以上に「自分の個の内容
を充実させているとは思えない」と言うのである。はるかに後世代の筆者
のような者にはここはむずかしいところであるが，鶴見は吉田説を肯定し
つつ話を変えて行く。すなわち，鶴見は次のように言う。

　　特攻経験と言いますと，ちょうどわたしより１，２年上のところで
　はバタバタッと死んでいるんだけれど，われわれの世代だとわりあい
　に少数で，それも志願した連中なんですね。……
　　彼らはまちがっていたと思うけれど，そのまちがいに対する敬意を
　もっています。……「わだつみの会」の仲間で反戦運動をやっている
　人ですが，靖国神社の大祭には必ず行くんです。だれが何と言ったっ

第3章　鶴見俊輔：ひとりの保守主義者

て行く。そこはもう無言の行為なんだ。(195)

　鶴見らしい言い方だと思われるのは，「わだつみの会」の仲間で「靖国神社の大祭には必ず行く」特攻志願した人のことに言及しているところである。「無言の行為」と表現するところに，何か崇高なものが感じられる。これを受けた吉田の次のような応答も見事である。見事だけでなく考えさせられるものを持っていると思われる。吉田は以下のように述べる。

　　その時志願した連中の動機は純粋だったと思うんですが，最近になってはっきりしてきたことは，最後に彼らが実に絶望的だったというか，苦しんだということですね。……純粋な気持ちで，本来なら戦争で死ぬはずはないやつが間違って志願し，また，そういう働きかけをして，それでいて，いよいよ最後になったときにあれほどむなしかった，彼ら自身がむなしさを直感していたということは，二重にいたましいですね。(195-6)

　吉田が「二重にいたましい」と言うところが重要であると思われる。「二重」とは，「志願した連中の動機は純粋」であったが，最後に「彼ら自身がむなしさを直感していた」ということだろうと思われるが，これこそが真実の歴史だと言うことができる。

　「確かに個の内容の充実というか，生きる愉しみを自分でもつ，自足の人になることは重大なことでね。立身出世とか，他人の出世に対する妬み心とかにまったく関係なく平然としている人がたいへん少なくなった感じですが，これがこわい。そういう人がもう一度出てこないと，ブレーキのきく社会というのはできないと思うな」(196) という鶴見の発言は，対する吉田の心情とは，いささか趣きが違うような気がするが，吉田や鶴見の世代とははるかに後世代の者の勘違いなのであろうか。吉田は鶴見とは違う位置から次のように言う。

101

しかし，日本の地理的な条件や資源の不足，人口の問題などを考えると，激しい競争社会たらざるをえないということは事実なので，そのなかでおっしゃるような自足の生きかたをつらぬくことは，なかなかむつかしい。そういう生きかたが合わせて生れてくれば理想的なのでしょうが……。(196-7)

まことに，吉田の述べるとおりである。鶴見の言う「自足の生きかたをつらぬく」ことは普通の人にはできにくいと吉田は言っているのだろうと思われる。俗な言い方になるが，鶴見の言い方は「エリート目線」ではないだろうか。吉田に答えて，鶴見は言う。

わたしのおやじの世代というのは，たいへんに立身出世主義的で，追いつけ追い越せという感じの人たちだったと思うんですが，その上の世代の人たちのことを考えると意外に落ち着いている。
たとえば，若槻礼次郎さんのことを思い出すんですが，戦後，彼を訪ねたことがあるんです。褌いっちょうの裸のまま玄関に出てきて，部屋に入ってから浴衣に着替えましてね。いまはだれも訪ねてくれないから，時世を憤慨する漢詩を書きつづけているという，その漢詩の反古を部屋中に貼ってあるんですね。しかし，わりあい平気で耐えている。わたし，とても好感をもった。(197)

若槻礼次郎は，松江藩の貧乏下級武士の次男であった。鶴見とは育ちが違う。鶴見の言う若槻が「意外に落ち着いている」のはパーソナルな問題ではないかと思うが，それはさておき，鶴見が若槻に「とても好感を持つ」のは，保守主義者鶴見の面目躍如といったところではないだろうか。さて，鶴見の明治から昭和にかけての日本政治史論を聴こう。彼はこう述べる。

第3章　鶴見俊輔：ひとりの保守主義者

　明治38年（1905）の日露戦争を負けないで切り抜けたときに，日本の国家の指導者に大きな転換があったような気がするんです。……

　何だかんだ言われてますが，あのときに，児玉源太郎と小村寿太郎は，ナポレオンもヒトラーもできなかったことを成しとげたんです。ナポレオンもヒトラーも，ロシアに向けてワァーッと攻め込んだが，途中でブレーキがきかなくなって大負けに負けて帰って来た。ところが，児玉，小村は2人で組んでうまくやった。……指導者側があれだけの抑止力を働かせることができ，また，国民の側でも，……とにかく自分を抑えることができた。あの相互の抑止力のきかせ方というものは，すばらしいものだと思うんです。……

　名誉や利益についての欲望に抑えがきかなくなり，そういう指導者の姿勢が大正時代の青島出兵につながっていく。昭和の初めになるともう無茶苦茶で，理性的に考えたら負けるに決まっている戦争まで敢行してしまう。(198-9)

これに対し，吉田は戦後日本経済の高度成長についてこう語る。

　昭和30年（1955）代から40年代にかけての日本経済の高度成長は，戦争に勝った状態と同じですね。ドイツは日本より先に経済成長をしたけれど，ギリギリのところでブレーキをかけていた。日本の場合は，かなり痛い目にあわないとブレーキがかからない。その後さまざまなショックで痛い目にあって，いま，ようやく少し反省するようになったというところでしょう。(202-3)

　吉田としては，日本経済の高度成長が気になるのだろう。そして，アメリカではどうなのか問うために，鶴見に「鶴見さんがアメリカから帰られたのは戦争中ですか」と問いかける。鶴見は「ええ，昭和17年（1942）の交換船です。15歳から19歳まで向こうにいました」(203) と答える。

103

吉田は「そういう若い年齢で，ああいった歴史の頂点で両方の国をごらんになったということは，ひじょうに得難い経験でしょうね。帰国されてみて，やはり日本という国は異常でしたか」(203) と応じる。すなわち，吉田は「日本経済の高度成長」が気になってしょうがなくて鶴見に戦前から戦後におけるアメリカ経済のことを鶴見に問いかけているのである。

　これに対して，鶴見は，日本は「おそろしかったですね。わたしたちの上の上の世代には，批判すべきときにはするという信頼できる人がいたんですが，わたしの同世代とすぐ上の世代はだいたい批判がなかったですからね」(203) と答える。

　吉田はこれに応じて，「よりおそろしいのは，戦後，自分が戦争中こういう考えで行動し発言した，しかし，この点はまちがっていたのでその点を反省し，いま，あらためてこういうことを言うんだという，その種の発言がほとんどないことですね」(203) と戦後日本の政治指導者を批判する。

　これに対して鶴見はこう答える。「同感です。ただ，わたしは戦争中に生じた信頼感というのは残ると思うんですね。たとえばわたしは，吉田茂という人は好きなんです。……それから，同様な基準でいえば，戦争中から信頼できると思った人に，石橋湛山がいます」(203-4)。

　これに対して，吉田は次のように応える。「吉田茂，石橋湛山，お二人とも確かに立派なかただと思います。しかし，大部分の人はそう立派にはできないし，またそれでしかたがないと思うのですが，それなら戦後になって，自分は戦時中誤った，それはどういう誤りであったか，いまどの点をあらためているか，それをはっきり言ってくれないと困る。そういう発言のないことが，現在，日本人の抑止力を弱めている大きな要素ではないかと思うんです」(205)。

　吉田が「日本人の抑止力を弱めている」と指摘している点に注目したい。換言すれば，戦後初期日本の保守陣営には，熟考できる構想力あるタイプの政治家が少なかったということであろうか。ところで，吉田満の鋭い批判的見解に対して，鶴見は「戦争責任」の問題に視野を広げてこのよ

104

第3章　鶴見俊輔：ひとりの保守主義者

うに応答する。鶴見は言う。

　　結局のところ，敗戦直後の戦争責任の追及の問題が，右翼と左翼の
　区別の問題にすりかえられてしまった。
　　共産党が中心になって戦争犯罪の追及をしたでしょう。そのとき，
　戦後，自分たちの戦列にもどってきた人は追及しないようにしたんで
　すね。そこが問題だと思うんです。共産党に反対する人がだれかを知
　ることと，戦争責任を追及する運動とが同じになってしまいますから
　ね。
　　ですから，『アカハタ』に載った戦犯の人のなかには，吉屋信子な
　どという人もいるし，反面，鬼畜米英に近い発言をした人でも共産党
　にもどってきた人は追及されないことになる。……
　　もちろん，日本の支配者層も，自分たちが戦争協力した事実を隠す
　ことによって，占領軍がとりしまるのにまかせて，なんとか逃げよう
　とした。だけど同時に革新勢力の側も，自分のグループ，党派に入っ
　ているかいないかで決めようとしたからね。だから，その戦争責任を
　明らかにするという課題は担い手を失って宙に浮いてしまったんです
　ね。(206-8)

　鶴見の言いたいところは，左翼には戦争責任がないとして，右翼にすべ
ての責任を負わせようとしていることだと思われる。すなわち，鶴見の言
うように，「鬼畜米英に近い発言をした人でも共産党にもどってきた人は
追及されないことになる」わけであるから，戦争責任が有るか無いかは，
左翼と右翼の違いになってしまっている。このようなある種の「スリカ
エ」を指摘した鶴見の分析は優れていると思われる。鶴見の批判は，さら
に進んで，鶴見が以下述べるように，「占領批判」の問題に入って行く。
鶴見は以下のように述べる。

105

日本の国家目標が，戦後すぐマッカーサーによって与えられたもの
であるにせよ，昭和 27 年の時点で，それらをもう一度日本人が主体
的に腑分けして考え直す必要があった。……

　共産党の場合，それが可能だったはずなのに，あまり立ち入らずに
すぎてしまった。右翼の場合も，腑分けをすべきであったのに，占領
批判をした右翼はひじょうに少ない。その意味でわたしは，当時占領
批判を続けた右翼——たとえば葦津珍彦氏などは神社の問題などで占
領軍と渡り合っていますが——は本格的だと思うんです。そういう右
翼は，しかし，15 年の戦争のあいだに少なくなり，結局は政府のお
こぼれにあずかるような存在に変質してしまった。葦津氏などは，戦
争中から戦争批判をし，占領時代には占領批判をするという一個の右
翼思想家ですよね。こうした伝統はきわめて少ない。自由主義者でも
林達夫氏など少数に限られていますしね。(208-9)

　「マッカーサーによって与えられた日本の国家目標」を，1952 年の時点
で，日本人は考え直すべきであったという鶴見の着眼は極めて優れてい
る。日本共産党もこの時点ではあまり立ち入っていない。右翼も戦後は政
府のおこぼれにあずかるような存在に変質してしまったと鶴見は批判す
る。戦争中から戦争批判をして，占領批判する者は，右翼思想家では葦津
珍彦，自由主義者では林達夫など極めて少数だと鶴見は言う。ここで，吉
田は，鶴見に，アメリカという社会は「過去の発言に対する責任」はどう
なのか，と聞く。鶴見は次のように答えている。

　全体として言えば，無節操な部分もありますけれど，アメリカに
は，日本にはない保守主義というものがあるでしょう。ベトナム戦争
についても，保守的な理由から反対する声がつよい力をもちました。
保守的な立場からの平和思想，反戦思想というのがあり得るわけです
ね。その伝統の有無が日本との違いでしょうね。

第3章　鶴見俊輔：ひとりの保守主義者

　日本でその流派を探すとなれば，しいていえば幕末の田中正造にま
で行き着く。庄屋として，六角家の領主と衝突する様子を見ている
と，領主が若殿の結婚のために御殿を新築しようとして税金を多くと
ろうとする。それに対する反対闘争なんだけれども，田中正造はこの
村の昔からのしきたりを領主が守ってくれなければ困るといっている
んです。……

　田中正造の流儀から，たとえば青島出兵に反対して，日本が欲ばり
すぎている，むしろ中国人がめざめて自主的になるのは助けるべきで
はないかという保守主義がありうるわけですね。そうした発想が大正
時代から起こっておれば，流れも変わっていたのでしょうけれど，日
本では保守主義の流れはたいへんに薄かったと言わざるをえない。
（209-10）

　鶴見は，アメリカでは「保守的な立場からの平和思想，反戦思想という
のがあり得る」と答える。そして，日本でその流派を探すと田中正造に行
き着くが，総じて「日本では保守主義の流れはたいへんに薄かった」と述
べる。保守主義者鶴見の面目躍如溢れる発言であると言えるだろう。

　そこで，吉田は「明治以降の日本の歴史がある意味でひじょうに急ぎす
ぎたために，そうした基礎的なものの育つ時間がなかったんでしょうか」
（210）と聞くが，それに対して，鶴見は次のように答える。

　そうですね。熊本戦争のときの谷干城とか，陸羯南とかはそういう
流れに属していた。戦後すぐ，丸山眞男氏が「陸羯南論」を書くで
しょう。あれは，戦後の進歩思想に対する不信を表明したわけで，そ
の着眼は実によかった。ただ，……個を生かす場は何かということを
考えるときに，戦後の学者たちがそうしたように，それをヨーロッパ
やアメリカに求めるのは筋違いだという気がします。……

　わたしはむしろ，日本人が自分の個を確立する場として，明治以前

107

からの日本の村の伝統のほうが，はるかに重要だという気がします
ね。(210-1)

　鶴見は続ける。「村は，戦後，ひじょうに評判がわるくなっちゃって，
村的何々とか，全部わるいものになってしまった。しかし，実際に世界の
さまざまな村と比較してみると，日本の村は，水利の慣行を初め寄り合っ
て決めるということがひじょうに多い」(211) と言う。
　たしかに，ここではヨーロッパの村と日本の村の適切な比較「農村社会
学」が必要であることは当然であるが，鶴見言説は誤っていないという
気がする。ただし，「個人」のよって立つ「民族の伝統」を活かした，現
「政府」を無条件で支持する「戦後民主主義」はいかなるものであるか，
そう簡単な問題ではない。したがって，個々にひとつひとつを，地味に解
決して行く各論の問題になるのではないだろうか？
　そう言えば，筆者の学生時代，日本の政治や社会を論じる時に「村的
何々」という言葉がよく使われていた記憶がある。鶴見の指摘は，鋭く，
当たっていると言ってよい。しかし，鶴見がさらに以下のように議論を進
めると，「うーん」と首をかしげたくなる。すなわち，鶴見はこう言う。

　　　日本では，宗教をあるていどの飾りとして受け入れることのできた
　　村の思想が，明治以後崩れていって，しまいには万邦無比の「国体」
　　思想になってしまった。それは，かたちは日本古来のものだけれど，
　　中身はキリスト教，十字軍の戦争と同じですよ。これがおそろしいん
　　だなあ。その万邦無比の国体を朝鮮，台湾からはじめてアジア各地に
　　輸出しはじめた。
　　　むしろわたしは，明治維新のよき伝統，その民族文化のアイデン
　　ティティーをとりもどすことが重大だと思いますね。自分の力を知っ
　　て，もう少し明治以前の宗教的な伝統のいい部分を自分のなかにとり
　　もどしていく，それで個人が生きるんです。(213)

第3章　鶴見俊輔：ひとりの保守主義者

　「明治維新のよき伝統」，「宗教的な伝統のいい部分」が鶴見の強調する
キーワードである。いかにも「鶴見ぶし」のような気がするが，率直に
言って半信半疑である。ただし，鶴見が次のように述べることには同意し
たい。すなわち，鶴見はこう言う。

　　　わたしは，個人のよって立つ民族の伝統というものがまずあって，
　　その次に国家の問題が来ると思うんです。そしてその次に政府が来る
　　わけですけれども，日本では国というと，いまの政府というふうに短
　　絡して，いまの政府を無条件で支持するところまで行ってしまう。
　（215）

　たしかに，そのとおりである。つまり，「民族の伝統」→「国家」→
「政府」は欧米発信の政治学の伝統であること。次に，日本では，国とい
うと今の政府と短絡し，無条件に支持するという鶴見説はオーソドックス
な政治学的思考であると同意できるのではないだろうか。
　ここはヨーロッパの村と日本の村の適切な「農村社会学」的必要がある
ことは当然であるが，鶴見言説は誤っていないという気がする。ただし，
「個人」のよって立つ「民族の伝統」を活かした，現「政府」を無条件で
支持する「戦後民主主義」はいかなるものであるか，そう簡単な問題では
ないのではなかろうか。
　したがって，個々にひとつひとつを，地味に解決して行く各論の問題に
なるのではないか？　さて，結論的に，鶴見は「日本という国の将来のア
イデンティティー」について次のようにまとめる。

　　　日本という国の将来のアイデンティティーについて言えば，もし，
　　アメリカ流の平和国家の目標が日本に根づいたとするならば，たとえ
　　ば，自衛隊のなかにも，自分の信念に反する命令を拒否することはと
　　うぜんの権利だと思う人たちが出てくるでしょうし，習俗によってそ

109

の信念を日本の文化は守るでしょうね。そういう状態が出てきたとき
に初めて平和国家の目標が根づいたと言えるんですが，いまは戦争に
負けたときに平和国家になった，ならされたということが既成事実と
してつづいているのであって，自発的とは言えない，そこが困るんで
すよ。明治以前の村の文化と戦後の国家規模における平和思想とが，
ある方法で連続したときに初めて，われわれはもっと安定したかたち
をもつと思います。……

　それは工業化を捨てるのではなくて，工業化を統御できるような理
想で，そういう国になって初めて，別のアジア諸国とももっと活発
に，信頼にもとづいて交流できるというかたちになるんじゃないか
な。それには，今年 1 年とか来年の，という目標ではなくて，すごく
長い時間がかかるでしょうね。(216-7)

　以上で，長い鶴見・吉田対談からの引用は終えることにしたい。ひとつ
だけ，コメントすれば，鶴見の「明治以前の村の文化と戦後の国家規模に
おける平和思想」の連続はユートピアのような気がしてならない。実際に
は，それは，現在の言葉で表現すれば，グローバル化する資本主義とリベ
ラルデモクラシーの矛盾といったものではないだろうか？　その意味で，
鶴見の構想は「甘い！」と言いたいものがあるが，そうは言っても，知識
人とは大甘なのであり，鶴見こそ，大知識人というべきであると信じてい
る。

Ⅲ　「戦後」が失ったもの

　吉田満のことを鶴見俊輔は次のように回想する。「はじめ，ラジオで読
む声が入ってきた」として，吉田の声を記す。「力衰ヘ，力盡キントシ，
生ヘノワガ執着ヲ試ミルカニ，アルカナキカヲサ迷フ生身ノ半バヲ波ニ奪
ワレ，死力ヲ盡シテコノ身ト戦フ……己レト戦ツテ生キンカ，己レニ挫ケ
テ散リ果テンカ」(鶴見 2002, 127)と。鶴見はさらに続ける。

110

第3章　鶴見俊輔：ひとりの保守主義者

　文体は戦前の小学生にも入っている漢文で，私にも入っている。明
治の少年，夏目漱石，正岡子規ならば，もっと本格の漢文くずしが，
普通に書く文章だった。私たち戦前の小学生には自分の日常の文体と
は言えないが，しかしこの漢文くずしは耳に入ってはっきりしたかた
ちをつくる。豊後水道にさまよう一個の青年として，意識にもどって
きたのは，この漢文体だ。そして最後に，救出の後に自分にもどって
くる言葉も，
　　ワレ果シテ己レノ分ヲ盡セシカ　分ニ立ツテ死ニ直面シタルカ
　すでに敗戦後数年たっていて，戦後日本の文体になれた私を，……
この文章は，思いがけずに出会った前時代人の墓石のように，私をそ
のまえにたたずませる力をもっていた。(128)
　片道燃料だけを積んで軍艦大和が出港したあと，士官室に，戦前日
本になかった自由の言論の場があらわれた。何故われわれは，出撃す
るのか。
　この問題にひとつの解答をあたえたのは，学徒兵ではなく，兵学校
出身の士官だった。
　　　敗レテ目覚メル，ソレ以外ニドウシテ日本ガ救ワレルカ　俺タチ
　　ハソノ先導ニナルノダ　日本ノ新生ニサキガケテ散ル　マサニ本望
　　ヂヤナイカ
　生き残った吉田満は，戦後，この士官の家をたずね，どのようにし
てこの人があらわれたかを記す〔吉田，1973 ――筆者〕。
　敗戦は，いちどきに，吉田満の人格をすげかえるはたらきをもたな
かった。(129-30)

鶴見は続けて言う。

　「ワレ果シテ己レノ分ヲ盡セシカ」と，吉田満が海上にひとり浮か
びつつ自らに問うとき，その分とは，日本帝国臣民としての臣道の分

111

である。少尉任官後，4カ月，日本帝国臣民としての服従義務と，人間として生まれたものの倫理とのせめぎあいの場に立たされることがない。たとえば海軍陸戦隊将校として，裁判をへずスパイと呼ばれる中国人捕虜を斬殺する命令を受領したことがない。あるいは日本軍艦乗組員として連合国の貨物船と洋上で出合い，これを拿捕して基地にもどり，日本の艦隊を見たという理由で，その貨物船に乗っていた外国人を死刑にする執行を命じられたこともない。効果なしと考えられる特攻作戦を軍艦乗組員として受け入れ，自分なりにその無効を考えぬくのが，彼の戦争参加の極相となった。

　自分の戦争体験のこの極相を記憶にとどめ，その意味を深めるのが，彼の戦後を生きる道だった。

　ともに海をただよいつつ，彼を警戒心と，そして憎しみのこもった眼で見る若い水兵を忘れることはない。彼は，17歳の少年兵士渡辺清と対談して，お互いの戦時をくらべる機会をのがさなかった。

　同時に海軍の作戦部内の頂上までたどって，第2艦隊司令長官伊藤整一海軍中将の日本海軍最後の艦隊出撃の決断（1945年4月6日）を，もしも彼が出撃命令を拒否したらをふくめて書いた。(130-1)

　鶴見は，吉田の著述にそって，こう述べる。すなわち，「伊藤整一が終戦の日まで命長らえていれば，その経歴からみて，A級戦犯の1人に指名される恥辱が待ち受けていたことは，確実であったろう。……米内海相が，あらゆる状況を考えつくして，最後の死に場所を与えた1つの意味も，その点にあったといっていいだろう。しかし，だからといって，伊藤長官が7千名の部下を犠牲にしてまで一身の名誉を守ろうとした，と評する見方があるとすれば，それは酷というものであろう」(132)。伊藤整一や米内光政の偉大さをたたえる吉田や鶴見の思いに，後世代の筆者も胸を打つ。そこで，続けて，吉田満の名著『戦艦大和ノ最期』について論じたいのであるが，その前に，この書に対する鶴見の「解説」を紹介したい。

112

第3章　鶴見俊輔：ひとりの保守主義者

本章は鶴見の思想を解明することが主要なテーマになっているので，鶴見がどのように「解説」するかをフォローすることは大切だと思うからである。鶴見は『戦艦大和ノ最期』（吉田，1994）の「解説」を次のように書き始める。

　　吉田満が21歳の海軍少尉として戦艦大和にのりくみ，その撃沈に出会った時，彼を律するものは，漢語に支えられる文語体であった。漂流，そして敗戦をむかえた時，彼はこれまで自分を律してきた文語をぬぎすてることなく，彼の出会った戦闘の中での自分の動きを書きとどめた。（鶴見1994，179）

吉田を律するものは「漢語に支えられる文語体であった」がポイントである。すなわち吉田は，戦前日本の教養教育を受けて育った世代であった。文語には日本文化の美しい伝統が籠っているといってもよいのではないだろうか。鶴見の「解説」はさらに続く。

　　昭和20年（1945）3月29日，「大和」は呉軍港から出撃した。この時から，士官室に自由な議論がおこった。それは同時に鉄拳の雨，乱闘の修羅場ではあったが，そこには，同時代の本土ではすでにながくうしなわれていた，自由な発言の機会があった。この中で，論戦を制したのは，吉田満少尉よりやや若い哨戒長臼淵磐大尉（青年士官室の室長）の発言だった。
　　「進歩ノナイ者ハ決シテ勝タナイ　負ケテ目ザメルコトガ最上ノ道ダ
　　日本ハ進歩トイウコトヲ軽ンジ過ギタ　私的ナ潔癖ヤ徳義ニコダワッテ，本当ノ進歩ヲ忘レテイタ　敗レテ目覚メル，ソレ以外ニドウシテ日本ガ救ワレルカ　今目覚メズシテイツ救ワレルカ　俺タチハソノ先導ニナルノダ　日本ノ新生ニサキガケテ散ル　マサニ本望

113

ジャナイカ」

　彼，臼淵大尉ノ持論ニシテ，マタ連日「ガンルーム」ニ沸騰セル死
生談義ノ一応ノ結論ナリ　敢エテコレニ反駁ヲ加エ得ルモノナシ。
(181-2)

さらに続けて，鶴見は次のように言う。

　臼淵大尉の考えは，どのようにしてつちかわれたものか。敗戦から
28年たって，吉田満は，この人の肖像を書いた〔吉田，1973〕。……
　吉田満の戦後の著作には，戦艦「大和」に坐乗した第2艦隊司令長
官伊藤整一の伝記もあって，この中で，連合艦隊司令長官豊田副武を
ふくめて海軍首脳がどのようにしてこの必敗の作戦へとかりたてられ
ていったかをあとづけている〔吉田，1977〕。
　吉田満の著作の特色は，あと智恵によってこうしたらよかったとい
うふうに書かないことである。当事者がどのような状況で決断したか
を，注意深く再現している。その意味で，敗戦直後ほとんど1日で書
かれた「戦艦大和ノ最期」は，この戦争について学生出身の若い海軍
士官が何を考えていたかの，その同時代における証言であり，この記
録としての位置はゆるがない。文学としてのこの記録の価値は，あと
からのつくりものではないこの時代そのものに根をもつ表現力に由来
する。(182-4)

鶴見は『戦艦大和ノ最期』の「解説」を次のように締めくくる。

　大東亜戦争における海軍の戦死者は，将官だけで315名（元帥2，
大将5，中将56）は，世界の海軍史に例を見ない戦死者の数である
〔吉田，1977〕。この事実に彼は脱帽するが，彼自身はそこに戦後の4
半世紀とどまっていたわけではない。むしろ，『季刊藝術』の編集人

114

第3章　鶴見俊輔：ひとりの保守主義者

として親しかった古山高麗雄の……はじめからおわりまで口語からは
なれない戦争体験の記述とひびきあうところにすすみ出た。……

　戦時には軍事大国日本最大の戦艦大和の乗組員となり，戦後には経
済大国日本の司令塔というべき日本銀行の重役（監事）となったとい
う吉田満の経歴をその内実によって見たい。最晩期の彼は，日本銀行
の歴史を書く役をうけて，それを書くことに情熱をもっていた。あの
戦争の時に成人であったものは，ひとりひとりが自分が何をしたかの
カードを出さなくてはいけない。どこでまちがったかを考えなおす基
礎資料としたい，と彼は言った。……

　1979年の末，そのころ私はカナダのモントリオールにいて，日本
総領事館に新聞を読みに行き，彼の死を知った。私たちの世代の最良
の人をうしなった，と感じた。

　彼は，私とおなじ学齢である。私の中にそのまなざしが保たれ，新
しい状況のあらわれるのに応じて大切な示唆をあたえつづけることを
みずからのために祈る。(185-8)

　鶴見が述べているように，吉田は鶴見とおなじ学齢である。「そのまな
ざしが保たれ，大切な示唆をあたえつづけることをみずからのために祈
る」とは，なんと鶴見らしい表現だろう。筆者は，鶴見の真髄がわかった
ような気がしたのである。思想とは人柄であると筆者は思ってみたいくら
いである。

　ところで，筆者は，さきに，「彼自身はそこに戦後の4半世紀とどまっ
ていたわけではない。むしろ，『季刊藝術』の編集人として親しかった古
山高麗雄のはじめからおわりまで口語からはなれない戦争体験の記述とひ
びきあうところにすすみ出た」という鶴見の言葉を引用したが，鶴見が何
を言おうとしているのか，率直に言ってよくわからなかった。幸い，古山
高麗雄は，講談社文芸文庫版の『戦艦大和ノ最期』（吉田満，1994）の「解
説」を鶴見が書いたように，この版の「作家案内」を書いている。そこ

115

で，続いて，古山の「作家案内」を以下フォローすることにする。古山は
こう書き始める。

　　吉田満さんについて書くとなると，『季刊藝術』の話をしなければ
　ならぬ。私はこの雑誌によって吉田さんと知り合ったのだし，吉田さ
　んが戦争と戦争で知り合った人を書いた4つの作品のうち，2つは，
　『季刊藝術』に発表したものなのだから。4つの作品とは，『戦艦大
　和ノ最期』『臼淵大尉の場合』『祖国と敵国の間』『提督伊藤整一の生
　涯』である。この4篇のうち，『臼淵大尉の場合』と『祖国と敵国の
　間』の2篇を，吉田さんは『季刊藝術』に発表したのである。(古山
　1994, 189)

　古山によれば，「元来，『季刊藝術』は，遠山，江藤，高階が創めた雑誌
で，私は実務の担当者であった。……3人の炯眼のおかげで，『季刊藝術』
はしばしば，傑れた書き手に喜んでもらえた舞台になりえた。……吉田満
さんも，その1人だと思っている。江藤淳の発言で，吉田満さんに執筆を
願うこととなり，私は氏と知り合った」(190)。このようにして，吉田満
の健筆の舞台が『季刊藝術』になったことは画期的なことであった。古山
の回顧はさらに続く。

　　吉田さんの『戦艦大和ノ最期』は，一応，知られていたが，その評
　価は，十分とは言えなかった。現在もそうだが，あの大戦争に関する
　ことが，偏向や歪みなしに語られることは少ない。今でも，まず反戦
　か否かを問う心情が，思考の出発点になっていたりする。そういうも
　のは，物書く人のある部分を閉じ込めて，文学を痩せたものにするの
　だが，そういう社会の潮流は，容易に流れを変えることができるもの
　ではない。(190-2)

116

第3章　鶴見俊輔：ひとりの保守主義者

　古山の言わんとすることは，端的に言えば，『戦艦大和ノ最期』が書かれた当座は「反戦か否かを問う心情が，思考の出発点」であるのが社会の潮流になっていたということである。まことに古山の言うように「文学を痩せたものにする」だけだった。古山は続けて次のように言う。

　　吉田さんの『戦艦大和ノ最期』は，初め，アメリカの占領政策に縛されていただけでなく，しばらく，この国のアンバランスの中に沈んでいた。しかし，静かに輝いていた。江藤淳には，そういう輝きを鋭敏に見いだす才があり，私に教えたのである。
　　私が吉田さんを訪ね，執筆を依頼したのは，1973 年（昭和 48 年）であった。……吉田さんは日本銀行に勤めていた。
　　そして，得たのが『臼淵大尉の場合』であった。……
　　『祖国と敵国の間』は，その翌年の作品である。(192)

　『戦艦大和ノ最期』は，初め「静かに輝いていた」と古山はうまく表現する。そして江藤淳の肝いりで，吉田満の健筆の舞台が『季刊藝術』になったことも実に素晴らしい快挙であったといえよう。古山はさらに次のように回想を続ける。

　　あのころ，私は，長い，いい付合が始まったのだ，これからゆっくり，いろいろと吉田さんと語り合うことになるだろう，とのんきに考えていた。ところが，急に逝去され，ゆっくり，いろいろと語り合う機会を失ってしまった。
　　取り残された私は，吉田さんの書かれたものから，あれこれ考えてみるしかなくなってしまった。(192-3)

　取り残された古山の無念さがありありと目に浮かぶ。しかし，それが糧になって，古山文学は大きくなっていったのではないだろうか。古山は吉

117

田と対比して自分の戦争体験を次のように振り返る。

　　戦争中，軍国政府は，"バスに乗りおくれるな"という言葉を国民
　に流した。つまりは，戦争協力におくれをとるな，率先または同調し
　ろ，ということである。吉田さんは，あの戦争に対して，はたまた，
　国のやり方に対して，もちろん，疑問を持っていなかったわけではな
　い。しかし，何であれ，国策に従うのが国民の義務だと思い，幹部候
　補生の試験に合格して海軍の将校になり，生還の期待の持ちにくい戦
　場に運ばれた。
　　吉田さんは，素直に，バスに乗ったのである。海軍将校になったの
　も，バスに乗ることであり，……親への孝でもあった。
　　ところが，私は，バスに乗るまい，とした人間であった。……戦場
　に運ばれ，反軍，反国策の思いをひそかにいだいたまま，生還した下
　級兵士である。(193-4)

　古山によれば，吉田は「素直にバスに乗った」が，古山は「バスに乗る
まい」としたと言う。この問題は重要である。そして，古山は「生還した
下級兵士」と自らを位置づける。
　むずかしい問題であるが，筆者はどちらも正しいと思う。付言すれば，
古山の言い分を吉田に当てはめれば，吉田は反軍，反国策の思いがないか
らこそ，海軍将校になったのであり，そうだからこそ，『戦艦大和ノ最期』
の筆を執ったのである。しかしながら，この書は自慢話ではない。悔恨の
書なのである。
　さて，古山はこう考える。古山には気負いもあるのかもしれないが，吉
田に劣らず正論だと思われる。「私のような者は，戦時中は，いわゆる非
国民であったのだが，戦後は，むしろ正しかったかのように言われる。し
かし，私には，自分が正しいなどという意識はまったくない。吉田さんの
ような方のほうが多かったのだが，私は，バスに乗った人が間違っていた

118

第3章　鶴見俊輔：ひとりの保守主義者

などとはみじんも思わない。……そのことについては，誇りも自責も，な
いのである」(194)。古山は次のように結論に向かってゆく。原文をその
まま引用しておきたい。

　　吉田さんは立派な方だけれども，今後，私たち下級兵士のところに
　も降りて来て，物を考えてみる必要があるのではないか。吉田さんに
　対して，そんな見方をしたこともあった。(198)
　　亡くなられた日から，どれくらい前であったか，吉田さんに会った
　ことがあり，そのとき吉田さんは，これから，大きな仕事にかかるつ
　もりです，と言った。私は，期待しています，と言ったが，その大き
　な仕事が，どのような構想であるかをつぶさに伺わないうちに，吉田
　さんは亡くなった。……
　　吉田さんの『提督伊藤整一の生涯』〔吉田，1977〕に続く，"大きな
　仕事"は，実現しないまま，吉田さんは他界された。(198-9)

　これで，鶴見の言う「吉田は，古山のはじめからおわりまで口語からは
なれない戦争体験の記述とひびきあうところにすすみ出た」ことについ
て，ある程度解明できたような気がするのだが，続いて古山が指摘する
「吉田さんの『戦艦大和ノ最期』は，初め，アメリカの占領政策に縛され
ていただけでなく，しばらく，この国のアンバランスの中に沈んでいた」
という問題について，考えてみたい。
　すなわち，『戦艦大和ノ最期』の出版事情は，困難で複雑なものがあっ
たことを理解しなければならない。吉田は，『戦艦大和ノ最期』初版（吉
田，1952）あとがきにおいて次のように述べる。

　　この作品の初稿は，終戦の直後，ほとんど1日を以て書かれた。
　　執筆の動機は，敗戦という空白によって社会生活の出発点を奪われ
　た私自身の，反省と潜心のために，戦争のもたらしたもっとも生ま生

119

ましい体験を，ありのままに刻みつけてみることにあった。私は戦場に参ずることを強いられたものである。しかも戦争は，学生であった私の生活の全面を破壊し，終戦の廃墟の中に私を取り残していった。（吉田 1994, 166）

　約3年前，或る特殊の事情のために，本篇は極めて不本意な形で世に出ることを余儀なくされた。今日，それが本来の形で公にされることについて，力を尽くされた多くの方達に対して，心からの感謝を捧げたい。（167）

　この作品の中に，敵愾心とか，軍人魂とか，日本人の矜恃とかを強調する表現が，少からず含まれていることは確かである。だが，前にも書いたように，この作品に私は，戦いの中の自分の姿をそのままに描こうとした。ともかくも第一線の兵科士官であった私が，この程度の血気に燃えていたからといって，別に不思議はない。我々にとって，戦陣の生活，出撃の体験は，この世の限りのものだったのである。若者が，最後の人生に，何とか生甲斐を見出そうと苦しみ，そこに何ものかを肯定しようとあがくことこそ，むしろ自然ではなかろうか。（167）

　ここまで，吉田の「初版あとがき」を読み進めてくると，古山の言う「吉田さんの『戦艦大和ノ最期』は，初め，アメリカの占領政策に縛されていただけでなく，しばらく，この国のアンバランスの中に沈んでいた」という問題が想像つくと言ってよいのだが，吉田は吉田なりにはっきり以下のように述べていることに注目したい。すなわち，吉田は次のように言う。

　戦歿学生の手記などをよむと，はげしい戦争憎悪が専らとり上げられているが，このような編集方針は，1つの先入主にとらわれていると思う。戦争を一途に嫌悪し，心の中にこれを否定しつくそうとする

第3章　鶴見俊輔：ひとりの保守主義者

者と，戦争に反撥しつつも，生涯の最後の体験である戦闘の中に，些かなりとも意義を見出して死のうと心を砕く者と，この両者に，その苦しみの純度において，悲惨さにおいて，根本的な違いがあるであろうか。……

　このような昂りをも戦争肯定と非難する人は，それでは我々はどのように振舞うべきであったのかを，教えていただきたい。我々は1人残らず，召集を忌避して，死刑に処せられるべきだったのか。或いは，極めて怠惰な，無為な兵士となり，自分の責任を放擲すべきであったのか。――戦争を否定するということは，現実に，どのような行為を意味するのかを教えていただきたい。単なる戦争憎悪は無力であり，むしろ当然過ぎて無意味である。誰が，この作品に描かれたような世界を，愛好し得よう。(167-8)

　吉田は，1974年，『戦艦大和ノ最期』（北洋社版）の「決定稿に寄せて」（吉田，1974）に，さらに進めて次のように書く。この発言は重要である。吉田は言う。

　戦争の中に組みこまれた自分の所業を，正直に表白するという執筆態度は，占領軍の検閲方針に触れて出版は難航をきわめ，出版後も多くの読者から，いたずらに戦争の悪夢をよびさますものとして指弾を受けた。戦時中のわが言動の実態を吐き出すのではなく，逆に戦争にかかわる一切のものを否定し，自分を戦争の被害者，あるいはひそかな反戦家の立場に仕立てることによって，戦争との絶縁をはかろうとする風潮が，戦後の長い期間，われわれの周囲には支配的であった。

　したがって戦後ほぼ30年を経たいま，決定稿発刊の気運を見るのは，望外のことである以上に，今日の日本の状況がそこまで立ち至ったかとの感なきをえない。戦艦大和の終焉とそれに殉じた人々の命運は，日本人が残した栄光と転落の象徴としてわれわれの眼前にある。

121

(171-2)

　さらに，鶴見の述べた「吉田は，古山の戦争体験とひびきあうところまですすみ出た」点について，あらためてここで問題にしたい。思うに，吉田は古山の書を評するころからかなり変わって来る。

　吉田によれば，古山が強く執着しているのは，「戦争の空しさ，日本人の愚かさを，徹底して確認する作業であるように思われる。……日本の恥辱であることを，はっきり認識する。……あの戦争によって東南アジアの諸国は独立の契機をつかんだとか，それは歴史的な必然であったとか，攻撃は最上の防禦だとか，アメリカにしてやられたとか，どんな自己弁護をしてみても，私は太平洋戦争を日本の恥さらしだと思っている。日本人はあの戦争で300万人も死者を出したからといって，被害者として戦争の悲惨を語るばかりでなく，加害者として恥辱をかみしめなければならない。……太平洋戦争を通じて，私が尊敬させられた将校の筆頭は，松江という源氏名の，色も黒く器量も悪い慰安婦が子供を生んだとき，その子の父であることを自認して，負け戦さのなかを逃げのびながら，その女に出来るだけのことをしてつくした将校である」。ここまで古山の文章を引用して，吉田は，「以上，受太刀のしようのないほど，痛烈な指摘ではないか」と感嘆する（吉田 1980, 79-81）。そこに吉田の柔軟さを見ることができる。言い換えれば，吉田は「私たち下級兵士のところにも降りて来て，物を考えてみる必要がある」とする古山の言い分を理解したといえるのではないだろうか？　そこに，文学，思想の存在価値があると筆者は考える。

Ⅳ　もう1人の保守主義者

　丸山眞男は，鶴見俊輔との対談「普遍的原理の立場」（丸山・鶴見，1967）において，「事実の記録をつくろう」という提言を次のように語る。

　　　前にも言ったんですが，戦後思想史というのは，だいたい論壇史

第3章　鶴見俊輔：ひとりの保守主義者

じゃないか。それはそれとして意味はあるけれども，むしろ事実で，まだ明らかにされていないことを，いまのうちに残しておく必要がある。……あまり整然とした話でなくて，雑駁なる思い出を，たくさん残しておくべきだ。何しろ以前は書きものしか記録として残せなかったけれども，政治家なんかのはあちこちでテープにとっているし，また，他にも戦後史として計画的に残しておこうという企画はあるけれどもね。もっと広く戦後には各地にいろんなグループが，簇生したわけでしょう。思想の科学研究会もそのひとつだ。そういうものの記録を，それぞれが残しておくべきだ。(鶴見 1975，83；同 1996，12)

これに対して，鶴見が「近代文学なんかはよい記録が残っていますね」と応じると，丸山は「結束が固いから。そのもっとも対極をなすものは民科だな。民科の歩みはわかんないことだらけでしょう。私もよく知らない」と応じる。すかさず，鶴見は「政治がからんでくるんだ。人を中傷したりする，そのスレスレまでいくから，公平な記録をつくろうとする人はかえってひかえちゃうんですね」と鶴見が答える。(同 1975，83；同 1996，12-3)

丸山は次のように締めくくる。これは重要な発言である。

しかも，意見と事実が峻別されにくい。とくに，一方からは事実の叙述として書いたことが相手から見ると，非常に主観的な意見として映る。思想の科学研究会なんか，まあ比較的そういうことはないほうかもしれない。意見が分かれても，少なくとも政党がからまっていないから，いろんな人からヒヤリングをとれば，解ると思うんですがね。戦後史論ってのは，そういうまだ書かれていない史料のうえに乗っていないと，めいめい勝手なことばかりいっていてね。(同 1975，83-4；同 1996，12-3)

123

「戦後史論というのは，めいめい勝手なことばかり言っている」が問題点である。丸山は，資料や記録の重要性を言っているように思われる。さて，鶴見は，丸山の「戦争中の軌跡」について，次のように問いかけてゆく。

　　丸山さんの戦争中の軌跡はわりあいにわかるような感じがするんですけどね。
　　戦争中に麻生義輝の哲学史の書評を書かれたことがありましたね。あのなかに，大西祝の評価を書かれていて，歴史主義一本じゃダメだっていう考え方が，そこに出ているということを，丸山さんは指摘されているわけですが，戦争中の歴史主義的な思想の流れが主流だったときに，そういうふうな，いま流れているものと別の流れが，かつてはあって，それが重大なものだということを指摘することをやめない……，そういう意味で，ふだん忘れていて状況に合うことをぽこっと思い出す，その思い出しの論理から，ひじょうに自由な考えかたを戦争中にとっておられたような気がするんです。(鶴見 1996, 12-3)

　鶴見が巧みに表現するように，「戦争中の歴史主義的な思想の流れが主流だったときに，そういうふうな，いま流れているものと別の流れが，かつてはあって，それが重大なものだ」がポイントである。「ぽこっと思い出す」という言い方も鶴見らしい。しかしながら，それに触発された丸山の応答も，もっと絶妙である。
　丸山はこう述べる。

　　戦後でも二十余年たちますからね。「戦後」と一括しては言いにくいと思うんです。いまわたしの姿勢を鶴見さんはひじょうに合理化した表現で言われたけれど，単純に言えば，アマノジャクみたいなもんだったと思うんです。もしこのアマノジャク精神の「先生」はだれか

第3章　鶴見俊輔：ひとりの保守主義者

と言えば，やっぱり福沢諭吉ですね。むろん戦争中で言えば，ただア
マノジャクだけじゃなかった。アマノジャク・プラス・サムシングが
あったと思うけれど。それと，もう1つわたしの体質のなかにあった
のは，きのう言ったことと無関係に急に変わったことは言いたくない
という気持ち。内的連続性というか，あるいは一種の保守性と言って
もいいかもしれない。変わるにしても，突然変異的な変わりかたはし
たくないという気持ち。しいていえば，この2つですね。しかし，そ
れは時期によって，それがわりあい表面に出た時期と，そうでない時
期とがある。表面に出た時期は，実は戦争直後の1，2年ですね，か
えって。(14-5)

丸山の応答は，丸山にならって単純化すれば，福沢諭吉を受け継ぐ「ア
マノジャク精神」と，「内的連続性」というものだが，たしかに見事だと
思わざるをえない。

鶴見は重ねて丸山に問う。すなわち，陸羯南について書いたのは戦後直
後ではなかったか，と。これに対して丸山は「ええ。1946年です。あれ
なんか1つのあらわれで，日本主義や国粋主義にもよいところがあるじゃ
ないかという，まあ，単純なアマノジャクですね。……ただ，いまになっ
てこんなことを言うと，ある意味では，いまの時代に迎合することになる
んで，気分としては言いたくないんだけれど，あのときの左翼に対する異
和感は，つよかったですね」(15)と答えるところが重要である。すなわ
ち1946年は左翼隆盛の観があった。ただし，「異和感」を強く出したわけ
ではないことは，「いまの時代に迎合すること」の嫌いな丸山らしいとい
うのが筆者の感想である。鶴見も「そうですか。わたしには丸山さんのそ
ういう面は，あまり伝わってこなかった」(16)と応じている。

鶴見の感想はもっともなことで，丸山の話は鶴見の感想を受けて戦後第
2期に話が進む。丸山はこう述べる。

125

戦争直後の時代のあと，第2期が来るんです。レッドパージのころです。わたしはこんなに早く国内状況が変わるとは思わなかった。その点ではあまかったと言われてもしかたがない。

そうなってくると，基本的にはアマノジャクなんですけど，その方向が，広く言えば進歩勢力というのか，そういうものと一致するようになってくる。左のほうがだんだん押されはじめたから，なにくそっと思って，アマノジャク精神から言っても左をふくめた民主勢力の肩をもつようになる。正直に言って，全面講和問題あたりを契機にして，コミットしたわけですよ。戦争直後の世相に対して，多少，斜めに見ていた考えかたから，もっと積極的にというか，わるく言えば，現実政治の動向の1つにコミットするようになってきた。「平和問題談話会」は政治活動をしたわけではないけれど，やはり，レッドパージ，全面講和というのが，1つの転機だったと思うんです。ところが，それからまもなく大病をした。

その後の大きな時期は安保ですね。これは，わたしをよく知ってる若い人からひじょうに意外だと言われた。つまり，ぼくはそれまでおよそああいうかたちの政治参加なんかしない人間だと思われていたわけです。そこは世間のイメージとひじょうに違うんです。世間では，どうかすると，戦後ずっとインテリゲンチアに号令をかけてきた思想家の1つの型みたいなイメージで見られている。ところがわたしを知っている人からは，およそどんな意味でも先頭に立ったことをやるのはきらいな，むしろ隠遁家だと思っていたのが，安保のときに，ばかに新聞などに名前が出てきたんで，びっくり仰天したという人がずいぶんいるんです。だから，わたしの心理では，あれは例外なんです。こっちから出ていったというよりは，むしろ向こうから攻撃をかけてきたでしょう。だから，防衛なんですね。さっきの保守と矛盾しないんです。保守なんだ。保守なんだけど向こうから攻撃かけてきたから，そんなら受けて立とうというだけのことで，とくに積極的に

第3章　鶴見俊輔：ひとりの保守主義者

　こっちから政治参加したということじゃないんです，わたしの心理では。(16-8)

　ここで，筆者として問題の整理をさせていただきたいのだが，もうひとりの保守主義者とは，丸山眞男のことである。その理由として，丸山は，第1に，戦争中に麻生義輝の哲学史の書評を書くことで，歴史主義一本では駄目だという考え方が，そこに出ているということを指摘したこと。第2に，1947年に，「陸　羯南──人と思想」で日本主義や国粋主義の再評価したこと。第3に，丸山を知っている人からは，およそどんな意味でも先頭に立ったことをやるのはきらいな，むしろ隠遁家だと思われていたこと。以上の理由などから彼を保守主義者と判定したのである。ただし，レッドパージ，全面講和の情勢のなかで，丸山の思想と行動が変貌したことも認めなければならないことは当然のことである。

　ここでは，以下において，丸山の「陸　羯南──人と思想」（丸山，1947）論文を読み解きながら，戦後直後の丸山の思想に接近してみたい。丸山は「まえがき」で次のように書き始める。名文の熱い書き出しである。

　　言葉もまたその運命をもつ。日本精神とか国粋とかいう名は，ついさきごろまで，あらゆる価値の源泉であり，すべての主張ないし運動はその名において己れを合理化しようと競っていたのに，いまやそれは無知と蒙昧と誇大妄想のシノニムとして侮蔑と嘲笑のうちに歴史的過去の彼方に遺棄せられようとしている。今日「日本」イデオロギーと封建的反動との結合はほとんどアプリオリであるかにみえる。しかしどのような兇悪な犯罪人も一度は無邪気で健康な少年時代を経てきたように，日本主義の思想と運動も，大正から明治へと遡ってゆくと，最近の日本型ファシズムの実践と結びついた段階とはいちじるしくちがった，むしろ社会的役割において対蹠的といいうるほどの進歩

127

性と健康性をもったものにゆき当るのである。明治 20 年代の日本主
義運動がそれであり，その最も輝けるイデオローグの 1 人がここに叙
べようとする陸羯南である。(丸山 1995b, 93)

　丸山が言わんとしていることは，「日本精神とか国粋とかいう名」は，
「いまやそれは無知と蒙昧と誇大妄想のシノニムとして侮蔑と嘲笑のうち
に歴史的過去の彼方に遺棄せられようとしている」が，「むしろ社会的役
割において対蹠的といいうるほどの進歩性と健康性をもったものにゆき当
る」という重要なポイントである。「その最も輝けるイデオローグの 1 人
が」陸羯南であると，丸山は陸羯南を高く評価する。丸山は次のように述
べている。

　　抽象的な理論に関するかぎり，羯南の思想は当時の民権派に比して
　決してラジカルではなくむしろヨリ保守的ですらあった。……
　　口先では羯南よりいさましいことを叫んでいた民権論者は少くな
　かったが，そういう連中は後には，仇敵のごとく罵っていた藩閥政治
　家と平気で手を握ってしまった。それに比べると羯南は抽象的理論で
　示されたかぎりの進歩性はその儘彼の現実問題に対する批判において
　保持された。……
　　羯南は軍部勢力の偏狭な独善主義をなによりも憎んだ。明治 25 年
　7 月，第 1 次松方内閣の内閣改造が，陸海軍大臣および軍首脳部の反
　対によって不可能となり総辞職したとき，羯南は直ちに「武臣干政
　論」をものし，軍部の政治関与を独特の辛辣痛烈な筆致で弾劾すると
　ころがあった。……
　　要するに羯南は，いついかなるときでも，現実的要求に彼の原則を
　従わせたことなく，かえって逆に，一切の党派乃至現実的動向を彼の
　原則に照して批判した。われわれは彼において，真の意味でのインデ
　ペンデント……な新聞記者をみるのである。(99-102)

第 3 章　鶴見俊輔：ひとりの保守主義者

　ただし，丸山は，羯南をべた賞めしたわけではない。ちゃんと羯南の歴
史的制約を指摘することも忘れない。すなわち，丸山は，次のように指摘
する。「むろん他方において，われわれは羯南の思想に内在する根本的制
約に対して目を覆ってはならぬ。彼は封建的保守主義と自己の立場をしば
しば峻別したにもかかわらず，彼の所論には単なる封建的伝統を国民的
特性の名において温存する役割を果すような幾多の夾雑物が認められる」
(102)。そうして，丸山が以下のように「むすび」を記すことが重要であ
る。丸山は次のように述べる。

　　羯南の日本主義は……ナショナリズムとデモクラシーの綜合を意図
　した。それがいかに不徹底なものであったとはいえ，これは日本の近
　代化の方向に対する本質的に正しい見透しである。……新聞『日本』
　は明治憲法発布の日に誕生した。羯南は〔1889 年〕2 月 15 日の社説
　で，「憲法発布後に於ける日本国民の覚悟」と題して次のように論じ
　た。
　　「今成文憲法の文面を見て直ちに実事に行はれ居るが如くに速了
　し，忽に安心するが如きは吾輩之を大早計と評せざるを得ず。……吁
　我が国民よ，此大業を成さん為めには幾多の嶮峻ありて吾人の目前に
　横たはることを覚悟せよ。若し其れ剛毅忍耐着々歩を進むるの精神な
　く，憲法祭の酔，醒むると同時に憲法其物をも忘却するが如きは吾輩
　の尤取らざる所なり。」(105-6)

　まことに正論である。「羯南の日本主義」は，通常考えられているよう
な「直ちに実事に行はれ居るが如く」といったものではないことを正視し
ているところが重要である。丸山はさらに立論する。ここから丸山が言う
ことは，まさに丸山の真髄があらわれているように思われる。すなわち，
丸山はこう断言する。

129

ここで羯南の述べていることは現在の情勢に言々句々妥当せざるはない。日本国民は羯南の警告にもかかわらず明治憲法に与えられた程度の貧弱な自由すら現実にまもり抜くことができなかった。改正憲法の公布にあたり，われわれは，国民に与えられた諸権利を現実に働くものたらしめ，進んでヨリ高度の自由を獲得するために，よほどの覚悟をもって，これまでに数倍する嶮峻をのりこえて進まなければならぬであろう。まさしく憲法祭に酔っているときではないのである。(106)

　さて，時代は下って，政治学者植手通有，明治新聞雑誌研究者西田長寿，丸山眞男三者による「近代日本と陸羯南」（植手・西田・丸山，1968）という鼎談が，雑誌『みすず』に，1968 年 10 月，掲載された。一部引用したい。丸山眞男はこう口火を切る。

　『日本』新聞というのは妙なものだな，というのが，私の最初の実感でした。ただ高等学校の頃，如是閑さんのところに遊びに行くと，直接羯南の話が出た記憶はありませんが，如是閑さんが，いまどき『日本』新聞というとたいへん反動的な響きがするけれど，けっしてそういうものではなかった，ということは言っていましたね。ですから，自分のことはよくわからないのですけれど，羯南や新聞『日本』に興味をもったのは，ひとつには，おそらく自分で意識しない少年時代の環境の影響があったと思います。
　もうひとつは，これははっきり覚えていますが，戦争中に父が，羯南の，とくに「自由主義如何」を，大したものだとしきりにほめていた。現在，自由主義排撃というのが合言葉になっているけれど，日本主義を唱えた羯南があれだけ自由主義の歴史的意義というものを高く評価している，しかし一辺倒でない，自由主義の限界と同時に自由主義が画期的な歴史的意義を持っていること，そして明治維新は自由主

第3章　鶴見俊輔：ひとりの保守主義者

義の革命なんだというふうにとらえていて，いまの右翼とは全然違うんだ，ということを親父が言っていたので，「自由主義如何」は非常に印象に残っていたわけです。その頃は，もう研究室に残っていました。

　昭和18年に，ちょうど岡義武先生が，『国家学会雑誌』の編集主任をやっておられて「近代日本の形成」という特集を計画されたわけです。それに，私も思想史の領域を割当てられて，「国民主義の形成」というテーマで書くことにした。……「国民主義の形成」という論文を書こうとした本来の私の意図は，こういうことでした——つまり福沢は有名な「日本には政府ありてネーションなし」と言い，また国体のことを"ナショナリティ"と言っている。そのときのネーションとかナショナリティというものが，羯南の『日本』における主張や，雪嶺などの国粋主義にもどこかでつながっている。ところが，だんだんたどって明治30年代になりますと，……同じ日本主義でも帝国とか日本国家という言葉がさかんに言われるようになってくる。そこで，『国家学会雑誌』に書こうとしたのは，国民主義から国家主義へ，という論旨だったわけです。……ところが，これは『日本政治思想史研究』の「あとがき」〔丸山，1995c〕にも書きましたけれど，徳川時代のほうから始めたものですから，福沢にも到らないで「前期的国民主義」という仮の名前をつけ尊王攘夷論の変遷を書いたところで，召集令状が来てしまって中絶したわけです〔丸山，1995a〕。ですから，戦後の『中央公論』の「陸羯南」〔丸山，1947〕は実はその続きなんです。

　……当時の，日本のナショナリズムや明治時代に対するあまりに一括的に否定的な風潮，ちょうど戦時中の風潮を裏返しにしたような風潮に対して，そうばっかりも言えないと反発する単純な動機もありましたけれど……。(丸山 1998，209-10)

丸山の，鼎談での口火を切る極めて長広舌の序論は，実に多くの示唆に

131

富んだ内容がある。乱暴に要約すれば，第1に，長谷川如是閑のところに遊びに行くなど，おそらく自分で意識しない少年時代の環境の影響があったからこそ，羯南や新聞『日本』に興味をもったと，丸山は回想していることである。

第2に，丸山の父親が，羯南のとくに「自由主義如何」を，大したものだとしきりにほめていたこと。すなわち，明治維新は自由主義の革命なんだというふうにとらえて，今の右翼とは全然違うんだ，ということを言っていたことである。

第3に，昭和18年，岡義武が『国家学会雑誌』の編集主任であり，「近代日本の形成」という特集を計画していて，丸山は思想史の領域を割当てられて，「国民主義の形成」というテーマで書くことになった。丸山が『国家学会雑誌』に書こうとしたのは，国民主義から国家主義へ，という論旨だった。

第4に，丸山は，「国民主義の形成」というテーマのこの論文を徳川時代のほうから始めたから，福沢にも到らないで「前期的国民主義」という仮の名前をつけ尊王攘夷論の変遷を書いたところで，召集令状が来てしまって中絶したという事情がある。

第5に，戦後の『中央公論』1947年2月号の「陸　羯南──人と思想」（丸山，1947）はその続きということになる。丸山は，当時の，日本のナショナリズムや明治時代に対するあまりに一括的に否定的な風潮，ちょうど戦時中の風潮を裏返しにしたような風潮に対して，そうばっかりも言えないと反発する単純な動機もあったと回想していること。以上である。

筆者は，1943年生まれである。したがって，当時の実情を知る由もないわけであるから，戦後初期の「疾風怒濤の時代」に思いを馳せるしかない。貧しくも生き生きとした新しい日本を感じるというのは誇張であろうか。

さて，ボリューム感ある丸山の長広舌を受けて，明治新聞雑誌研究者西田長寿は次のように述べる。

第 3 章　鶴見俊輔：ひとりの保守主義者

　羯南は明治 17 年頃から辞めるまで官報局編輯課の課長をやってい
た。編輯課長という職務をみますと「官報に登載すべきあらゆる事項
を整理・按配して，なおかつ印刷を監督する」ということなのです。
そうすると，ここでやらされた仕事というのは想像もつかない大きな
仕事なわけです。……

　また，はっきりした事情を明らかにすることはむずかしいですけれ
ども，ボアソナードは相当影響しているのでないでしょうか。という
のは，とくに「条約改正論」についてですが，ボアソナードの意見と
いうのがかなり入っているのではないか。ボアソナードの意見によれ
ば，いやしくも外国から日本が干渉を受けることは一応避けたほうが
いい，だから井上案は廃棄しろという意見だったように思います。こ
の考え方は陸にも相当大きなものを与えていると思います。また陸の
司法省法学校時代にも，ボワソナードは教師であったわけです。（丸
山 1998，216）

　この後，鼎談は盛り上がる。すなわち，政治学者植手通有は，陸羯南
はボワソナードに直接習っていないかもしれないと，西田に聞く。西田
は「ですけれども，ボワソナードが教師を兼ねた時分に学生であったこと
は事実です。これは，陸の在官時代のことと思いますが，井上毅がボワソ
ナードの仏文を陸に訳すよう頼んでいますね。案外に接触があったのでは
ないでしょうか」と答えている。

　丸山はここで話題を変えて，陸羯南について「それから，植手さんにお
聞きしたいのですが，フランスの影響という場合に，フランス革命の反動
思想，とくにド・メーストルですね，あれはみずから訳していますけれ
ど，読みはじめたのはいつ頃ですか」と聞いている。植手は「訳が出たの
は明治 18 年です」と答える（216-7）。

　丸山は陸羯南についてさらに問う。「それで，ド・メーストルを読んだ
動機とかはどうですか」。「前から注意はしているのですが，具体的には全

133

然わからないですね」と植手は答える (217)。

　さて，丸山は，ジョゼフ・ド・メーストルについても述べている。丸山は次のように言っている。

　　それから，金子堅太郎の有名な話がありますね。時の政府はエドマンド・バークの『フランス革命の省察』を知って欣喜雀躍したわけです。ヨーロッパの思想はみんな自由平等の説かと思ったら，こういう歴史主義的な保守主義もあったのかと。ということで，バークとド・メーストルはもちろん違うけれど，政府のほうではフランス革命に対する一種の反対思想，ルソー的な天賦人権論や人民主権論に対する反対思想みたいなものを一所懸命探していた。そこにド・メーストルが浮び上ったということは当然考えられるわけです。(218)

丸山のヨーロッパ政治思想史の博学な知識に脱帽したい。残念ながら鶴見は足許にも及ばないのではないだろうか。丸山の問いかけは続く。

　　けれども，なんと言ってもド・メーストルは反動思想家でしょう。ド・メーストルは人権なんていう観念を全然認めない。……徹底した鋭い反動思想家であるという点で，羯南がもしド・メーストルをよく読んだら非常に反発を感じるところがあるのではないか。(220)

丸山の問いかけに植手は次のように答える。

　　私も以前にはド・メーストルをどうして訳したのか疑問に思っていました。……ド・メーストルから影響を受けたと考えられる点は，……歴史の継続性を強調することと，……理論と実践とを区別した啓蒙的自然法思想を抽象的理論主義と非難するということで，これも『主権原論』のなかで何回もくり返し出てきます。しかしこの2点だ

第 3 章　鶴見俊輔：ひとりの保守主義者

けですと，一般的に保守的思考を学んだということであって，必ずし
もド・メーストルからでなく，エドモンド・バークから学んでもいい
わけです。(220-1)

　ここで，上記の鼎談に登場したエドモンド・バークとギュスターヴ・ボ
アソナードについて付論しておきたい。

　まず，バークであるが，政治学者半澤孝麿が研究者に入ろうと志した当
時は，「ヨーロッパ政治思想史の研究者たちは，天皇制ファシズムの廃墟
を乗り越えて日本における近代を建設すべく，自立した個人が理性を行使
して自由な同意の上にデモクラティックな国民国家を形成する理論モデル
……に大きな共感と支持を寄せていた。……その背後には，ヘーゲルの歴
史哲学に傾倒した若き丸山眞男教授の近代観の影が色濃く見える」(半澤
2017，218-9；土倉 2021，334)。

　半澤自身の回想によれば，「確かに近代政治理念成立史論は戦後日本で
人々に，天皇制神話に代わって拠るべき新しい神話を提供した。だが同時
にそれは，……衰微，定型化させる……という対価を支払わなければなら
なかったのではないだろうか」(半澤 同，220-1；土倉 同，335)と問題提起
をしている。

　半澤の述懐によれば，「バークをやってみてはどうか，との示唆を下
さったのが丸山教授であった」(半澤 同，221；土倉 同，336)ことも重要で
あろう。乱暴な言い方を許してもらえば，「若き丸山眞男の近代観の影が
色濃く見える」という半澤の見解で，「色濃く」はやや一面的ではないだ
ろうか。

　次に，ギュスターヴ・ボアソナードの影ということについて問題にして
みたい。

　政治学者三谷太一郎によれば，「超国家主義およびファシズムの崩壊に
よってもたらされた現行憲法の成立は，田中〔耕太郎〕にとって自然法思
想が体制原理として定着したことを意味した。……田中は，明治年間に日

本政府の法律顧問として来日し，立法事業や法学教育を通して日本の近代化に貢献した……ギュスターヴ・ボアソナードの学問を高く評価した。……自然法思想に基づくボアソナード民法草案は，それ自体意図せざる日本近代批判であったが，田中はその論理を継承し，明確な意図をもって日本近代批判を展開したといえよう」（三谷 1988，192-5；土倉 同，337-8）。

　筆者は，ひそかに，ボアソナード→田中耕太郎→丸山のつながりを想像しているのだが，違うかもしれない。とりあえず，商法学者鈴木竹雄が編纂した『田中耕太郎　人と業績』（鈴木，1977）に所収されている「座談会」の丸山発言を引用させていただきたい。丸山は次のように言っている。

　　よく学問と思想といいますが，もちろん学問の背景には思想がありますけれども，逆に思想は学者の場合でも必ずしもその学問だけに現われるわけではなく，あくまで全人格の表現ですね。……どうもぼくは戦時中，いろんな成りゆきで二君に仕えるようなことになって，非常に苦しかったこともあるのです。……

　　偉大な思想家というのは自分の精神の内面にポラリテートというか，相反する両極性があって，それがむしろ豊かな創造性の源泉になっている。……田中先生に即していえば，先生の相対主義という点だけでなくて，たとえば学問的関心が一方では，……たえず形而上学や「世界の大勢」の方に向い，他方では，ディテールの法技術の問題に向うというように，いろいろな面に現われています。（鈴木 1977，547-51；土倉 同，338）

　このような丸山の言説は丸山の保守主義的な一面を見せていると思われる。換言すれば，丸山の思想は，学問だけでなく人格にも表現されていると筆者は考えている。

　ここで，政治学者荻原隆の丸山・「陸羯南評価」に対する言説を紹介してみよう。荻原によれば，「陸羯南に対する再評価は丸山眞男の「陸羯南

第3章　鶴見俊輔：ひとりの保守主義者

——人と思想」〔丸山，1947〕から始まっていることは多言を要すまい」と言う。すなわち，「小論ではあるが，丸山による高い評価を契機として羯南研究が進み，全集の編纂もなされていった。戦後における羯南研究そして明治の保守主義研究の端緒としてまことに意義のある論文であった」（荻原2016，16）。

　ここまでは，荻原について行けるのだが，次のような言説は首をかしげたくなる。すなわち，荻原によれば，「近代の政治思想が国家を利己的個人の集合体であり，だから法によって統制されなければならないと考えるのに対し，羯南のように国家を道徳や感情による結合体と見て，その中心に連綿と続く国体を置く保守主義は本質的に一種の自然主義である。したがって，羯南にすぐれた主体性の部分があるにしても，徂徠や福沢とは違って本来的に作為の思想家ではない」(17) と一足飛びに言われると困るのである。

　換言すれば，かりそめにも，羯南は明治日本の「インデペンデントな新聞記者」である。「本来的に作為の思想家ではない」とは間違っても言ってはならないのではなかろうか？

　政治学者米原謙によれば，羯南は，「「現実的政治の弊」〔陸，1889〕と題する『日本』の社説は，政治には現実主義と理想主義の……バランスが必要だと述べて，現実との妥協の危険性を説いている」という。「いわゆるマキャベリズムの創始者であるマキャベリ自身にも，イタリアの独立を目的とする理想主義の一面あったと羯南は指摘する。そして，「現実的外政は成功の美名を博するに進歩的なり。国運の将来を謀るには退歩的なり」〔西田・植手1969，191〕と，現実主義を論難している。これは単に大熊条約案を否定するための口実ではなく，政治に対する羯南の基本姿勢だった」（米原2017，103）としているが，このように，一見，「現実的政治の弊」を説きながら，「本来的に作為の思想家」であると言ってよいのではないだろうか。言い換えれば，「現実との妥協の危険性」を説く羯南は，「作為の思想家ではない」とは言えないのではないだろうか。

137

さて，ここで，丸山の「陸　羯南——人と思想」論文を「日本における保守主義の特徴」という文脈において検討してみよう。政治学者五野井郁夫は「日本の保守主義——その思想と系譜」（五野井，2015）という好論文で次のように述べている。

　　明治の初期に，バークを翻訳したのは，伊藤博文側近の金子堅太郎であった。金子は井上毅らとともに大日本帝国憲法の起草に参画し，皇室典範などの諸法典を整備ののち枢密顧問官を歴任した，「国家保守主義者」の原型ともいえる存在である。
　　その金子が元老院権少書記官時の 1881（明治 14）年にバークの『フランス革命の省察』と『新ウィッグから旧ウィッグへの上訴』を抄訳した『政治論略』（有隣堂）がある。
　　……保守主義の登場と上からの官製保守主義継受は……1881 年の金子による『政治論略』の抄訳に遡ることができるとともに，他方でその普及は，下からの保守主義として政治小説の流行に見て取ることができるだろう。
　　とくに上からの保守主義は憲法体制の整備と議会政治を見据えた先見的なものだった。これはのちに立憲政友会の初代総裁になった伊藤博文が支援した陸奥宗光の漸進主義路線が近代日本政治における保守本流の源流の基底となり，のちに原敬，西園寺公望や牧野伸顕らのような英国流の議会政治を評価し，重臣として天皇を補弼し立憲主義を支える「重臣リベラリズム」へと結実してゆく。（五野井 2015, 240-5）

しかしながら，「後に軍国主義支持者へと転落した徳富蘇峰の「平民主義」が，陸らの動きを「保守反動」と批判している。……この「保守反動」というレッテル貼りの来歴を示しているのは，丸山の以下の指摘であろう」（247）と，五野井は丸山の次の言説を引用する，重引になるが厭わず，引用する。

第3章　鶴見俊輔：ひとりの保守主義者

　大正末期以降，知的世界にマルクス主義的用語が急速に普及したために，——そうしてマルクス主義の政治的立場からは，保守主義はせいぜい反動に水を割った観念として消極的に位置づけられるにとどまるので，——ますます保守反動という一括した使い方と考え方が定着した。(丸山1957，10；五野井2015，247)

　五野井は続けて言う。「丸山は「日本に保守主義が知的および政治的伝統としてほとんど根付かなかったこと」こそが，「一方進歩『イズム』の風靡に比して進歩勢力の弱さ，他方保守主義なき『保守』勢力の根強さという逆説を生む一因」をなしているのだと説いた。ここにおいて保守主義者への外側からのレッテル貼りが『保守主義』そのものではなく，『保守』的な雰囲気だけを独り歩きさせ，丸山が言うところの「保守主義なき『保守』」の生成に拍車をかけることとなった」(五野井 同，247)。

　「保守主義なき『保守』」は名言だと思う。話は飛躍するかもしれないが，これは現在でも，形を変え，品を変えて持ち上がる問題でもあるような気がする。例えば，左右の対立という時，保守派対左派という言い方をする。これは右翼というと極右のことを指すのがジャーナリズムの通例になっていることと関係する。いずれにせよ，日本においては，戦前も戦後も確固とした「保守主義」は存在しないと言っても過言ではない。

V　おわりに

　俗に言えば，世間では，鶴見俊輔も丸山眞男も普通は保守主義者とは言われない。これは「受け」を狙った筆者の暴言であるが，自信があるわけではない。お断りするが，2人とも自由主義者，近代主義者，進歩主義者である。筆者はそれを否定していない。しかしながら，2人には，保守主義者と言いたくなるような言説も，体系的ではないとしても，ちらほら見かけないでもない。ひとつだけ，丸山が『思想の科学』を批判したいかにも保守的な言葉を紹介したい。

139

わたしが「思想の科学研究会」に参加したのは，民間のアカデミズ
ムをつくるっていうから，それは非常によいことだ，と思ったからで
すよ（笑）。ところが，型とか形式を蔑視する内容主義になっちゃっ
たから，きびしいシツケのきらいなかたは，イラハイ，イラハイ，と
いうことになった。（鶴見 1996, 40）

　ここに見られる丸山の言い分は，当たり前のことで，保守主義でも何で
もない，と言われるかもしれない。しかし，筆者は，保守主義とは政治理
論だけをいうのではない。丸山の言うように，思想とは学問だけでなく，
人格も関係して来る。同じように，行動様式，発想法なども大きくとらえ
て，保守的，保守主義と考えるやり方もあると思う。丸山は「学問とは保
守である」と考えているのではないかと筆者はこっそり考えている。
　さて，保守主義者鶴見と筆者は鶴見のことを措定しているが，鶴見の著
述には，同じように，政治理論を取り立てて問題の中心にしない人物評伝
的なものが多い。鶴見は，吉田満だけでなく，安田武についても熱意を込
めて言及している。本来なら，2人を並べて論じたかったのであるが，筆
者の時間と能力の関係で果たせなかった。最後に，この場で，ごく簡単
に，安田武について触れさせていただきたい。鶴見は安田を次のように回
想した。

　東京駅に立って上野まで見渡せた1945年3月とは，がらりとか
わった1960年代に入って，戦争の記憶の手がかりはもう東京には存
在しない。この風景の中に，丸坊主，ふんどしひとつの裸体の自分を
おいてみたいと思った。8月15日に丸坊主になるという提案をうけ
とめてくれた仲間，安田武，山田宗睦とともに，この儀式を実行し
て，15年戦争の長さだけつづけた。そのあとは，ひとりが禿げたと
いうこともあって，坊主になる表現効果にとぼしくなり，会食のみに
して，おなじ儀式をつづけた。（鶴見 2002, 10）

第 3 章　鶴見俊輔：ひとりの保守主義者

　鶴見，安田，山田らの世代と，筆者の世代の大きな違いは，戦争体験の
あるか，なしかである。筆者が物心ついた時には戦争は終っていた。もち
ろん，戦争の傷跡のような光景は心に刻まれている。しかし，鶴見が書い
ているものを読む時はいつも戦争体験の重さが鶴見の著作の隅々に染みて
いることを感じざるをえない。鶴見の回想は続く。

　　この会を安田武は，いつも先んじて準備し，理髪店に知らせ，食事
　の場所を予約した。
　　彼が亡くなって 14 年，私は 1 年に何度も彼を思いだす。自分が食
　べているときが多い。安田は，真剣に飯を食べる人だった。これは戦
　争をくぐったものに共通する性格だろう。……
　　あれはファシズムと反ファシズムの戦争だったか（そうだった），
　帝国主義間の戦争だったか（その面はあった）について，彼は論ずる
　ことがなかった。彼にとって，あの戦争とは，自分の意志に反して戦
　場に引き出されたことであり，自分の隣で，（しかも戦争の終結後）
　仲間が撃たれて殺されたことであり，本国に帰ってみると，自分に
　とってのただひとりの友人が帰っていないことだった。(11-2)

　端的に言えば，安田武は「全身戦争体験」といった著作家だった。そう
いう時代も過去のものとなったというのは言い過ぎであろうか。安田武，
山田宗睦，鶴見のトリオも当時から不思議な組み合わせだったと筆者は覚
えている。言い過ぎを重ねれば，このトリオも「保守主義者」であったと
言いたくなる。それはともかくとして，以下において，もう少し安田武に
対する鶴見の回想を続けよう。鶴見は次のように述べる。

　　戦場は彼のなかにまほろしを育てた。それはアジアの解放とか，大
　東亜共栄圏ではなく，かつて自分のなかにあったくらしの型である。
　　……学業中途で学徒出陣にあい，復員後は，2，3 の大学に席をお

141

いたが，どれも中途退学に終わった。

　その後は，編集者として戦場を転々とし，……その間に彼は多くの学者に会い，その著作を読んで，執筆を頼むうちに，人がらと著作とのつながりにするどい勘をもつようになった。同時代の学者では，竹内好，丸山眞男に引き寄せられ，しっかりと読んでいた。(12-3)

　あまり好きな言葉ではないが，竹内好や丸山眞男は，「戦後啓蒙主義者」，もしくは「戦後民主主義者」と言えるかもしれない。かく言う筆者も，竹内好や丸山眞男や安田武の著作を「しっかり」ではないが，いささか読んでいた。鶴見の安田への回想をあと少し続けたい。

　戦地にいたころ彼のなかに育てたまぼろしが，京都にはあるという思いこみが，終わりまで彼のなかに生きつづけた。……
　安田は日本文化のなかに残っている型について書き，戦没者の遺族とつきあい，政治党派にしばられない戦争体験の受け継ぎについて書き続けた。……
　安田武は保守的な人であり，日常生活の型を重んじた。保守的な人として，戦争を嫌い，戦争についての記憶を保とうとした。(16-7)

　長い引用はこのあたりで終了したい。結論というほどのものではないが，上記のように，安田は「保守的な人」であり，戦争体験から離れなかった人である。そして，筆者としては，「戦争体験」―「保守主義」において，安田―鶴見―丸山はつながるのではないかと夢想する。ついでに夢想すれば，「平和」とは「保守」なのではないだろうか。

　付言すれば，安田の経歴として，安田が丸山の著作を愛読し，面談していたことが重要である。さらに，鶴見に対しては，安田は，途中で，『思想の科学』は品位に欠けるとして「退会」届けを投げつけたことも，筆者は心の中で快哉を覚えた。

とはいえ，鶴見は，何時までも，丸山と安田に対して，尊敬，敬愛，親愛していたことも鶴見のスケールの大きさではないか，と筆者は感慨に耽っていることを記してむすびの言葉としたい。

参考文献

植手通有・西田長寿・丸山眞男（1968），「近代日本と陸羯南」，『みすず』1968年9・10月合併号，みすず書房；丸山（1998），後掲書，199-242頁。

荻原　隆（2016），『日本における保守主義はいかにして可能か──志賀重昂を例に』，晃洋書房。

粕谷一希（1978），「戦後史の争点について──鶴見俊輔氏への手紙」，『諸君！』1978年10月号，文藝春秋，102-10頁；鶴見（2015），後掲書，218-37頁。

五野井郁夫（2015），「日本の保守主義──その思想と系譜」，山崎　望（編），『奇妙なナショナリズムの時代──排外主義に抗して』，岩波書店，233-76頁。

陸　羯南（1889），「現実的政治の弊」，『日本』明治22年7月31日社説；西田・植手（1969），後掲書，190-2頁。

鈴木竹雄（編）（1977），『田中耕太郎　人と業績』，有斐閣。

鶴見俊輔（1969），『語りつぐ戦後史』Ⅰ，思想の科学社。

────（1975），『鶴見俊輔　対談，編集　語りつぐ戦後史』（上），講談社文庫。

────（1979），「戦後の次の時代が見失ったもの──粕谷一希氏に答える」，『諸君！』1979年2月号，文藝春秋，48-56頁；────（2015），後掲書，238-53頁。

────（1980），『戦争体験　戦後の意味するもの』，ミネルヴァ書房。

────（1994），「解説『戦艦大和ノ最期』」，吉田満（1994），後掲書，179-88頁。

────（1996），『鶴見俊輔座談　思想とは何だろうか』，晶文社。

────（2002），『回想の人びと』，潮出版社。

────（2005），『埴谷雄高』，講談社。

────（2015），『昭和を語る　鶴見俊輔座談』，晶文社。

土倉莞爾（2021），「〔書評〕宍戸常寿ほか編著『戦後憲法学の70年を語る』（日本評論社，2020年）」，『関西大学法学論集』，第71巻第2号，315-59頁。

中島岳志（2015），「解説　鶴見俊輔の岩床」，鶴見（2015），前掲書，283-302頁。

────（2018），「鶴見俊輔の岩床──『昭和を語る鶴見俊輔座談』」，『保守

と立憲　世界によって私が変えられないために』，スタンド・ブックス，241-62頁。

西田長寿・植手通有（編）（1969），『陸羯南全集』第2巻，みすず書房。

半澤孝麿（2017），「回想の『ケンブリッジ学派』──一政治学徒の同時代思想史物語」，『思想』2017年5月号，岩波書店，206-33頁。

古山高麗雄（1994），「作家案内──吉田満『寡言の人』」，吉田満（1994），後掲書，189-99頁。

丸山眞男（1957），「反動の概念」，『岩波講座 現代思想 V 反動の思想』，3-31頁。

───（1995a），「国民主義の『前期的』形成」，『丸山眞男集』第2巻，岩波書店，225-268頁。

───（1947；1995b），「陸　羯南──人と思想」，『中央公論』1947年2月号，中央公論社；『丸山眞男集』第3巻，岩波書店，1995，93-106頁。

───（1995c），「『日本政治思想史研究』あとがき」，『丸山眞男集』第5巻，岩波書店，283-296頁。

───（1998），『丸山眞男座談』第7冊，岩波書店。

丸山眞男・鶴見俊輔（1967），「普遍的原理の立場」，『思想の科学』5月号，思想の科学社，105-19頁；鶴見俊輔（1969），前掲書，79-107頁；同（1975），前掲書，81-109頁；同（1996），前掲書，11-41頁。

三谷太一郎（1988），『二つの戦後』，筑摩書房。

米原謙（2017），『日本政治思想［増補版］』，ミネルヴァ書房。

吉田満（1952），「『戦艦大和ノ最期』初版あとがき」，───（1994），後掲書，166-70頁。

───（1973），「臼淵大尉の場合」，『季刊芸術』1973年夏季号。

───（1974），「決定稿に寄せて」，───（1994），後掲書，171-2頁。

───（1977），『提督伊藤整一の生涯』，文藝春秋。

───（1978），「戦後日本に欠落したもの」，『中央公論 経営問題』1978年春季号，中央公論社。

───（1980），「書いても書いても書いても……──古山高麗雄氏の戦中再訪記」，『戦中派の死生観』，文藝春秋，77-93頁

───（1994），『戦艦大和ノ最期』，講談社文芸文庫。

吉田満・鶴見俊輔（1978），「「戦後」が失ったもの」，『諸君！』1978年8月号，文藝春秋，48-62頁；鶴見（1980），前掲書，89-111頁；同（2015），前掲書，190-217頁。

第4章

戦後思想史において
『思想の科学』とは何であったのか

I　はじめに

　『思想の科学』が終刊になってから久しい。筆者にとっては，青春時代からの懐かしい思想雑誌であった。メディアの変容が深刻になって来ている昨今の状況のなかで，鶴見俊輔をはじめとして，多くの知識人たちや，多くの市民たちが『思想の科学』を砦にして，どのように戦後思想に関わってきたのか，筆者なりに追跡してみたのが，以下の内容である。

II　『思想の科学』の創刊

　鶴見俊輔は，「『思想の科学』の創刊」について，上野千鶴子，小熊英二との鼎談（鶴見・上野・小熊，2004）で，次のように語っている。

　すなわち，小熊の最初の質問「1946年5月に『思想の科学』を創刊なさいますね。その経緯をお話しいただけますか」に対して，鶴見は次のように答えている。

　　　『思想の科学』の同人は，いまの大学教授の思想史研究者やなんかが考えると，創立時のメンバー7人のうち4人がアメリカ留学生だったから，アメリカの思想を輸入しようとしたグループだと思うでしょう。でもちがうんですよ。

　　　創立のときのメンバーは，私と和子，都留重人，武田清子がアメリカ留学帰り。あと渡辺慧がフランス留学ですね。留学組でないのは，丸山眞男と武谷三男です。そして『思想の科学』の方針になった多元主義は，武谷三男から出たものなんです。（鶴見・上野・小熊 2004，158）

145

鶴見が言わんとしていることは,『思想の科学』の創立時のメンバーは「アメリカの思想を輸入しようとしたグループ」だけではない,ということである。これは重要である。換言すれば,創立時7名のメンバーのうちの3名,渡辺慧,丸山眞男,武谷三男は,アメリカの思想の専門家ではなかったが,この3人の果たした役割は非常に貴重なものがあるからである。

　鶴見は続けて言う。編集会議で,武谷の提案で,内規を決めたとき,編集同人になる創立時7名のメンバーが,企画を持ち寄ったり,投稿を読んだりするが,『思想の科学』という雑誌は,初め32頁だったから,紙面の都合で載せられないために却下する場合が出てくる。しかし,一度却下になった記事でも,同人のうち1人でも読み直してみて,これはやはり好いということになった時は,決して却下しないということを内規にしたという。鶴見の言葉を借りれば,「これはもう,多元主義というか,プルーラリズムへの信頼だね。雑誌のカラーを統一しないという原則なんだから」ということになった (158-9)。

　たしかに,鶴見の言うような「プルーラリズムへの信頼」は大切かもしれない。しかし,いくら「多元主義」でも「無原則」では困るのではないか。後に,丸山眞男によって批判される,『思想の科学』の「イラハイ,イラハイ」モードに変容する恐れがあったはずである。

　鶴見の発言は続く。「実をいうと,〔鶴見──筆者〕和子にはちがう考え方があったんだ。……和子が言うには,もう既に共産党が中心になって組織した民主主義科学者協会（民科）ができている。これに対して異論を立てるような誌面にするのは嫌だ,と言ったんですよ」。鶴見の発言直後に,上野千鶴子がすかさず突っ込む。「和子さんがそういうことをおっしゃる時代だったんですね」。鶴見は即答する。「そうしたら,武谷三男が,「共産党から独立した雑誌が1つあってもいいじゃないか」って言ったんだよ。これが通っちゃったんだ」。小熊英二がこうまとめる。「それを,戦前からの筋金入りのマルクス主義者である武谷さんが言うところが

第4章　戦後思想史において『思想の科学』とは何であったのか

すごいですね」(159)。小熊に続いて，さらに深い考察を鶴見が次のように述べる。

　　つまり彼は，共産党に引き回されないマルクス主義者。自由のあるマルクス主義者なんだ。党員にもなっていなかった。この多元主義は，もとをたどれば，彼が戦前に反ファシズムの雑誌『世界文化』のグループに参加していた経験からなんです。

　　1935年に『世界文化』が京都にできたときには，もう日本共産党の主だった幹部は獄中にいて，党は壊滅していたんです。だからこの雑誌は，共産党の指導に従う者だけじゃなくて，多様な人びとの連合としてつくられていたんです。……

　　そのあと『世界文化』は，1937年には同人の一斉検挙でつぶれてしまう。しかしわずか2年半のなかで，中井正一の「委員会の論理」とか，既存のマルクス主義からでは出てこないような，いろんな重大な論文を出しているんです。そしてそのグループにいた武谷とか新村猛，和田洋一，久野収とかが，戦後に『思想の科学』に関わってくる。つまりそういう戦時期の日本で育まれた思想が，『思想の科学』につながったんですよ。(159-60)

　ここで，鶴見が言及している1935年に刊行された反ファシズムの雑誌『世界文化』に注目する必要がある。この雑誌は，1937年の同人の一斉検挙で廃刊になるが，そのグループにいた武谷三男だけでなく，「新村猛，和田洋一，久野収らが，戦後に『思想の科学』に関わってくる」ことが重要である。鶴見・上野・小熊の鼎談では，上野が「そういう流れがあってこそだったんですね」(160) と短く応じるが，まさにそのとおりであった。上野発言の後，鶴見は「大学に所属している思想史研究者」に次のような興味深い批判の矢を放つ。鶴見は次のように言う。

147

それが『思想の科学』での武谷の提案になって現われたんですよ。ところが普通，大学に所属している思想史研究者は，そういうことを見ないで，同人の7人のうち4人がアメリカ留学生だから，アメリカの思想に影響されて多元主義になったんだろうとか考えるんです。

　だけどそうじゃないんですよ。武谷三男という個人が，頑強に主張したから『思想の科学』の多元性が生まれたんです。誰かが自分の責任で，言うべきことを言ったということを見なくて，いったい思想史なんてものにどれほどの値打ちがあるんですか。

　私は，武谷さんがあんなことを言う人だとは，それまで思っていなかったんです。『思想の科学』は，武谷さんによって助けられたんですよ。(160-1)

　これに応じて小熊はこう言う。「戦時期の経験を，よいかたちで引き継いだことから始まったんですね。獄中非転向の共産党幹部たちは，1930年代初めまでに獄に入ってしまって，戦時期の経験がなかった。だから人民戦線的な連携に目が向かわないで，それ以前の社会民主主義主要打撃論……で戦後を始めてしまったということは，いろいろな人が指摘しています」(161)。

　小熊の応答は重要である。すなわち，「獄中非転向の共産党幹部たち」は「戦時期の経験がなかった」。だから「社会民主主義主要打撃論」で戦後の日本共産党を指導したと理解しているからである。

　小熊に挑発されたかのように，鶴見は次のような初期『思想の科学』の貴重なエピソードを語る。初期の『思想の科学』は，後のそれと較べて，清新なものがあったのである。

　だから『思想の科学』は，『思想の科学』から始まったんじゃないんです。

　民科の創立メンバーのなかから，武谷三男，渡辺慧，宮城音弥の3

148

第4章　戦後思想史において『思想の科学』とは何であったのか

人が，『思想の科学』のほうに来て，個人としてはもう民科に出席しなくなった。当時，同じビルの下のほうに民科の部屋があったんだけど，みんな7階まで上がってきて『思想の科学』まで来て会合をやっていたんだ。そして共産党から『思想の科学』を防衛してくれた人は，この3人なんだ（笑）。

　当時の同人で，宮城は戦前はマルクス主義者で，当時の学生のなかでも最左翼だったんだけど，フランスに給費生で留学に行ったら，フランスのマルクス主義ってのは全然違うっていうことを実感して，日本の共産党に批判的になった。だから戦後は，日本共産党の路線に同調しない。武谷さんもそうだけど，そういう人たちが自分の経験を，『思想の科学』に持ち寄ってくれたってことだね。(161-2)

　小熊は鶴見発言の後を受けてこう述べる。「私もいろいろ調べていて，たとえばべ平連もべ平連から始まったのじゃなくて，その前のサークル運動の流れとか，吉川勇一さんの共産党の内紛時代の経験とか，いろんなものが流れ込んで存在したんだと思いました」。鶴見らしく彼はこう同意する。「地理と同じじゃないの。いくつもの源流ってものがあってこそ，流れができるんですよ」(162)。「いくつもの源流」とは，いかにも鶴見らしい巧妙な表現である。

　さて，以上のような経緯について筆者として短くコメントさせてもらえば，『思想の科学』の源流がよくわかる気がする。キーワードは，鶴見の言う「多元主義」である。今でこそ，平凡な概念であると言ってもよいかもしれないが，「民科」との対抗ということは『思想の科学』の重要なスタイルだったと思われる。その意味では，源流の1つが戦前の『世界文化』であったことも貴重なエピソードであったことも銘記しておくべきことであろう。

　ところで，『思想の科学』はどのように自己形成され，出発していったのであろうか？　鼎談における小熊の，鶴見に対する質問はまだまだ続

149

く。

　小熊はこう聞く。「鶴見さんの『期待と回想』〔(下)（鶴見, 1997）〕によると，『思想の科学』の同人は当初，和子さんが集められたそうですね」。鶴見は答える。「そう。和子は子どものときから，私を非常な弱者と思い込んで，助けてくれていたんです。私がおふくろに殴られたり，女性との関係が複雑になったりしたときに，彼女が助ける役だったんですよ。そして私が結核になって，南方に行って，とにかく生き残って帰ってきた。でも戦後に私が落ちこんでいるんで，親父に「俊輔に雑誌を出させてあげて」と彼女が頼んだんですよ」(162)。鶴見家の姉和子と俊輔の濃い関係は，「鶴見俊輔論研究」にとって忘れてはならない視角である。鶴見は続けてこう述べる。

　　　ちょうど，親父が戦中からやっていた太平洋協会の出版部があった。これは海軍と結託して出版物を出していたんですが，敗戦後は海軍はなくなるし，親父も追放になるし，これまでのように本を出していけない。だけど出版社としての機構だけはあるわけですよ。『思想の科学』は，当初はその機構に乗っかるかたちでスタートしたんです。
　　　だけど私は15歳のときにアメリカに行って，それから南方にいたりしたわけですから，日本のなかに知合いがあまりいない。それで同人を集めるのは，全部和子が話をつけたんです。最初の7人のなかで，私の方が古くから知っているのは，15歳からのつき合いの都留重人だけなんですよ。(163)

　小熊は続けて『思想の科学』のメンバーをどのように見つけたのかを聞く。「でも和子さんもまだお若いですよね。アメリカ留学組と知合いだったのはわかるとして，どうやってほかのメンバーの方々を知っていたんですか」(163)。鶴見は答える。「彼女は女性だったから，戦争中に交換船で

第 4 章　戦後思想史において『思想の科学』とは何であったのか

帰ってきても，兵隊に取られなかったんですよ。それで彼女は 1942 年 8 月からずっと東京にいた。そして，親父が太平洋協会のアメリカ分室というのをつくって，敵国アメリカの研究の本をいくらか出していたので，そこで働くことになったんです。……彼女はそこで働きながら，いろいろな研究室に出入りしたり聴講したりしていた。それで戦中に，武谷さんや丸山さんを訪ねていたんです」(163)。

　小熊の言うように若き鶴見和子が，戦中・戦後の東京で，大事な弟のために奔走する姿が目に浮かぶような気がする。小熊は頷くように短くこう述べる。「つまり，和子さんは戦中から編集者として人脈をつくっていたわけですね」。鶴見はそれを受けてこう述べる。「それで彼女は，丸山さんのところから，彼が 1941 年に書いた「近世日本政治思想における『自然』と『作為』」という論文が載っている『国家学会雑誌』を持ってきて，私に見せてくれたんだ。私がジャワから帰ってきたあとの，1945 年でした」(163-4)。

　小熊は重ねてこう聞く。「丸山さんの実質的なデビュー作ですね。あれを戦中から読まれていたわけですか」。この問いを受けて，鶴見はさらに能弁になり，こう続ける。「そう。あの論文は，荻生徂徠をはじめとした江戸時代の儒学を論じたものです。そこでの丸山さんの主張というのは，政治的な秩序は自然の流れとかいうものではなくて，人間の主体的な行為によって生まれる作為，一種のフィクションだという考え方が西洋近代思想にはあるのだけれど，そういう考え方が江戸儒学でも発生していたということですね。これはもう戦争中の皇国思想，つまり日本の自然のなかに天皇を中心とした道徳が埋め込まれていて，それが国民の規範であるという考え方とは，まったく異質なんですよね。それを読んで，私はたいへん驚いた。これはまさに，スピノザが言った「作る自然」と「作られた自然」の問題なんだ。つまり 1905 年以前の「作る知識人」と「作られた知識人」のちがいという問題でもあるんだよ」(164)。

　ここで，筆者の回想を挟ませていただきたい。筆者も「近世日本政治思

151

想における『自然』と『作為』」論文は学生時代に読んだような記憶がある。それは，『国家学会雑誌』を通してではなく，後に刊行された『日本政治思想史研究』（丸山，1952）の第何版かだと思うが，いつの間にか筆者の書棚から無くなっていた。おそらく，大学院進学の時，売り払ってしまっていたかもしれない。率直に言って，当時20歳代前半の筆者にはよくわからなかった。

　さて，小熊はこう述べる。「そういう丸山さんの意図を，正確に読み取れた読者は，同時代には必ずしも多くはなかったと思いますね」。鶴見は答える。「そうかもしれない。でも和子もその丸山さんの意図がわかったから，その論文を私のところに持ってきた。それから彼女は，武谷さんがティコ・ブラーエについて書いた論文も持ってきた。文理大学の紀要に載ったもので，3段階論を彼が最初に唱えた論文ですね。これもすばらしいと思った」（鶴見・上野・小熊 2004，164）。

　ティコ・ブラーエについても，本章を書くにあたって，調べる手続きが必要であると思われるが，時間的にその余裕がなかったのは，残念である。戦中戦後の困難な時代に鶴見姉弟な豊富な読書量には脱帽せざるをえない。

　鶴見の回想に対して，以下のように小熊が述べていることにはまったく同感であるばかりか，感嘆にたえない。小熊はこう言っている。「では，これもやはり戦中の蓄積があって，『思想の科学』ができたということですね。和子さんが編集者として，いろんなところに人脈をつくったり，論文を読んだりしていたことが戦後につながったと」（164-5）。

　鶴見はそれに答えて渡辺慧についても触れる。「そう。戦争中のつながりなんです。あと渡辺慧は，やっぱり戦争中に，キューリー夫人が書いた『ピエール・キューリー伝』の翻訳を出していて，あれもたいへんおもしろい本だったんですよ。彼はもう，戦争が大きらいなコスモポリタンなんだよね」（165）。

　『ピエール・キューリー伝』は，筆者の学生時代，非常に評判高い訳書

152

第4章　戦後思想史において『思想の科学』とは何であったのか

だったことをよく覚えている。たしか，故中岡哲郎も絶賛していたことを
覚えている。さて，鶴見の発言は，雑誌の題名の由来に話は進む。鶴見は
こう述べている。

　　それで最初の編集会で顔を合わせたあと，雑誌の題名を決めようと
　いうことで議論したんです。ところがそれが難航した。
　　だいたいみんな専門がちがうから，話が合わないんだよね。あとで
　丸山さんの門下の橋川文三に聞いたところによると，丸山さんは，最
　初の編集会ではじめて私に会ったときには，私が何を言っているのか
　さっぱりわからない，と思ったそうなんですよ。(167-8)

　この鶴見の証言は「丸山門下の橋川文三」からの伝聞をかなり単純化し
過ぎているように思われる。まことに鶴見らしい。とはいえ，丸山への気
遣いも抜かさないところが，鶴見の本領である。すなわち，このように述
べる。「だけど丸山さんは，私の話がわからなかったあと，ちゃんと東大
の図書館を一所懸命探して，ミードが書いたアメリカ思想史の本を見つけ
て，私の話のコンテクストを理解しようとしたんだそうですよ。これも橋
川から聞いたんだけどね」(168)。余計な筆者の邪推であるが，鶴見は橋
川文三を評価しているが，丸山は，高畠通敏と比べて橋川文三をあまり評
価していなかったのではないかと筆者は思っている。
　したがって，小熊の「だけど丸山さんの思想とプラグマティズムの認識
論は，全然合わない感じがしますが」という突っ込みは，愚問だと思われ
る。とはいえ，さすがに，鶴見は小熊に対して優しくまことに円熟した解
答をする。見事というほかはない。鶴見は言う。

　　そうなんだけど，丸山さんは福沢諭吉から類推したようなんです
　よ。つまり政治とか行為というものを結果から評価する，意図からだ
　けでは見ないという考え方ですね。これにはプラグマティズムに通ず

153

るものはあるわけです。

　ですから丸山さんの福沢諭吉についての連作は，ちょうど荻生徂徠にフィクションの思想を見るのと同じように，福沢のなかにあるプラグマティズムを見ている。だから丸山さんがプラグマティズムを勉強したとはいっても，アメリカから輸入した思想を教科書的，優等生的に理解しましたというのではない。(168)

　ここで，筆者も少しだけコメントしてみたい。

　第1に，「丸山さんの思想とプラグマティズムの認識論は，全然合わない」という小熊の発言は語弊だと言ってよいかもしれない。プラグマティズムを，どこまで広げて，どのように捉えるかによっての相違であるかもしれないが，丸山の政治学は戦前においてもドイツ観念論とマルクス主義だけだったかというと，そうでもないと思われる。丸山には，トクヴィル的な貴族自由主義や，エドモンド・バークのような経験主義的保守主義が入っており，それは戦後になってからではないのではなかろうか。これらは，政治学的プラグマティズムといってよいものであり，福沢諭吉だけから得たものではない，と考えるからである。付言すれば，例えば，清水幾太郎は，戦前からプラグマティズムに馴染んでいたはずである。ただし，丸山は戦前には清水の著作を手にしていなかったかもしれない。

　第2に，大胆に言えば，『思想の科学』の起点のひとつは，丸山が1941年に書いた「近世日本政治思想における『自然』と『作為』」という論文をあげることができる，と言えるのではないか。その意味で，時代を画する論文というのはあるのだというのが，筆者の想像である。その延長線上で考えて，「丸山さんの意図を，正確に読み取れた読者は，同時代には必ずしも多くはなかったと思います」という小熊発言は，やや軽率ではないか。丸山は，政治学の基本に立って執筆したのだと思うが，それを可能にしたミリューは，たとえ戦時でもあったと思うし，丸山の言わんとすることを理解できた読者は少なくはなかったと思う。

154

第 4 章　戦後思想史において『思想の科学』とは何であったのか

　さて，「難航した雑誌の題名を決めようとした議論」の問題に話を戻したい。上野は何時も短くしか設問しない。それに対して鶴見は丁寧に答えている。「雑誌の題名が決まらなかったというのは？」(168) という上野の質問に，鶴見は次のように述べる。

　　いろんな案が出てね。武谷三男は『科学評論』という題名がいいと言った。
　　いまになって武谷さんの全体の仕事をみてみると，彼がこの題名にこめた意図はよくわかる。……だけど 1946 年の最初の編集会の場では，そう思わなかった。それでその武谷さんの提案は，1 票しか取れない。そして丸山さんは，『思想史雑誌』がいいと言ったんですよ。……
　　丸山さんの主張はこうなんです。たとえばルソーのいう「自然人」というのは，いったいどういうコンテクストから出てきたか，それを実証的に探索する。観念の単位がどこで発生したかを，きちんと調べていく。たとえばその後，加藤周一さんと，翻訳語の探求とかをやっていますね。ああいう作業を通じて，日本の思想的基礎をつくりたいということだったんだけれども，これも 1 票しか取れない（笑）。(169)

　ここで，上野が「鶴見さんご自身はどういう題名を提案なさったんですか」と，短い質問が入り，鶴見の応答は「私は『記号論雑誌』という題名を出した。『思想の科学』に最初に私が書いた論文は，「言葉のお守り的使用法について」だったんだけど，これは記号論の応用だった」を挿み，小熊が「戦争中の「皇国日本」のスローガンやら，戦後の「民主主義」のスローガンやらが，次々に乗りかえられて「お守り的」に使用される状況を，記号論を応用して批判したものですね」と突っ込んだ後，鶴見の答は「そう。そういうことを考えて『記号論雑誌』と提案したんだけど，丸

155

山さんをはじめ，記号論という考え方がわからないんだよ。それで説明したんだけど，さっきも言ったように，何を言っているんだかさっぱりわからないという反応でね。それで，これも1票なんだよ（笑）」と締め括る（169-70）。

小熊は続けて問う。「和子さんはどんな題名を言ったんですか」。鶴見はこう答えた。「和子はなにも題名を出さなかった。和子としては，民科が正当であって，この雑誌は弟のためだと思っているんだから。その編集会には，理由は忘れたけれど渡辺慧が来なかった。都留重人は経済科学局にいたから，多忙で来られなかった。……だから4人の会合で，意見がバラバラ」。そこに，上野らしい突っ込みが間髪入れず入る。「その状態から，どうやって意見がまとまったんですか」（170）。「4人の会合で，意見がバラバラ」というところが，初期の会議の興味深い場面である。決着は以下のように鶴見が答えるとおりになっていった。鶴見はこう述べる。

　　それでまったく頓挫してしまった。会議の場所は日比谷の市政会館の6階だったんだけど，そこに出入りをしている人のなかに，偶然に上田辰之助がいたんですよ。上田辰之助は戦争中は干されていたけれど，ものすごく英語ができる人なんです。博士論文がトマス・アクィナスの経済思想で，中世経済に関心をもっていて，彼自身もクウェーカーです。

　　それで上田さんが偶然にその場にやってきて，1つの案を出した。カトリック神学のなかに，ある種の科学思想が胚胎していますが，彼はおそらくそこから『思想の科学』という題名を考えたんです。彼はその場でこう言ったんです。「art of thinking という言葉がある。そこからちょっとずらして，science of thinking という言葉が考えられる。こういうのが，あなたたちがつくろうとしている雑誌じゃないか」ってね。その題名が人気があって，それを名前にしちゃったんです。（170-1）

156

第 4 章　戦後思想史において『思想の科学』とは何であったのか

　鶴見は続けてこう述べる。「こういうのも後で思想史学者が類推したりするんだけれど，これはマルクス・エンゲルスからとったとかじゃないんです。中世神学から来ているんです」。小熊はすかさず，「私なりの感想をいうと，こういうことでしょうか。戦争中にある種の信頼を持った人たちが，お互いを嗅ぎつけて集まってきて，でも身につけているディシプリンとかは皆バラバラ。ただ共通しているのが，art of thinking というか，自分で根底からものを考えていくというスタイルだった。そして，それにお互いが共感したという」と応答する（171）。

　鶴見は次のように返答を続ける。

　　戦時というのは，非常に嗅覚が発達してくるんです。誰が自分を密告するか，わからない時代でしょう。だから表面的なディシプリンとか党派とか，彼はマルクス主義であいつは記号論とかいうレベルではなくて，物の言い方とか身振りから信頼できるかどうかを嗅ぎつける。いわば「もやい」という感じですね。それが重大なんだ。

　　だから戦争中とか敗戦直後のほうが，同じ流派じゃない，つまり他派の人たちとの合流とか接触というのがあり得たんです。戦後には，それがかえってないんです。（171-2）

　「もやい」関わりという言葉遣いは鶴見独特の表現である。「敗戦直後のほうが他派の人たちとの合流とか接触というのがあり得た」という指摘もユニークであるが，当をえていると思われる。林達夫に原稿を頼むエピソードも実に興味深い。鶴見はこう振り返る。

　　たとえば武谷三男なんか，『思想の科学』が始まったときに，「林達夫に原稿を頼もう」って言うんですよ。私が「林達夫って，私はよく知らない」って言ったら，「君が行けばきっと気が合うよ。とてもバタ臭い男だから」って言うんだよね。それで私は，林達夫の自宅まで

157

行って，原稿を書いてもらったんだ。そういう嗅覚が発達して，いろんなところにポツン，ポツンといる人を見つけてくるんですよ。(172)

　これを受けて，小熊は「そういう交流が，だんだんなっていったわけですか」(172)と訊く。それに答えて，鶴見がまた名演説をぶつのだが，それを引用する前に一言させていただきたい。すなわち，鶴見自身は，「いろんなところにポツン，ポツンといる人を見つけてくる」ことを終生続けていたのである。「発掘名人」という定評があったような記憶が筆者にはある。さて，鶴見は次のように小熊に答える。

　　つまり日本の学問は，本店―支店の関係でね，外国の支店なんですよ。マルクス主義ならマルクス主義の，日本支店なんですよ。支店というのは，源流に遡っていろいろ考えることができないから，お互いがものすごくいがみ合うんです。それで結局，「天皇」がいないと統合できない。そういう馬鹿馬鹿しい状態が，平和を回復してくると起こる。
　　率直にいえば，日本の知識人は根本から自分で考えていないから，そうなるんです。上から降ってきた教科書をこなすことしかできない。(172)

　鶴見の，当時の時代の「日本の知識人」批判である。鶴見の世代の者として彼と同時代の日本の知識人はそのような批判に価していたことを認めることはできないことはない。しかしながら，鶴見の日本知識人批判に対して，上野が「耳の痛い話です（笑）」(172)と即答したのは拙かった。というのは，上野と同世代の筆者自身，ヨーロッパ政治の研究を僅かではあるが齧っている者として，ヨーロッパ人研究者の研究に多くを教えられて来ているのは当然であるが，鶴見の言うような「上から降ってきた教科書をこな」したつもりになったことは一度もない。

158

第4章　戦後思想史において『思想の科学』とは何であったのか

　ただし，鶴見・上野・小熊の鼎談は，上野の脱線発言直後の小熊による
絶妙な発言で，波風立たない円満な鼎談が続けられたのは幸いであった。
小熊はこう述べた。「だけど上田〔辰之助〕さんの提案で，武谷さんも丸山
さんも鶴見さんも納得したというのは，丸山さんのいう「ササラ型文化」
の具体例みたいなものですね。原点というか，根元に返ればつながってい
るという」(172-3)。鶴見はすかさず応じた。「そう。その根元になってい
たのが，戦争中をどう過ごした人かという信頼関係だったんだ」(173) と
いう鶴見の名発言であった。

Ⅲ　『思想の科学』の 50 年

　さて，今から見れば，ある意味で，ユーモラスなドタバタとした思想雑
誌として出発した『思想の科学』は，50 年間の変遷を続けながら，刊行
を継続した。どのように変貌したのか，50 年間の『思想の科学』とは，
いったい何であったのか，考えてみたい。話の切り口は，前節と同じく，
鶴見・上野・小熊の「鼎談」をベースにしてスタートする。

　小熊は鶴見にこう問いかける。「1946 年に『思想の科学』を出して，当
初の反響はかなり上々だったわけですね」(206)。鶴見はこう答えた。

　　そう。私も戦中に考えた「言葉のお守り的使用法について」を書い
　たり，和子もプラグマティズムの批判をしたり，いろいろ書きたいこ
　とが多かった。
　　……若槻礼次郎にインタビューに行ったのもそのころです。あれ
　は「私の哲学」というインタビュー連載企画の 1 つで，若槻さんのほ
　かにもいろいろ有名な人に話を聞きに行った。もともとは『思想の科
　学』を売りたいという発想から出てきたもので，あとで単行本になっ
　たりするんだけど，若槻さんには人間の大きさを感じたな。あれこ
　そ，日露戦争以前の明治の知識人，自分をつくる知識人だった。
　　彼は捨て子で小学校しか出ていない。小学校を出るとすぐ校長にさ

159

れた。学校が終わってから川で魚を取ったりしていると，周りの人が
「あんなに優秀なんだから，東京に送り出してやろうじゃないか」と
言ってお金を出してくれた。そして図書館に通って自習して大学に
入って，首相まで行くんだ。

　私が訪ねて行ってもまったく威張りもしないし，見栄も張らない。
夏だったんだけど，裸同然みたいな格好で出てきて，「両親の顔も知
りません」とか平気で言うんだからね。それまで私が知っていた日本
の知識人とか政治家とかとは，まったく違う日本人がいると思った。
インタビューしたあと，「談話の整理とかは，全部おまかせします」
と言ってくれてね。(206-7)

　「言葉のお守り的使用法について」は鶴見の重要な論文である。鶴見和
子の「プラグマティズムの批判」も当時の彼女の当時の政治的立場を考え
ると貴重な論文だと予想がつくのだが，両論文とも検討するまでに至らな
くて残念に思う。とはいえ，まだ年若い鶴見が「日露戦争以前の明治の知
識人」である若槻礼次郎にインタビューに行った話は，『思想の科学』初
期の大ヒットにあたると言ってよいのではなかろうか。

　続けて，小熊は観点を変えて鶴見にこう質問する。「敗戦直後の時期
は，みんな新鮮な言論に飢えていて，新規創刊の雑誌はよく売れたようで
すね」(207)と。この問いに鶴見は次のように答える。話は一転して行く。

　『思想の科学』も，創刊号は1万部出して売り切れました。ところ
がそのあとだんだん部数が落ちて，それを超えたのは，それから15
年経った1961年の天皇制特集号を出したときです。あのときは1万
7千部行きました。その1万7千部を超えたことは，『思想の科学』
50年の歴史のなかでありません。

　あのときは，当時の発売元の中央公論社が嶋中事件……で慎重に
なって，天皇制特集の原稿がもう集まっていたのに，出さないと言っ

第4章　戦後思想史において『思想の科学』とは何であったのか

てきたんだよ。それで編集部のなかで，どうしようかという相談に
なって，私は「ガリ版で出せばいいじゃないですか」と言った。だけ
ど，『朝日新聞』の論壇時評で，都留重人さんが言論弾圧に妥協する
なっていう批判をしてね。

　それで，『思想の科学』として新しく会社をつくって，出すという
ことになった。それで自分たちでも，資金の都合はつけたんだけど，
まったく別に勁草書房の社長だった井村寿二が，社業と別に個人とし
て100万円を貸してくれた。……貸してくれた方は，お金は帰ってこ
ないだろうと思ったんだろうけれども，天皇制特集号を出したら売れ
て，けっこう余剰金が出て，2年間のうちに100万円を全部返した。
……

　あれが売行きのピークだね。そのあとは，加太こうじと，上野博正
がお金を注ぎ込んでくれて，50年続いた。私も半分くらい出したん
だけど，べ平連と『思想の科学』の両方を背負ったときは苦しかっ
た。(207-8)

『思想の科学』として新しく会社を作ったことは，『思想の科学』にとっ
て大きな転機となった，ということができるだろう。鶴見は「苦しかっ
た」と回顧しているが，加太こうじと上野博正の貢献は大きい。と同時
に，『思想の科学』も変貌してゆくことは当然のことであった。鶴見は加
太こうじについてこう述べる。すなわち「民間のアカデミズム」路線から
少しずつ離れて行くようになる。鶴見は次のように述べている。

　加太さんは，最後まで，まったくのマルクス主義者だったんです
よ。彼は，日曜版の『赤旗』をつくっていた人なんだ。それがなぜ，
『赤旗』じゃなく『思想の科学』の方に入れ上げたかというと，彼は
小卒なんだ。彼が共産党の本部に行って，たとえば教育政策について
意見を述べると，幹部なんかが「ああそうですね，加太さん」とか言

161

うだけなんだって。ところが，加太さんが『思想の科学』の方に来て，たとえば森毅と座談会をすると，森さんはちゃんと真面目に応えてくれる。その感触が全然違うから，加太さんは自分の稼ぎから，驚くべき金を『思想の科学』の出版に費やしてくれたんですよ。

　まあ私は，共産党の存在は認めていますよ。だけど共産党というのは，やっぱり東大出が偉いところだよね。私がいまの共産党に言いたいことは，思うようなかたちで政治に関心を持ってくれない庶民を叱るなということ，それだけだ。とにかく加太さんと上野博正のおかげで，96年に休刊するまで『思想の科学』は続いたわけ。(208-9)

鶴見が言うように，「共産党というのは，やっぱり東大出が偉いところだ」が重要である。この頃，『思想の科学』と共産党は対抗関係を明らかにしてゆく。鶴見が「いまの共産党に言いたいことは，思うようなかたちで政治に関心を持ってくれない庶民を叱るなということ，それだけだ」という断言は興味深いものがあり重要である。

　とはいえ，次のような小熊のコメントも無視できないものがある。小熊は次のように言う。

　初期の『思想の科学』は，アメリカ哲学の紹介をはじめとした啓蒙的な路線をとっていたわけですが，1950年代に入るころから，各地に読書会のサークルを組織して，そのサークルから現場報告を募ったり，ライターをリクルートするという方法に変わっていきますよね。(209)

この問いに対して鶴見はこう応答する。

　売行きが落ちてきたころ，1950年ぐらいだったかな。私はもう京大に勤めていて，東京から夜行で京大に通っていたんだ。それである

162

第4章 戦後思想史において『思想の科学』とは何であったのか

夜中に熱海を通ったとき，熱海に岩波書店の別荘があって，その日は
そこに丸山眞男さんが泊まっていることに気づいた。「ああ，ここで
降りれば丸山さんがいるなあ」と思って，降りて訪ねて行ったんだよ
ね。
　……彼が言うには，「支部をたくさんつくって，そこの支部1つ1
つから，ライターを求めて，やっていけばいいじゃないか」と言って
くれたんだよ。……
　……だから『思想の科学』に支部をつくれと言ったのは，丸山さん
が初めてなんだよ。(209-10)

　丸山が「支部をつくれ」と言ったのは，実に重要であると思う。丸山の
本来の『思想の科学』観がよく出ている名言ではないだろうか。これに対
する鶴見の見解には筆者は少し満足できない。鶴見はこう述べている。

　私は丸山さんみたいな意味での啓蒙家ではない。啓蒙というのを，
上から教えられて導かれましたという意味で使うなら，ちがうと思
う。ただ，私なんかの意図から外れて，突発的にばーっと喚起されて
しまったというような効果は認める。
　やっぱり突発的に起これば，啓蒙もたいへんにいいことじゃないの
(笑)。たとえば，私が『振袖狂女』という映画の批評を『映画評論』
に書いた。それを新潟で21歳の電気溶接工をやっていた佐藤忠男が
読んで触発されて，『思想の科学』に投稿してきたんだ。その投稿を
1字も削らず，1字も足さず，私が掲載した。それが映画評論家とし
ての彼のデビューだ。……「啓蒙しよう」と思ってしたんじゃない。
(211-2)

　たしかに，丸山のように教壇なり，研究指導や，学術論文という体裁
で，『思想の科学』は「啓蒙」をしているわけではないかもしれない。し

163

かしながら,『思想の科学』は全体として,「啓蒙」という存在ではないのだろうか。佐藤忠男が『思想の科学』を読み,『思想の科学』に投書し,それが掲載されて行くプロセスは,「啓蒙」の展開ではないだろうか。端的に言えば,鶴見は,丸山とは違った意味でありながら,丸山以上に啓蒙家ではないだろうか。

したがって,小熊の発言,「「啓蒙」は enlightenment,つまり「火をつける」ということですから,元来の意味はそういうものじゃないですか」(212) は正鵠を得ていると思われる。

ただし,筆者としては,鶴見や小熊と違う別の観点も持っている。それは日本共産党の目に見えないような穏やかなかたちでの『思想の科学』対策での路線変換である。すなわち,筆者は大学生時代,学生自治会運動執行委員の経験を持ったが,当時のわれわれ執行部は「構造改革派」であったが,われわれの大学自治会の反主流派は,共産党傘下のいわゆる「民青」であった。これには何かと悩まされた。これは独断になるかもしれないが,この「民青」派は,われわれ「構造改革派」以上に「修正主義路線」,「大衆化路線」だった。そこから類推するのだが,共産党の『思想の科学』対策として,サークル活動への浸透を重視する「民青」的「大衆化路線」政策をとりつつ,ロックフェラー財団の補助を受けている『思想の科学』のアメリカ追随を共産党が激しく攻撃していたことを目にしていた個人的経験があるからである。

『思想の科学』は次第に変容して行く。上野千鶴子は次のように問う。すなわち,「少数精鋭の同人で始まった『思想の科学』が,一般からの投稿を受け入れるようになったのは,どういう経緯からなんですか」(212)。鶴見はこう答える。

　　　それは,もともと私の発想じゃなかった。大野力という,群馬県の共産党の地区委員をやった人物が,共産党を除名されたころから,『思想の科学』の同人に入ってきた。そして,彼の知合いで同人に入

第 4 章　戦後思想史において『思想の科学』とは何であったのか

りたい人がいたんだけれど，その当時は同人 2 名の推薦がなければ入れない。それを取っ払っちゃって，誰でも入れるようにしようということを彼が言ったんだ。そこから，同人以外の寄稿を受けつけることも起こった。

　その結果いろんな人が入ってきたんだけれども，当時の実務をやってくれていた市井三郎がものすごい打撃を受けちゃってね。つまり近くの同人がやって来て，市井三郎の勉強の時間を奪うわけ。彼は阪大の理学部で化学の出身なんだよね。そして哲学は素人だったので，一所懸命に哲学史を勉強した。……ラッセルの『西洋哲学史』〔ラッセル，1959〕というのは，彼が全部自分ひとりで訳したんだから，たいへんな勉強家なんだよ。それで，記号論理学も勉強したいとか考えているときに，いろんな人間にわっと入ってこられて，いろんなことを言われてたいへんに困った。それで彼は私に，大衆化はやめようという意見を強く述べる葉書をくれた。(鶴見・上野・小熊 2004, 212-3)

　後世の者として，何も知らないくせに余計なコメントを差し挟むことを許していただきたいのだが，筆者は，「『思想の科学』の大衆化はやめよう」という市井の意見に賛成したい。鶴見は，小熊，上野との鼎談において，市井のことには，それ以上言及していないが，他の座談の記録「雑誌『思想の科学』の終わりと始まり」(鶴見，1997) で市井のことに触れている。大事な箇所なので，ここで紹介させていただきたい。鶴見の回想は『思想の科学』の設立初期から始まる。

　鶴見は，「鶴見さんご自身は，どのような構想をもっていたのですか」という質問者北沢恒彦 (編集者)，小笠原信夫 (技術者)，塩沢由典 (経済学者) の設問に次のように答える。

　構想というか，ヴィジョンはささやかなものです。戦争中に横行した論壇の哲学があまりに浮きあがっていたでしょ。だから，はっきり

165

と根拠というスタイルをつくっていこう。そのことに尽きますね。そこからはじめて雑誌を編集し，雑誌を出していくうちに，状況との取り組み方からルールが出てきたんです。プラグマティズムの考え方なんですがね。

　私はいま「ルール・オヴ・サム」という言葉が大好きなんです。ルールというのは尺度。サムは親指。自分の親指の尺度ということですね。……『思想の科学』をやってきた50年で，いろんなことがあったから，それぞれのときに「ルール・オヴ・サム」が出てきた。この「ルール・オヴ・サム」はイギリスの日常語としてあるんです。市井三郎がイギリス留学から帰ってきたときに，しきりに使っていました。……

　たしかに50年後の『思想の科学』は，最初の1年，いまもある市政会館の時計台の下の部屋に集まってやった会議にくらべて，理論のレヴェルは低いんです。46〔1946〕年に渡辺慧，武谷三男，丸山眞男，宮城音弥，都留重人，南博がもっていたレヴェルから見ると……。(鶴見 1997, 200-1)

　鶴見の回想談はまだまだ続く。その中で市井三郎との最初の出会いの場面も語られる。感動的なシーンである。塩沢・中川の設問，「『思想の科学』を創刊して，最初の手応えはどんなものでしたか」に答えて鶴見はこう言う。

　創刊号は32ページでしたが，浦和にあった印刷所に原稿を持っていき，校正して，できあがった雑誌を100冊持って，新橋駅のプラットホームの売店に置いてもらった。それからまた100冊持って有楽町駅に行ったんです。

　ある日の夕方，市政会館の時計の下の部屋で1人で座っていると，いつのまにか暗くなってきた。そこに，フワーと人が入ってきて，

第 4 章　戦後思想史において『思想の科学』とは何であったのか

　「この雑誌の感想を書いたんだけど，住所を見ると近くだったの
で，ここまで歩いてきた」。

　そういう。市井三郎なんですよ。はじめて会ったんです。市井さん
は，いまは，占領軍の海軍病院に通訳として勤めている。阪大理工学
部化学科を出て，もう細君をもらい子どももいる。敗戦のとき，マル
クス主義と近代の科学理論とをあわせ，新しい立場の学問をつくらな
ければならないという考えに燃えたけど，哲学科出身じゃないので自
前の学問をやらなきゃいけない。そう話したのです。『思想の科学』
を訪ねてくるきっかけは，私が有楽町駅に置いた 100 冊のうちの 1 冊
を買って読んだからです。その感想を書いて来た。市井三郎が 8 番目
のライターになったんです。これは『思想の科学』という雑誌にとっ
ての「ルール・オヴ・サム」になった。読者がライターになるという
やり方です。(202-3)

　以上のようにして，市井と『思想の科学』の関わりについて長々と市
井について記したのは，筆者が，『思想の科学』における「8 番目のライ
ター」になった市井の存在の重さに注目しているからである。
　さて，続けて，前述の鶴見・上野・小熊の「鼎談」に話を戻したい。鶴
見によれば，市井三郎は「大衆化はやめようという意見を強く述べた葉
書」を鶴見に送ったわけであるが，鶴見にすれば，なんとなくその大衆化
の方向に行った。「そうしないと雑誌も売れなかったしね（笑）」というわ
けであるが，いかにも鶴見らしい対応，「大衆化路線」への決断である。
市井三郎も，だからと言って，鶴見と決裂して『思想の科学』を脱退した
りはしなかった。そこが市井は偉い，と筆者は思う。鶴見は，結局は，
「もう大衆化したんだから，やってしまえ」という方向をとることになる
（鶴見・上野・小熊 2004，212-3）。
　とはいえ，鶴見によれば，「大衆化する以外の選択の機会もあったん
だ。というのも，最初の同人には英語を話せる人間のパーセンテージが高

167

かったということもあって，ロックフェラー財団が補助してくれた」(213)
事情があった。

　ところが，鶴見によれば，「1950年ごろに，その補助の問題で総会が紛
糾」した問題が起きた。その当時，井上清・奈良本辰也・林屋辰三郎と
いった共産党系の歴史家が会にいた。彼らが「アメリカ帝国主義の補助を
受けるな」と主張した (213)。鶴見はこう言う。「それで紛糾したあげく，
補助を返上しようという結論になって，こっちから切ったんだよ。もうそ
うなると，これは雑誌を売ることによってベースをつくらなきゃならない
でしょう。となれば，大衆化路線というのは，その帰結だったんだ。丸山
さんが支部をつくれと言ったのも，ちょうどそのころです」(214)。

　ここで，上野が「そうですか。大衆化というのは，鶴見さんの思想から
意図的にやってこられたのかとばかり，私は思っておりました」(214) と
相槌を打つのは，鶴見に対して失礼ではないかと思う反面，あるいは，正
解かもしれないといってよいのではないだろうか。しかし，それ以上に，
鶴見の応答が冴えている。鶴見はこう言う。

　　歴史というのは必然じゃなくて，偶然の要素が多いんだよ（笑）。
　　だけど「アメリカ帝国主義と手を切れ」という声に対して，私は
　ノーとは言わなかった。大衆化のなかから，別の道が開けるんじゃな
　いかと思った。実際に，その結果として，突発的に佐藤忠男とか，上
　坂冬子が出てきたわけだから。(214-5)

　鶴見の「私はノーとは言わなかった」がポイントである。とにかく『思
想の科学』はオープンであったから，共産党系知識人が『思想の科学』に
多数押し寄せて来るのも政治の論理として理解できる。同じような例とし
て，話は飛ぶが，『べ平連』に全共闘シンパが多数押し寄せたのも，彼ら
の論理を『べ平連』をとおして発現しようとしたのではないだろうか。

　もう1つのポイントとして，「大衆化のなかから，別の道が開ける」結

第4章　戦後思想史において『思想の科学』とは何であったのか

果として，佐藤忠男と上坂冬子が『思想の科学』に出現したことも重要である。これについては，上野が「私は，鶴見さんのそういう学校エリートとは違う「庶民の知性」の発掘という姿勢は，鶴見さんの戦争体験から出てきたものであって，それが『思想の科学』の大衆化路線と結びついたと思っていたんですが」(215) と問う。これに対して，鶴見はこう答える。

　　それは結果的に絡んだんだ。たしかに私が戦争体験から得たものは，知識人と知識人じゃないものとの境界線はない，大学を出ているとかは問題じゃない，という見方だった。だから私は，……学歴のない人で物を書ける人に肩入れする。それはずーっとやってきた。だけど，それと『思想の科学』の大衆化路線が結びついたのは，あくまで結果です。(215)

　はっきり言って，上野の問いも鶴見の答もどちらにも「理」があるような気がする。それはともかく，「『思想の科学』の大衆化路線」というテーマは重要である。これについて，小熊は次のように問題を立てる。

　　大衆化路線に絡んでおうかがいしたいのですが，1950 年代の初めからは，共産党がなかば非合法化されて，サークル活動への浸透を重視していきますよね。それで，山村工作隊を兼ねて農村への聞き書き調査活動などが始まり，鶴見和子さんも石母田正などと一緒に，労働者のサークルで文集をつくる方に入っていく。そして『思想の科学』の誌面でも，サークルで書かれたものを載せていったりしたわけですけれども，そのへんは同人でいらっしゃった共産党の方々の影響というのはあったわけですか。(216)

　事後的に言えば，「共産党の方々の影響」もあったと言えるだろうと筆者は思っている。しかし，鶴見は次のように答えている。

169

「共産党の影響」というよりは，やっぱり個人的な影響ですね。当時の時代の雰囲気もあったでしょう。……私は，共産党は存在としては認めているし，個人的に仲のいい共産党員は多かった。……

……だけど共産党員として，私を当時の党の方針にひっぱりこんで大衆路線に誘導した，とかじゃないんだ（笑）。

困ったことといえば，現役の共産党員と，共産党から除名されたマルクス主義者たちとの闘争というのが，『思想の科学』の場で行なわれたことがしばしばあったことだね。これは困った。(216-7)

筆者としてコメントすれば，「現役の共産党員と，共産党から除名されたマルクス主義者たちとの闘争」が『思想の科学』という場で展開されたということが，日本共産党史にとっても『思想の科学』史にとっても重要なのではないかと思っている。

さて，小熊は，さらに話を進めて，『思想の科学』と「労働者サークルの活動」という，より実践的な問題を提起する。すなわち，小熊は，「ついでにおうかがいしてみたいのは，和子さんのように，労働者サークルの活動に入っていこうとかは，鶴見さんご自身は思われなかったんですか」(217) と，鶴見に問う。鶴見はこう答える。

和子のように一緒に作文をやるとかはしなかったけれど，サークルはずいぶん回った。当時は『思想の科学』の読者サークルはたくさんあって，そのなかで面白い人も出ている。

たとえば社会学者の見田宗介は，彼が20歳くらいのときサークルで出会った人なんだ。彼は1937年生まれだから，当時はまだ東大の学生だったと思うけれども，私は彼に会ったときに，「前にあなたの写真を見たことがあるね」って言ったんだ。そしたら「そうですか」と言うんだよ。その写真というのは，彼が小学生のときに，『アカハタ』をよく売る立派な小学生ということで記事が出ていたんだ（笑）。

第4章　戦後思想史において『思想の科学』とは何であったのか

（217）

　見田宗介は，その後，東大教授であるだけでなく，『思想の科学』に
とって重要な著作家となる。見田宗介についての鶴見の話はまだまだ次の
ように続く。

　　　彼はマルクス主義哲学者の甘粕石介の息子なんだ。「資本論もよく
　　わかる小学生」とか記事には書いてあったな（笑）。
　　　彼は中学校まではマルクス主義者で，思想はそれだけが絶対だと
　　思っていたのが，高校生になると疑問をもちだしたんだね。それでそ
　　の後は，城戸浩太郎のやっているようなグループと接触して，マルク
　　ス主義を否定するわけじゃないけれども，少し違う方向に進むように
　　なった。だけど彼は，それまでのつき合いのなかでは，自由に自分の
　　考えが発表できない。それで，『思想の科学』がやっていた戦後史研
　　究会とか，「ユートピアの会」なんかに顔を出すようになった。
　　　彼は偶然に高学歴で東大出だけれど，面白い秀才だと思うね。偶然
　　に向こうからやってきた人なんだけれど，『思想の科学』の流れが，
　　彼によって新しくなった部分がある。(218)

　見田宗介の『思想の科学』への貢献は大きい。筆者は，それほど熱心に
『思想の科学』を読んだ方ではないが，何時も見田の書いたものには注目
していた思い出がある。小熊が，次のように，鶴見の話をフォローしてい
るのが印象的である。

　　　見田さんがやった流行歌の研究とか，のちに彼の『気流の鳴る音』
　　（筑摩書房）〔真木，1977〕に結実する宗教やカスタネダへの関心とか
　　は，もともと鶴見さんの著作や『思想の科学』に原型があったものだ
　　ということは，私も最近調べてみてよくわかりました。(218)

171

もう１人の鼎談者上野も，見田を次のように大きく評価している。

　　身の上相談の研究もそうですね。見田さんの研究は，歴史に残る古
　典になりました。……
　　見田さんも当時は無名の若者だったと思いますが，そういう無名の
　若者や庶民の人たちと，まめにサークルを歩いてつき合ってこられた
　んですね。相当の時間とエネルギーを使って。(218-9)

　遅ればせながら，筆者も，見田の著書『気流の鳴る音』(真木，1977) へ
の賛辞を，50年近く後になって述べたいと思う。それは，次のような「あ
とがきの」の一節に感銘したからである。見田は次のように書いている。

　　生きられたイメージをとおして展開される論理は，抽象化された記
　号の進行する論理とくらべて，かえって伝わりにくいこともある。け
　れども後者の，抽象の地平におけるわかりやすさとは，ひとつの貧し
　い自己完結にすぎない。「理解することは変わること」(サルトル) な
　のだ。イメージの論理もまた，もうひとつの貧しい自己完結となる可
　能性をいつももっている。けれどもそれが，その中核に硬質の論理を
　もっているかぎり，はるかに巨大な生活の生成力をもつことができる
　という可能性の方に，いまの私は賭けたいと思う。(真木 1977，191)

　筆者の，陸上競技の用語にある「フライング」かもしれないが，見田の
語り口は，まるで「鶴見ぶし」を聴くような気がする。それはともかく，
駄洒落を続ければ，当時の見田は，『思想の科学』のほうに，「いまの私は
賭けたいと思う」と思っていたのではないだろうか。
　ところで，鶴見は，彼らしく話を自分の方へ持ってゆく。鶴見はこう言
う。「疲れたね。年がら年中，１日中回っていたわけよ。体力があったね
え。だけど疲れた (笑)」(鶴見・上野・小熊 2004，219)。そこが，鼎談の面

172

第 4 章　戦後思想史において『思想の科学』とは何であったのか

白さと言えなくもない。

　このあたりで，鶴見・上野・小熊の「3 者鼎談」からの長々とした引用
は終えたい。筆者として簡単に小括すると，『思想の科学』の「50 年代の
葛藤」のポイントは，意図的なものではなかったかもしれないが，『思想
の科学』の，ある意味で，目立たない戦略転換になったのではないかと思
われる。

　すなわち，それを約言すれば，鶴見の一言，「『思想の科学』の流れが，
見田宗介によって新しくなった部分がある」に象徴されると思うものであ
る。

　言いかえれば，丸山が心に描いていた異分野交流の民間アカデミズムの
形成から，「大衆化路線」への変容である。ただし，「大衆化」のイメージ
とデザインは，日本共産党，鶴見，高畠，市井，見田によってそれぞれ
違っていた。鶴見の絶妙な表現を借用すれば，「リーダーによって違う」
ということになろうか。

　ここで，また，『期待と回想』（下巻）（鶴見，1997a）の第 10 章「雑誌
『思想の科学』の終わりとはじまり」における鶴見の発言に戻りたい。ま
ず，塩沢・中川の設問は以下のようなものである。

　　　『思想の科学』は，1959 年 1 月号から 61 年 12 月号までを中央公論
　　社から刊行し，62 年の新年号の「天皇制特集」が廃棄処分にされた
　　ことで，自主刊行に踏み切る。自主刊行 10 周年の 70 年から雑誌の雰
　　囲気が大きく変わってきたと思います。状況を見据えるような原稿が
　　多くなった。この変化は意図的なものだったんですか。（鶴見 1997b,
　　208-9)

　これに対する鶴見の回答は鮮やかである。少し長くなるが引用しておき
たい。鶴見は以下のように言う。

173

それはリーダーによるんです。当時は高畠通敏（政治学者）が編集
　の中心の時代でした。高畠さんはきわめつきの秀才なんです。ところ
　が「転向研究会」に入って転向論に力を注ぎ，助手論文を書かず，東
　大を出ざるをえなくなった。丸山眞男さんはかれが正統の学問から離
　れることを心配していました。70年ころに，高畠さんが立てた特集
　「学問の入門シリーズ」「管理社会」は，学界的な意味ではオリジナル
　なんです。「管理社会」という問題は，高畠さんが特集をつくってか
　ら広く使われるようになった。(209)

「管理社会」という学術用語の命名は，高畠の政治学界における偉大な
業績だと思われる。それが『思想の科学』を通して広がっていったという
ことはあまり知られていないのではないだろうか。
　「リーダーによって違う」と鶴見が言う第2の例は加太こうじである。
鶴見は次のように言う。

　　その後は，加太こうじです。加太さんは戦前からの左翼なんです。
　戦後，『赤旗日曜版』をつくった1人なんですよ。
　　加太さんは，自分が共産党の本部に行き，なにをいっても「そうで
　すね」といわれるだけだったと話していました。……ところが『思想
　の科学』に来ると，どんな議論を出してもきちんとやる。そういって
　ました。加太さんは公式のマルクス主義者なんです。しかし『思想の
　科学』の編集・刊行に対して責任をもち，糖尿病で倒れるまで長くつ
　づけました。80年に発行人になり，たいへんな額の金銭を負担した
　んです。京都での編集会議にも自前でやってきた。
　　あるときから大学風じゃなくなるのですよ。つまり，加太さんが
　リーダーになるような会になったんです。(209-10)

「あるときから大学風じゃなくなる」と鶴見は言っているが，たしか

174

第4章　戦後思想史において『思想の科学』とは何であったのか

に，高畠と加太はタイプが違う。そこが『思想の科学』のユニークなとこ
ろかもしれない。

　さて，『思想の科学』の自主刊行への移行における都留重人の活躍に話
を移したい。鶴見は次のように言う。

　　　自主刊行なんですが，このときの根回しは都留さんがやったんで
　　す。……
　　　「どうするんだ」というから，私は「ガリ版ででも出す」といっ
　　た。都留さんは「ガリ版はいけない。あれは財産なんだから，私が
　　ちゃんとお金を出すように手配しているから，そこに行ってお金をつ
　　くって出しなさい」と。そこで井村寿二さん個人から100万円のお金
　　を10人の名前で借り，自主刊行の資金にしたんです。それに，都留
　　さんは井村さんから借りていた銀座の事務所を明け渡して，無料で
　　「思想の科学」の事務所にしてくれた。根回ししたのは，都留さん個
　　人なんです。新聞で批判し，自主刊行の根回しをやったんです。
　　　この自主刊行の創立集会は，立教大学の高畠さんの研究室で開きま
　　した。……
　　　社長は久野収さんで営業部長が市井さん，主任が高畠さん。市井さ
　　んの運転するオートバイの後ろに高畠さんが乗って紙屋からぐるぐる
　　まわり，自主刊行に入った。その第1号，62年3月の「天皇制特集
　　号」が1万7千部売れたんです。……その後，売れ行きが下がり，赤
　　字になっていくんですが，そのうちに大野力さん（評論家）が入って
　　きて営業部長になった。大野さんは経理に明るいから，ゆっくりと立
　　て直していくんですよ。高畠・大野コンビで『思想の科学』を立て直
　　らせていった。(210-1)

　ここに，見られるのは，鶴見を中心とする『思想の科学』を支える，あ
るいは動かす面々である。あえて上記引用文から拾うと，都留，高畠，久

175

野，市井，大野といったそうそうたるメンバーである。『思想の科学』中興の祖といってもよいだろうか。

さて，鶴見は，同時に，この時期の，戦後思想の大課題においても，獅子奮迅の大車輪の活躍をすることになる。すなわち「ベ平連」である。鶴見は次のように回顧する。

　　　高畠さんがベ平連をつくるんだけど，運動は 66 年，67 年，68 年と大きな波になるでしょう。高畠さんや私の予想を越えて，どんどん広がっていった。いつのまにか『思想の科学』はベ平連の後ろにある雑誌と思われ，ベ平連からくる書き手が共産党の悪口を書く。それは私の本意じゃあないんです。……

　　　京都で，作田啓一さんに呼びだされることもあった。……作田さんは私に，「この雑誌はつまらないし，意味がない」といった。

　　　……作田さんから見ると，ベ平連が広がり『思想の科学』が売れたこの黒字時代というのは，すごくいやだったんです。「石の墓に矢を射るようだ」といった。売れた時代は中味はよくなかった。そのことは私もわかっていた。結局，人生は河 白 道。売れてもよくない。売れなくてもよくないんだ。(211-2)

たしかに，作田啓一がそのように鶴見に抗議したのは分からないでもないが，作田と親しい京大の筆者の友人は，このエピソードを知らなかったようである。友人は近く作田に聞いてみると言っていた。その後連絡がないまま，数年たってしまった。さて，話題を変えて，塩沢・中川は次のような設問をする。

　　　中央公論社からの『思想の科学』の第 1 巻を読んでいましたら，桑原武夫さんが「研究者と実践者」という論文を書いていました。……この文章は 1959 年に書かれたものですが，桑原さんは，70 年以降の

第4章　戦後思想史において『思想の科学』とは何であったのか

『思想の科学』をどう見ていたのでしょうか。(214-5)

鶴見はこう答える。

　　桑原さんはベ平連そのものをサポートしていましたからね。桑原さ
　んは物事を大づかみにつかむでしょ。「正しさ」だけでなく、「実現可
　能かどうか」を見て、ベ平連の目標は実現可能だと思っていたので
　す。……
　　桑原さんは、国家の力によらなければ日本の重大なことは結局はで
　きない。しかし国家の力に全部を任せるようなことがあったら、日本
　は終わりであるという考えなんです。なぜなら日本人は大したことが
　ない。個人がしっかりしていないからだ。すぐれた仕事というもの
　は、本来は国立大学などとはまったくちがうところからしか出てこな
　い。しかし日本にはそういう場所がないのだから、学問は大したもの
　にならない。桑原さんは、そういうふうに屈折して考えていた。……
　福沢諭吉とはずいぶんちがうと思いますね。福沢諭吉は、民衆がしっ
　かりしてはじめて国家という自信と希望があるという考えなんだが、
　桑原さんは国家に頼らなければいまの日本では何もできない、そうで
　ある以上、結局、大したことはできないと考えていた。(215-6)

　鶴見によれば、桑原武夫は、「国家の力によらなければ日本の重大なこ
とは結局はできない。しかし国家の力に全部を任せるようなことがあった
ら、日本は終わりである」と考えていたと同時に、「すぐれた仕事という
ものは、本来は国立大学などとはまったくちがうところからしか出てこな
い。しかし日本にはそういう場所がないのだから、学問は大したものにな
らない」と考えていたところが重要な優れた考察だと思われる。そのよう
に考えている桑原が、『思想の科学』創刊号を読んで、直ちに鶴見を京都
大学人文科学研究所に招聘したことは、想像を絶する快事だと思われる。

177

これにいたる経緯については，黒川創が述べていることが参考になる。すなわち，黒川は次のように述べる。1948年春，東北大学法文学部助教授桑原武夫から突然に連絡があり，東京にいる鶴見に会いに来た。自分は近く，京都大学に戻って，人文科学研究所西洋部の主任教授となるので，助教授として来ないかと誘った。桑原は京都帝大の生え抜きで，しばらくは東北大学に飛ばされていたが，捲土重来がかなって，学内にしがらみのない鶴見俊輔という俊英を引き連れ，旧帝大にも及んだ戦後改革の機運を生かして，ひと仕事をしようとの意気込みがあった（黒川2018，215-6）。『思想の科学』の出発と重なり，戦後の日本の大学も新たなスタートが開花して行く素晴らしいエピソードだった。

　さらに，桑原の偉大さを感じるのは，鶴見が紹介する次のようなエピソードである。

　　桑原さんは対馬忠行（思想家）が自殺したとき，「対馬忠行の死に涙をこぼさないものは，学者のはしくれではない」といった。私はびっくりしましたね。いまでも鮮やかに覚えていますよ。対馬忠行は，戦後は反スターリン主義の先頭になりがんばったでしょう。トロッキーの研究をガリ版で出したりしていた。細君が亡くなり自分は老人施設に入ったんだが，最後は希望を失い瀬戸内海に飛びこんだ。どう考えても，反権力としてさえ功成り名遂げたとはいいがたいですね。しかしオリジナリティーをもっていた。それに対する惻隠の情を桑原さんはもっていたんです。私が桑原さんに感心するのはそういうところなんです。よく目の届く人ですよ。（鶴見1997，216-7）

　「よく目の届く」のは，鶴見もそうである。ひょっとしたら桑原ゆずりなのかもしれない。さて，筆者が桑原の著作を読むようになったのは，高校3年生の時からであった。その年の夏の午前の高校の補習授業で，国語（古文）の教師から，「本日の午後，倉敷新渓園で，大原総一郎財団主催

第4章　戦後思想史において『思想の科学』とは何であったのか

で，桑原武夫が講演するが，ぜひ聴きに行くように」ということで当時高
校生の筆者は，そこに出掛け，名前も知らなかった桑原の講演を初めて聴
いたわけだが，大変面白かったことが忘れられない。その後，さっそく桑
原の著書『文学入門』（岩波新書）を高校の図書館から貸借して読み耽っ
た。

　後日，高校の文藝サークルで，桑原への感激を話すと，サークル顧問の
国語（現代文）教師は「桑原なんか，たかが，ブック・メーカーに過ぎな
い」と吐き捨てた。この教師は，郷里では著名な詩人であったから，そう
いう批判をしたのは分からないでもなかったが，桑原は三好達治の友人で
もあった。60年も前の小さな昔話にすぎない。

　現在の筆者は，そう言えば，鶴見も「ブック・メーカー」と呼ばれてい
たかもしれなかったかなと思っている。その当時の高校生の筆者は，鶴見
のことは全然知らなかったが，今，思えば，戦後の桑原を思想家として敬
愛する鶴見は，桑原と似たところがある。

　筆者は，田舎詩人の高校教師の「負け犬の遠吠え」とすませてよい話だ
とずっと考えて来たが，今ではこのように考えている。すなわち，「思想」
とは「書物」なのではないだろうか？　鶴見なら，カラカラと笑って否定
するかもしれない。しかし，彼の思想は「書物」を通して伝わる。だか
ら，さらに進めて言えば，「戦後思想」の問題は，「書物」だけではなく，
ジャーナリズムの隆盛と関連して来るのではないだろうかと考えている次
第である。

　ここで，筆者の私事にわたる些事を開陳させていただきたい。今や大学
図書館では禁帯出図書となっている名著『文学入門』（桑原，1950）を60
年以上振りに大学図書館地下書庫内で繙いて見たら，桑原は「はしがき」
で次のようなことを書いていたことを見つけた。

　　この本は学者のために書いたのではないが，そのことは文学の専門
　　家たちの批判をこばむことでは，もちろんない。この本への批判が，

179

もし日本に正しい文学理論を打ち立ててゆく上に，少しでも役立つなら，私は大へんうれしい。私はデューイ，リチャーズおよびアランから，多くのことを学んできた。しかし，この本を書くにあたっては，それらの本をなるだけ手許におかぬことにして，自分で合点のできているだけのことを書いた。この本の弱いところは私の弱さで，これらの学者たちの罪では決してない。(桑原1950, 2)

　ポイントは，若かりし桑原が「それらの本をなるだけ手許におかぬことにして，自分で合点のできているだけのことを書いた」ことである。それを60年以上後に読みかえした筆者は，「引用」ばっかりの文章を書いている。まことにお恥ずかしい限りである。

　さて，問題を，鶴見と「べ平連」と『思想の科学』の関係に移したい。塩沢・中川信夫（編集者）は，鶴見に，「鶴見さんはべ平連と「思想の科学」とのあいだの種差を意識されましたか」(鶴見1997, 217) と設問する。鶴見はこう答える。

　種差といわれるとすごくつらいですね。私にこの言葉を教えてくれたのは都留さんでしょ。ラテン語でいうと「ディファレンシア・スペシフィカ」。都留さんはラテン語をちゃんとやっているんです。私の中の「ディファレンシア・スペシフィカ」は，なかなか立てにくいんですよ。

　私個人にとって，ヴェトナム反戦は不合理なものから出てきますね。私を育ててくれたアメリカが，ヴェトナム戦争というとんでもないことをはじめた。アメリカの戦争に対する怒りが私に乗り移ってきて，ヴェトナム戦争に反対したいわけです。自分の内部に燃える火があるんですよ。でも『思想の科学』の場合は，燃える火があってはじめたわけじゃなく，なんとなくはじめ，やっているうちにスキャンダルをつくられて，やけくそになってやる気が生じて50年がたった。

第 4 章　戦後思想史において『思想の科学』とは何であったのか

　　　自分が一種の独裁者のような位置に立つのはよくないという感じは
　　つよくありますね。23歳のときはいいんですけど，73歳になったら
　　後ろにひいていかなければならない。自分をすっと抜きたい欲望です
　　ね。それがいま，自分を抜きえたところじゃないかな。(217-8)

　鶴見の回答は，なんだか問題をすり替えているような気がしないでもな
いが，「自分をすっと抜きたい欲望」という言葉に，筆者は感動する。そ
れについては，「Ⅳ　おわりに」で述べることにする。

Ⅳ　おわりに

　鶴見の『期待と回想』（下巻）（鶴見，1997）の「あとがき」は，「自己批
評——あとがきにかえて」と題されていて，雑誌『中央公論』深沢七郎
「風流夢譚」事件にからむ『思想の科学』（中央公論社刊）「天皇制特集号」
の，中央公論社社内自主規制による断裁につながって，鶴見をまきこむこ
とになった事件を回想している。

　鶴見によれば，中央公論社社長嶋中鵬二は小学校入学以来の友人であっ
た。どうすればよかったのかの対策を，1960年秋，鶴見がもちえなかっ
たということが37年たって嶋中鵬二の死をむかえた今，鶴見の中にある
という。この小説が社に来たとき，資金をつくり，深沢七郎に匿名で小冊
子として少部数印刷頒布するようにすすめることができたと思う，と回想
している。

　それは永井荷風が，大胆な性描写をふくむ『四畳半襖の下張り』を匿名
で世に送り，その原作者であることにしらをきりとおした生き方に通じ
る。荷風への傾倒にもかかわらず，嶋中がその道をひらかなかったのは残
念だ。そこに日本の知識人が共有する甘えがかもしだされる。そのわなに
落ちた，と鶴見は痛苦を込めて「自己批評」する（鶴見1997，238-40）。率
直に言って筆者は驚いた。

　「自分をすっと抜きたい欲望」と述べた鶴見は，やがて2010年に刊行さ

181

れた『もうろく帖』（鶴見，2010）で，次々と断片的で短く脈絡のない多数のメッセージを記してゆく。すなわち，『もうろく帖』は，ごく鶴見の短い言葉を記したり，他の人たちの言葉を断片的に短く抜き書きしたり，新聞のコラムを切り抜きした写真を貼りつけたりしたものではあるが，晩年の鶴見のキャラクターがよく現れているものである。以下，アトランダムに引用して行く。

　　　1995年1月6日：よぼよぼのじいさんと自分を見る。—　みずからをよぼよぼと見さだめることのむずかしさ，それには日々の努力がいる。（鶴見 2010, 43）
　　　1995年5月6日：『思想の科学』を支えた人びとに対する私の感慨。幕引きの時が来た。（48）
　　　私はここに自分の失敗の歴史を閉じる。—　久坂葉子の言葉を借りるなら，「何度目かの最期」。（49）

　鶴見が久坂葉子を引用して述べた「何度目かの最期」は感動的である。一見，鶴見はタフで柔軟そうに見えるが，実は辛難に満ちた生涯だったのではないだろうか。筆者は遠目から見て，そう思っている。余談であるが，桑原武夫や丸山眞男は，鶴見のいう「失敗の歴史」に同意するだろうか。こぞって「反対」すると思われる。

　『思想の科学』の終刊が1996年（鶴見編 2005, 331），鶴見俊輔の没年が2015年。月日の経つのは早いものであると実感する。『思想の科学』は輝いていた，と言っても過言ではないと思っているが，それにしては，筆者が論じていることは貧しく，低水準で，情けないと思う。論じなければならないことなのに，抜け落ちていることが多数あり，十分論じ尽くしたとはとても言えない。他日を期したい。

第 4 章　戦後思想史において『思想の科学』とは何であったのか

参考文献

黒川　創（2018），『鶴見俊輔伝』，新潮社。

桑原武夫（1950），『文学入門』（岩波新書；青版 -34），岩波書店。

鶴見俊輔（1997a），『期待と回想』（下巻），晶文社。

────（1997b），「雑誌『思想の科学』の終わりとはじまり」，前掲書，179-234 頁。

────（2010），『もうろく帖』，編集グループ SURE。

────（編）（2005），『思想の科学 50 年』（源流から未来へ），思想の科学社。

────・上野千鶴子・小熊英二（2004），『戦争が遺したもの──鶴見俊輔に戦後世代が聞く』，新曜社。

真木悠介（見田宗介）（1977），『気流の鳴る音──交響するコミューン』，筑摩書房。

丸山眞男（1952），『日本政治思想史研究』，東京大學出版會。

ラッセル，バートランド（市井三郎訳）（1959），『西洋哲学史』1 ～ 4，みすず書房。

第5章

「共同研究　転向」と鶴見俊輔

Ⅰ　はじめに

　鶴見俊輔が主導した「共同研究　転向」研究会という団体が成し遂げた成果は非常に大きなものをもっていた。その提起されていた問題を解明したいというのが本章の目的である。本章は，以下のようなかたちで論じられる。

　Ⅱ「「共同研究　転向」のモチーフ」においては，1954年の研究会の立ち上がりから，歴史的にたどりながら，「転向研究」の意義であったものを探ろうとした。

　Ⅲ「「共同研究　転向」研究会の発展と展開」においては，「鶴見の転向研究は，それ自体，現代日本の思想史を構成する貴重な内容になっている」と主張する高畠通敏の言説を中心に論じた。

　Ⅳ「転向の遺産」においては，戦後転向の問題を，清水幾太郎と西部邁をケース・スタディとして検討した。

Ⅱ　「共同研究　転向」のモチーフ

　鶴見俊輔著『期待と回想』上・下巻（鶴見，1997a・b）は，評論家北沢恒彦，松下電器副参事小笠原信夫，経済学者塩沢由典が聞き手となって，鶴見に質問し，鶴見がそれに答えるという座談会形式になっている著書であるが，その第4章「転向について」は，「共同研究　転向」のモチーフをよく物語っている。抜粋的に内容を紹介しながら，さっそく問題に入ってゆきたい。

　「鶴見さんの呼びかけで『転向研究会』が1954年にはじまって，その成

185

果が『共同研究　転向』全3巻として平凡社から刊行されています。上巻が1959年，中巻が60年，下巻が62年〔思想の科学研究会，1959・1960・1962 ──筆者〕。……ほぼ10年がかりの大研究だったわけですね」と北沢・小笠原・塩沢は聞く（鶴見1997a，179）。鶴見はこう答えている。

「転向というテーマは，1942年から私の中にあるんです。ヒントは帰国後手にいれた評論家手帖です。戦後，それに手をつけようと思ったらバーッと膨れてきて，自分個人のものじゃなく，『転向研究会』の共同研究というかたちになった。20年間，自分の中にあったテーマなんです」（179）。

これに対して，北沢・小笠原・塩沢はこう聞く。「1942年といえば鶴見さんが日本に帰ってきた年でしょう。そのとき転向というテーマが一挙に見えてきたんですか」（179）。これに対して鶴見の長い弁明が続く。重要な部分である。

　　そうです。全部，パッと見えてきた。それは自分の内部を通してるから。私はアメリカにいるときは日本はすぐに負けると思っていた。科学的な判断じゃないんです。負けるとき日本にいなければ，自分に対しての自分の存在感がなくなると思った。ところが　日本へ帰ってきたらなかなか負けないんだな，これが（笑）。自分もずるずるとジャワに行って，反戦の意志をいかなるかたちでも表現できなかった。「ああ，おれもずりおちたな」という自覚があった。……アメリカから帰ってきたら，軍国時代の言論の指導者が大正時代の平和主義の指導者と同じだった。このことはナチスドイツでも同じように起こったのか。ムッソリーニのイタリアではどうなのか。……さかのぼってローマ皇帝がキリスト教を受け入れたときはどうだったのか。権力と正義とが一致したという錯覚をもったとき，知識人はどうなるのか。それを全体として記述していく新しい枠を見つけたと思った。人間の思想史を書くキー概念ができたと思った。それはアメリカで勉

第 5 章　「共同研究　転向」と鶴見俊輔

強しているときの私には思いも及ばなかったヴィジョンだったんです。(179-80)

　これに対して，北沢・小笠原・塩沢は，さらに深く突っ込んだ質問をする。

　　たしかに『戦時期日本の精神史』〔鶴見，1982〕は，日本近代史を踏まえた巨視的な転向論になっていますね。時代の先が見えない中で開国に踏み切った幕末の思想の生産性に高い評価を与える。明治の 2 代目もそのことを自覚して欧米の植民地にならないよう国家のかたちをつくってゆく。ところが日露戦争（1904 年）のあと，日本の指導者層は東京帝国大学の卒業生によって占められるようになった。日本マルクス主義の草創期をつくった東大新人会の若い知識人たちの思想と，その後のかれらの転向を考えるうえでも，先の切れ目が重要なポイントになるというわけですね。1942 年に見つけた転向というテーマを戦後につなげてやってみたいと思ったとき，最初はどういう考えをもっていらしたんですか。(181)

　この問いに対して，鶴見は次のように答える。名回答であり，貴重な解答である。

　　大正，昭和の日本史の記述には，「こういうふうにしなければいけない」という理想主義を基準にして，そこでだけ思想史を記述するという考え方がありました。だから「野呂栄太郎はえらい」，「小林多喜二はえらい」というトップのところだけで見ていく。しかし，それとはちがう仕方で，はじめから「非転向だけがえらい」という立場を取るのではなく，「転向」によって見えてくる重大なものがあるだろうと思った。それが最初の考えなんです。(181-2)

187

鶴見は話し続ける。話のなかに，埴谷雄高，吉田満，葦津珍彦，林達夫といった異色な人たちが登場する。鶴見転向論の真骨頂である。鶴見は次のように発言する。

　その線上で考えたら，「非転向はいい，転向は悪い」という区分けだけでは見えないものがあるんです。その中で偉大だと私に思えたのは埴谷雄高です。戦後でいえば『戦艦大和ノ最期』の吉田満です。ともかく「非転向だけがえらい」という考え方から戦中に離れていたことはたしかなんです。

　私は葦津珍彦に非常に感心しているんです。葦津さんというのは市井三郎が『思想の科学』に連れてきた人で，1992年に亡くなったんですけど，亡くなる前に私にいいたいといって京都に来た。「私は敗戦のとき，これからは天皇の弁護人になろうと思った。弁護人は被告のいいところばかりではなく，悪いところもちゃんと知っている。しかし表だって活動するときには被告の悪いところはいわない。そのことを理解してくれ」それだけをいいに，老齢だったんですが京都まで来たんです。

　葦津さんに対して私が及ばないと思うのは，葦津さんは日本民族を愛しているんですね。……戦争中，かれは当時の東条内閣を批判して牢屋に入っている。そして戦後は『神社新報』で占領批判をやった。……そういうことが見えてくると，転向論だってもっと複雑なものになりますよ。

　もう1人は林達夫です。戦争中も立派だったんですが，戦後，『共産主義的人間』〔林，1951〕を書いて，ソヴィエト・ロシアの国家としての行き方を完全に否定した。

　もっと若い人でいえば，戦後50年の活動を見てきて，吉本隆明はすぐれた人だと思いますね。ことにかれが数年前に書いた『甦えるヴェイユ』〔吉本，2021〕というのはいい本だと思う。吉本にとってシ

第5章　「共同研究　転向」と鶴見俊輔

モーヌ・ヴェーユという気質的にはあい入れない人に託して，マルク
ス主義とスターリン主義の不備を語った。

　ヴェーユは23歳のときドイツに行って，「ナチスに対して共産党は
鈍感だ」とドイツ共産党に対して疑いをもつ。自分で工員になって工
場で過ごす。……彼女は，肉体労働は社会生活の霊的中心でなければ
ならない，と考えた。それなのにイデオロギストは，自分は何者でも
ないのに人を見下して与太話をする。

　吉本隆明はこのヴェーユに託して，ソヴィエト・ロシアは与太話を
した国だといってるんです。ヴェーユの無神論は浄化作用である。神
の体験をもたない2人の人間がいるとする。神を否定する人の方が，
おそらく神により近い。これがヴェーユの直観です。「与太話なにも
のぞ」という考えですね。

　ここから吉本は，純正のマルクス主義にもどれば全部よくなるとい
う主張はソヴィエトの崩壊批判として十分でない，というテーゼを出
した。ヴェーユを語りなおすことによって自分の位置を明らかにする
んです。

　この世代では，もう1人，森崎和江にも感心しました。『慶州は母
の呼び声──わが原郷』〔森崎，1984〕という本。彼女のお父さんは朝
鮮の学校の教師で，朝鮮がとても好きだった。しかし植民地支配の手
先となって活動した事実は消えない。戦後，彼女の弟は自殺してい
る。彼女にとっては非常な傷だった。そのときから，自分の故郷は慶
州にある，それでいいんだと考えるようになった。……自分には朝鮮
に対する好意と懐かしさがある。だが，自分は植民地支配の手先であ
るという事実も捨てない。戦後の進歩的知識人の運動に後めたさを感
じながら，自分はそこからやるほかないという考え。森崎和江が書い
た50冊近い本は大したものだと私には思える。(182-5)

さて，ここで，筆者のコメントというつもりで，『慶州は母の呼び声

189

——わが原郷』（森崎，1984）のあとがきの一部を引用させていただきたい。森崎はこう書いている。

　　朝鮮語では母親のことをオモニという。わたしという子どもの心にうつっていた朝鮮は，オモニの世界だったろう。個人の家庭というものは広い世界の中に咲く花みたいなもので，世界は空や木や風のほかに，沢山の朝鮮人が生きて日本人とまじわっているところなのだと，そんなぐあいに感じていたわたしは，常々，見知らぬオモニたちに守られている思いがあった。（森崎 1984, 224-5）

「見知らぬオモニたちに守られている思い」という森崎の言葉は胸を打つ。彼女の韓国の体験は貴重なものであった。それくらい，韓国と日本のつながりは彼女に根深かった。こういう「転向」もあるのか，と筆者は思わずにはおられない。

　鶴見は，それを大事な「戦後転向」として絶賛する。たしかに，鶴見の転向論は，非常に幅の広い深い「転向論」であると思う。

　北沢・小笠原・塩沢は，さらに，話を進めて，鶴見に，「福本和夫については『共同研究　転向』の中でも触れられていますね。いま福本についてコメントしなおすとしたら，どういうことになりますか」（鶴見 1997a, 187）と問う。鶴見は次のように答える。

　　スターリン主義はスターリンだけに責めを負わせることはできない。「福本イズム」というのは福本和夫だけに責めを負わせることはできないんです。明治末から大正にかけてできあがった東京帝国大学を頂点とする日本の知識人の養成課程があって，それが福本がいったことを「これだけが正しい」と思わせる原因になった。フランクフルト学派でいえば，ベンヤミンもアドルノもスターリンの共産主義に対しては批判的だった。もし福本が日本共産党の重要人物になっていな

第 5 章 「共同研究　転向」と鶴見俊輔

かったら，そういう道をひらく可能性はあったでしょうね。私はいま
だったらもう少し慎重に，福本自身のいいぶん，根拠をとらえるよう
にしたと思います。(187)

　鶴見の言うように，「福本イズム」については，慎重で幅の広い角度か
ら研究を深めるべきかもしれない。「福本イズム」を福本 1 人のせいにし
ないところが鶴見らしい，と同時に，「東京帝国大学を頂点とする日本の
知識人の養成課程」を問題視するところが，いつも「東大 1 番病を」嫌
う，いかにも鶴見ならではの指摘である。
　「鶴見さんの中には，転向しなかった人はえらいという感じがあります
でしょう」(187) と，北沢・小笠原・塩沢はさらに聞く。鶴見は答える。

　　あります。桑原武夫さんは戦時中，獄中共産党員に対する引け目が
　なかったみたいですね。……同時に，獄外にいて活動した尾崎秀実の
　ような人に対する引け目もあります。……桑原さんと松田道雄さんは
　京都一中で同じ時期に中学生だったことがあるんです。ただし 3 年ほ
　ど差があって，松田さんには共産党に対するコンプレックスがある。
　日高六郎と私の関係がそうです。日高さんは私より 5 つ上です。日高
　さんが中学生になったころは，まだ『資本主義発達史講座』が古本屋
　で買えた。ところが私のころにはもうなかった。大杉栄は買えたんで
　すよ。大杉栄訳の『クロポトキン自伝』は買って読んだ。この本が偶
　然，アメリカへ行く前に，私をマルクス主義に対して免疫にしたんで
　す。
　　アメリカで会った都留重人はある意味でマルクス主義者でした。南
　博もそうです。この 2 人から多くを教わりましたが，私の立場は動か
　なかったなあ。(188)

鶴見の熱弁はまだまだ続く。鶴見は次のように述べる。

丸山眞男さんがちょっとした時代のずれが大きな差を生むことの例として桑原武夫さんを挙げています。「私は丸山さんとちがってマルクス主義者に対するコンプレックスがまったくない」と桑原さんがいったことに対して，丸山さんが感嘆の声を上げている。その丸山さんはまた，「共産党には戦争を防げなかったことに対する政治的自覚がない」と正面から批判を放った人でもあった。……戦後の日本共産党の最大のミステークですね。そこから回復できない。いまもむずかしいでしょう。(188-9)

その点，吉本はきわめて巧妙な方法を取ったと思うね。ヴェーユなんてとんでもないものを出して，ヴェーユについての感想というかたちで書いた。彼は護教的じゃないんだ。「マルクスにもまだこんないいところがある」なんて論文書いてないからね。(196)

転向の問題につき，日本共産党という具体例をとって，桑原，丸山，吉本，そして鶴見自身の，態度（思考）の分析（腑分け）をおこなう鶴見の弁舌は鮮やかである。

鶴見の分析は吉田満にも向かう。北沢・小笠原・塩沢の重なる質問「吉田満については，鶴見さんがいわれたように，あやまりの極限まで示す。失敗をいさぎよく示すことが失敗者の義務なのかもしれません」に，鶴見は次のように答える。

吉田満は戦艦大和の最年少の士官だったんだけど，戦後，もう1つの〝戦艦大和〟に乗った。日本銀行に勤めて，最後は監事になる。日銀の歴史を書く総元締になって，「とてもうれしい」といった。吉田満は，「あの戦争が起こったとき成人に達していた者には，それぞれの経験をカードに書きだしておく任務がある」と考えていた。われわれはどこでまちがったか。そのとき大人であった者はだれしも責任を逃れることはできないという考え方なんです。戦艦大和の士官として

192

第 5 章 「共同研究　転向」と鶴見俊輔

もっていた責任概念を，日本銀行の中でも捨てていなかった。ものすごくえらい人だった。かれは死ぬ半年前に，文藝春秋社の『諸君！』（78 年 8 月号）で私を対談相手に指定したんだ。その対談が終わったあと私はカナダへ行ったんだけど，モントリオールの総領事館でひと月おくれの新聞を読んだら，死んでるんだよ。終わりまで立派な人だったと思うね。「われらの世代の最良の人」というのが吉田満に対して私がもっている正直な感じだな。(197)

北沢・小笠原・塩沢は問題を変えて，次のように鶴見に問う。すなわち，「転向したことによっていかに次の可能性をめざしたか。鶴見さんの転向論でいうと，埴谷雄高は転向によって水晶玉の方向を見つけだしたということになる」(189)。これに対して鶴見はこう答える。

　　文学で考えれば，中野重治の転向もある種の知的生産になった。『むらぎも』〔中野，1960〕は偉大な作品だと思いますが，あれも転向なくしては書けなかった。文学は日本では 1000 年の伝統があるから練れているんですよ。日本の社会科学は歴史が浅いから，転向体験を自分の肥やしにして何かをつくるということがむずかしい。(198)

　　例外はあるんです。その 1 人が佐久病院院長の若月俊一です。かれは東大生だったとき捕まる。教授の温情主義のおかげでその後も医局に勤めるんだけど，戦争中，そこを離れて長野県の佐久に行くでしょ。そのきっかけになったのは島木健作の『生活の探求』(1937)〔島木，1955〕なんです。(198)

　　若月俊一にとっては重大な目標になる。ひたむきに生きたいと，村の老人のさまざまな病気に対処する方法を考えるんですよ。戦争が終わって東京に帰るチャンスがあったのに帰らない。佐久に農村病のセンターをつくる。その病院を左翼が乗っ取ろうとしたとき，土地の病人本位ということで，それに立ち向かうんです。かれは転向が生みだ

193

したすぐれた例じゃないかな。(198)

　その意味では松田道雄もそうだと思う。自分の仲間が検挙されて殺されたりして，松田さんには，自分はそういう人に対して及ばないというコンプレックスがあった。そして自分は京都府庁に勤めて結核多発地域の地図をつくった。戦争中は，夫人が速記を勉強して，自分もロシア語を勉強する。だけど共産党員にはならない。シンパとしてのポジションにいつづけるんだけど，怖いから深入りしない。(198-9)

　人間の思想，個人の思想はつねに権力による強制力の外に出られない。それとどういうふうにやりとりしていくかが必要になる。その意味では転向研究はもう終わった問題じゃないんです。人間がつづけて担っていかなければいけない。だけど，共産党が正しい思想の座であって，そこからどのくらい離れたかで転向度を測るというのは，もはや荒唐無稽だな。そうではなく，人間としてもっている深い問題から目を逸らすかどうか。ここでしょ。(199)

「人間としてもっている深い問題から目を逸らすかどうか」が，転向研究の問題である，という鶴見の指摘は慧眼であると言える。

　さて，よせばいいのに，北沢・小笠原・塩沢は，次のように聞く。

　　近衛文麿の「偽装転向」とダブらせて思うんですが，鶴見さんのお父さん，鶴見祐輔は知米派の大立者として戦前から戦中の政界に立ちつづけた。非転向でいるためにいちばんいいのは目立たないところにいることですが，鶴見祐輔はそうではなかった。

　　かれの転向もまた偽装転向の一種だったんじゃないでしょうか。(217)

鶴見は次のように答える。

第5章　「共同研究　転向」と鶴見俊輔

　親父のことを書きたくなかったから，あそこで永井柳太郎と近衛文麿について書いたんですよ。私はずるいんだよ。(217)

　私は永井道雄の話を聞いて，私の親父よりも永井柳太郎の方がえらいなと思ったね。「自分の生涯は失敗だった。何もいいのこすことはない」といって死んだ。えらいと思う。永井道雄が武蔵高校3年のとき，「来年どうするつもりですか？」と息子に聞く。「東大に行こうかと思います」「それはよくありません」。そのとき永井道雄は，親父が何をしてほしいと思っているかわかったというんだ。早稲田に行ってほしい。でも旧制高校を卒業して早稲田に行くのは変則なんだ。「じゃ，京大に行きます」「京都大学ならよろしい」と。私の親父とはちがうなと思った。親父は，東大卒業以外，認めないんだから。(217-8)

　私は，親父が私に残したものについては考えたくないし，いいたくない。ほとんど書いたことがない。そのかわりに，永井柳太郎と近衛文麿について書いた。『転向』3巻は，じつは私の親父についての感想なんだ。共産党の転向は私のおもな研究対象ではない。ただ『共同研究　転向』の下巻に略伝としては親父を入れています。それは私が書いた。(218)

　「親父が私に残したものについては考えたくないし，いいたくない」とは，いかにも鶴見らしい考えかたであるというべきかもしれない。しかし，この点についての鶴見の言うことは，筆者に言わせれば，「あたりまえのことではないか」とも思うものである。さきに「よせばいいのに」と筆者が記したのはそのことであった。それはさておき，鶴見は自分の父を「親父は，東大卒業以外，認めないんだから」と指摘していることは重要である。鶴見がいつも口にしていた「東大1番病」の原点もこのあたりにあるかもしれない。

　以上で，長々とした鶴見『期待と回想』上巻からの引用というか，抜粋

195

は終わりにしたい。ところで，意図的というか偶然というか，この話は，形を変えて，鶴見ほかの鼎談形式の別の著書（鶴見・上野・小熊，2004）に引き継がれている。臆せず，引用を，その鼎談形式の著書からも続けたい。小熊は次のように聞く。

　　それでは，『転向』の共同研究についておうかがいしましょう。あの共同研究は，1954 年から開始されて，62 年までに上中下 3 巻にわたる大冊の共著として世に出ることになる。その前に，研究のもとになったお父さんの祐輔さんのことをおうかがいしたいと思います。……祐輔さんは，追放解除になるのにずいぶんお金を使ったと思うということでしたね。祐輔さんはそれで喜んで，もう 1 回政界に進出しようという感じだったのでしょうか。(239)

　鶴見はポツリとこう答える。「そう。彼は能天気だからねえ」(239)。鶴見祐輔・俊輔の父子関係をうかがわせる微笑ましいエピソードである。ただし，小熊は漫然としていたわけではなく，彼は，すかさず，次のように突っ込む。すなわち，「『期待と回想』〔鶴見，1997a〕のインタビューでは，「『転向』3 巻は，「じつは私の親父についての感想なんだ」と述べておられますね」(240) と問いかける。小熊の鋭さを感じさせるところである。これに対して鶴見は以下のように答えて，軽くいなす。鶴見は次のように言う。

　　だいたい親父は，「総理大臣になりたい」とか言っていたんだけれど，なって何をやりたいのって聞いても，なにも出てこないんだから。日本の政治家の大部分というのは，そういうものじゃないの。国連の常任理事国になりたいとかいうけれど，なって何をやりたいのかといえば，誰もなにも言わないじゃない。あれを見ていると，親父を思い出すんだ（笑）。ただ 1 番になりたいだけなんだよ。(240)

第 5 章 「共同研究 転向」と鶴見俊輔

鶴見は，ここで，さらに気炎を吐く。彼は次のように述べる。

　　私は戦犯裁判には協力しなかったけれど，親父は追放されるべき
　だったと思っている。それは撤回しない。そういうところは，和子と
　私じゃ分かれちゃうんだ。和子は「父の娘」ですからね。親父をでき
　るだけいい方に解釈して一所懸命に動いちゃうんだよ。私は逆回り
　だ。(241)

　さて，筆者の感想のようなものを告白させていただきたい。これまで述
べてきたこと踏まえて，戦後思想史における鶴見俊輔の一番大きな仕事は
何だろうかと考えてみると，それは，『思想の科学』でもなければ，『べ平
連』でもない。何よりも優れて『転向研究』3 巻だと思う。鶴見はこう回
想している。

　　『転向』3 巻は，ずいぶん売れた。合計で 10 万部売れているんで
　す。私が平凡社に約束したのは，1 冊本で 1 年以内に書く。2000 部出
　してくれればいい。1500 部は売れるだろう，ということだった。だ
　けど共同研究が大きくなって，結果として 3 巻になって，合計 10 万
　部売れた。私の約束をいい方に裏切ったんだ。もっとも，1 年でやる
　と言っていたのを，8 年かかったんだけれども（笑）。そういえば，
　あるとき俳優の三国連太郎が週刊誌のグラビアに出ているのを見たら
　『転向』3 巻が彼の書棚にそろっていたね。(242)

　ここで，筆者は「『転向』3 巻が三国連太郎の書棚にそろっていた」こ
とに何とも言えない感慨を覚える。三国連太郎を映画で初めて見たのは，
筆者が小学生の時，「映画鑑賞」という企画で，学年の生徒全員が街の映
画館に団体で連れて行ってもらった時であった。『警察日記』（日活 1955
年）という映画だった。もちろん，小学生だから鶴見俊輔など知る由もな

197

かった。以来，三国連太郎の熱烈なファンになったわけでもないが，名優としての印象が忘れられなかった。とはいえ，鶴見の発言を知るまで，鶴見と三国連太郎との関係を知らなかったわけであるが，大袈裟かもしれないが，これも戦後民主主義の小さなひとつのエピソードかもしれないと秘かに考えている。

　さて，小熊の質問は本論に入る。小熊はこう聞く。「『転向』3巻の共同執筆者のなかで，印象に残っているのは誰ですか」(243)。例によって，鶴見は名解答を行なう。本章にとって重要な発言である。

　　　まず藤田省三は，研究者としての自分の最良の時期を『転向』3巻
　　に注いでくれた。それはとくに言っておきたい。そのほかの寄稿で，
　　倫理的精神が貫かれていると思うのは，高畠通敏の大河内一男論だ
　　な。高畠は，当時は東大法学部の助手だったんだよ。それが，たった
　　20年くらい前の15年戦争の時代の，先輩の知識人の過去を書くとい
　　うことは，大学の世界のなかではたいへんなことなんだ。大河内さん
　　はそのあと東大の総長になった人なんだから，そんな人を批判する論
　　文を書いたら，もう東大の教授にはなれない。(243)

　俗っぽい言い方（比喩）になるが，藤田省三と高畠通敏は，『転向』3巻チームの中で，誰もが認めるれっきとした東大卒である。2人は『転向』3巻チームの3番・4番バッターだったといえよう。それを忘れて，鶴見の口癖「東大1番病」が，しばしば飛び出すのは，皮肉な話ではないだろうか。

Ⅲ　「共同研究　転向」研究会の発展と展開
　『鶴見俊輔著作集』2（鶴見，1975a）には，以下，言及するように，「転向研究を主体とする鶴見俊輔の現代日本思想分析のエッセイが収められている」（高畠 1975，477）。ところで，この鶴見著作集のこの第2巻の「解説」

198

第 5 章 「共同研究　転向」と鶴見俊輔

を担当しているのは，政治学者の故高畠通敏であるが，素晴らしい「解
説」になっている。高畠は次のように述べている。

　　そのほとんどが思想家論の形をとっているから，見方をかえれば，
　これは，思想家論集という形をとった，鶴見俊輔による昭和思想史と
　いうこともできるだろう。
　　昭和思想史の表舞台は，超国家主義からマルクス主義にいたるまで
　の華やかなイデオロギー論争で形づくられている。しかし，その真の
　主題は，天皇制体制と民主主義国による占領という 2 つの思想的権力
　にはさまれた知識人の挫折と転向をめぐるドラマである――これが，
　鶴見が昭和思想史に対して打ちたてた軸だった。このテーゼ自体は，
　必ずしも鶴見ひとりの独創とするわけにはゆかない。……しかし，鶴
　見の転向研究の視角は，前世代・同世代の人びとのいずれとも異なっ
　ていた。また，その仕事の包括性，組織性は，他のいずれをもはるか
　にぬきんでていた。実際，転向という問題が，それまでのような政治
　的あるいは文学的な問題としての域をこえて，現代日本の思想を分析
　するさいに欠くことのできない思想的カテゴリーであるということ
　が，一般に承認されるようになったのは，鶴見が組織した思想の科学
　研究会の共同研究『転向』全 3 巻（1959 年 – 1962 年）が出版されて
　後であるといっても言いすぎではないだろう。(477)

　高畠の鶴見による「転向研究」に向けての熱弁は，まだまだ続く。引用
を続けたい。高畠は言う。

　　転向の研究こそ，彼が戦争中に戦後の日本を切りひらくべく密かに
　計画をたてた「矢玉」の中でもとっておきのものだったからだ。その
　意味で，鶴見の転向研究は，単に現代日本思想史のユニークな分析と
　してばかりでなく，戦争体験をふまえて戦後日本の社会を切りひらこ

199

うとした"戦中派"世代の最高の知的達成の1つとして，それ自体，現代日本の思想史を構成する貴重な内容になっているのである。……転向の共同研究はほぼ完全に鶴見の構想とリーダーシップに負っており，私のような戦後派若年メンバーは，鶴見の意見にあらがい論争しつつ，いつしかその網の目にからめとられるというのが実際のところだった。(478)

「"戦中派"世代の最高の知的達成の1つ」と，鶴見の業績を，高畠が高く評価していることが重要である。鶴見や高畠の世代よりも，もっと後の世代の筆者は，このような先達の達成を，ひとつひとつ噛みしめながらしっかり学んで行きたいと思っている。

さて，高畠はさらに次のように続ける。

　1つの創造的仕事が決定的な影響を及ぼすということは，たとえばバーリンがマルクスの業績について指摘しているように，同時代にきびしく批評された諸テーゼが後の時代において常識とみなされるようになることだとしたら，鶴見が転向研究で提出した諸テーゼも，これに近いものといえよう。彼はここで，転向の概念を1933年以後のいわゆる「転向時代」から切りはなしまた転向ということを左翼からの「堕落」や「裏切り」と等置する見方に反対して，日本の思想史全体をつらぬき，ひいては世界の思想史にもおよぶ普遍的かつニュートラルなカテゴリーとして，転向を意味づけることに全力を傾けた。やがてスターリン批判や中ソ論争の余波が日本の中で拡がり，新左翼運動が多様に展開するなかで，日本の知識人にとっても，たとえば日本共産党からの転向が多様な方向性をもち，倫理的堕落と必ずしもイコールでないという問題が，一般的に見えてくるようになる。……この意味で，国際的な視野の下に日本をさかのぼるという鶴見の視座は，戦後のつぎの時代へ向かっての予見性を帯びていた。しかし，そ

第5章　「共同研究　転向」と鶴見俊輔

れは提出されたその時点では，ほとんど圧倒的な批判にさらされたのである。古傷をさかなでするような研究は止めるべきだという左翼からの政治主義的反撥は，もちろん強かった。60年安保当時のブント系の学生たちが，代々木共産党攻撃の材料として『思想の科学』の転向研究を利用していたから，こういう反撥は必ずしも無根のものではなかった。しかし，それにもまして，転向の概念をイデオロギーや価値判断と切りはなして用いるという鶴見のテーゼが，思想や倫理についての「相対主義」「没価値主義」として，進歩的知識人たちのはげしい批判をまねいた。たとえば，古在由重は，転向とは「再否定」（renegation）つまり正しい階級的立場にいったん立った人間が支配権力の立場へ移る「背教」現象に限定して用いられるべきで，戦後，階級的戦列に〈目覚めて〉加わることをも転向という概念でくくることにはげしく異議を唱えた。共産党の立場がすなわち正しい階級的立場であるということを留保する本田秋五でさえ，「転向前と転向後，どちらが正しいか，という観点」がかけている「倫理からの脱色」を伴った研究方法に疑念を呈した。(479-80)

「鶴見のテーゼが，……進歩的知識人たちのはげしい批判をまねいた」ところが重要である。後世代の筆者のような者の眼には，古在由重や本田秋五は，温厚で良識のある人たちであった。彼らから批判を浴びるとは，鶴見のテーゼが，当時，過激であったということであろうか。これは日本の戦後思想想史において忘れてはならない問題ではないか，と筆者は思っている。

　高畠は，さらにもう少し議論を展開する。耳を傾けたい。高畠は，以下，次のように言う。

　　転向研究の方法は，しばしばプラグマティズムによる相対主義，没価値的な実証主義から由来するものとみなされてきた。……しかし，

201

転向の方法論の中で鶴見がくり返しふれているように，思想は気質と
ひびきあう。とすれば，彼に接した人間が誰でも感じるように，ひと
一倍情念の強い躁鬱気質の鶴見が，冷徹な自己抑制と無機的な資料操
作を必要とするウェーバー的な了解科学や近代主義的な実証科学の道
を追うはずがないと考えるのが自然である。……まだ定稿となるまえ
の鶴見の方法論をききながら，ある日，私が転向についての〈雄大
な〉理論モデルを用意してサークルにあらわれたときのことをありあ
りと記憶している。それは，鶴見があげる転向の類型学の諸要因，状
況・階層・気質・強制力の種類・イデオロギー等を組み合わせつつ，
ひとはいかなる要因の組み合せによりいかなる転向をするかを説明し
ようというものだった。しかし，私の話をきき終った鶴見はにべもな
く，「そんなパチンコの玉の落ち方の理論みたいなものに意味はない」
と一蹴し去ったものだ。転向学を打ち立てようという鶴見にとって究
極的に意味をもたせられていたのは，明らかに〈例外〉的にはみだす
個々の玉の内実なのであって，玉の落ち方の実証的な一般理論でもな
ければ，クギの配列の仕方についての構造的了解でもなかったのであ
る。……彼にとって転向学は他面，同時に思想史でもあり，それはす
なわち思想家研究の集積として最もよく表現されたのだ。(480-1)

高畠はさらに続けて言う。彼は鶴見の仕事は「後の世代に水のしみこむ
ような浸透力を発揮した」と言う。

　　戦後日本の知的世界の中で，鶴見の仕事が多くの知識人に意表をつ
　かれたようなショックをあたえ，当事者たちからさまざまな反撥を招
　きつつ，しかし，いつしか後の世代に水のしみこむような滲透力を発
　揮したのは，彼の方法論の成果だといってよいだろう。歴史的文脈を
　バラバラに解体し，時には故意に無視しながら，彼は後代が生かしう
　るさまざまな芽や部分をすくい上げ，それを大写しにしてみせる。

第 5 章 「共同研究　転向」と鶴見俊輔

（483）

　高畠によれば，「公人と民衆，これが鶴見が政治の世界で区別する人間
のあり方」（484）だという。すなわち，高畠は続けてこう述べる。

　　公人は，自分が公けにのべたことに責任をもつ。この「けじめ」の
　感覚こそが，政治の世界の最高のモラルなのだ。政治家に問うべきも
　のは，まず公人としての「正札」責任であるという思想は，丸山真男
　の「指導者の政治責任」の問い方とは異質であり，また，吉本隆明に
　おける「知識人と大衆」という対比の仕方とも異質である。丸山にお
　いては，指導者ののべたことではなく，なしたことが大切なのであ
　る。そして，吉本においては，そもそも知識人が大衆から上向的に脱
　出して指導者になる過程が，転向に他ならない。大衆自体とはつねに
　「ウルトラ」な存在であって，体制にも反体制にもべったり突出型に
　行動し，そこには，転向という問題のたてようがないのだ。しかし，
　鶴見においては知識人と大衆，いや公人と民衆との間には，本来的な
　切れ目がない。大衆も思想主体であり，知識人も大衆的な欲望や実感
　の世界を内側にかかえている。両者はいわば役割の差であり，社会的
　制度によってとる機能のちがいの問題なのである。（問題は）私的体
　験から公的原理へ，公的原理から私的体験へのつながりをつくりだす
　交流操作をつむことにあり，（民衆の）転向の問題を解いてゆく思想
　上の方法としては，このように両極間の往復運動を活潑にすることが
　目標とされる。（鶴見 1975b, 27：高畠 1975, 484）

　高畠の言わんとすることは，もう 1 つよく分からない。鶴見の主張して
いることは「私的体験から公的原理へ，公的原理から私的体験の交流操
作」ということかな，と思うのだが違うかもしれない。
　高畠によれば，「鶴見がこう書いた次の年の 60 年安保闘争で，吉本がブ

203

ントの学生大衆とものいわずに国会内に突入したとき，鶴見が「声なき声」の民衆とともにデモをし，声をあげた根拠をここに読みこむことができるだろう」（高畠 1975，484）ということになるが，高畠はこの点について次のように指摘する。

　すなわち，「鶴見と吉本のもっと根元的な位相のズレは，両者の政治哲学の中にひそんでいる。それは鶴見における場合，彼の政治哲学としてのアナキズムの問題に他ならない。そして，それはすなわち，転向研究の方法の一番深いところにある価値観でもあるのだ」（485）。

　高畠によれば，「鶴見はハーバード大学卒業の直前に，アナキストとしてアメリカで投獄されて以来，70 年代日本で内ゲバ・リンチ事件に直面しながら『方法としてのアナキズム』〔鶴見，1975c〕を書く今日まで，一貫して思想としてのアナキズムをゆるがせたことはない。それは，特定の政治主張やプログラムをもったイデオロギーとしての意味においてではない。彼におけるアナキズムとは，むしろ，理想や気質，方法や感性の域に属する。しかし，そのことは，彼の価値観の根底に，あらゆる権力からの抵抗と自立という感覚が流れていることを意味する。それはいわば，転向研究の前提ともいうべきものなのだ」（485）と高畠は強調する。同感である。たしかに，鶴見の情熱はそこにあると思われる。

Ⅳ　転向の遺産

　鶴見にしたがって，転向の遺産という角度から転向の問題を考えてみたい。鶴見は，転向というものには，ある思想に入るときと出るときとの動機の相似という問題があるという。すなわち，ある思想への入り方と出方が似ている。型が似ている。個人においても似ている。集団の傾向として考えてみると，とことわりながら次のように言う。

　　　1940 年におこった集団大転向のかたちと，1945 年，敗戦以後の占領という体制の下でおこった集団転向のかたちは似ている。……それ

第5章 「共同研究　転向」と鶴見俊輔

からもう1つ，1960年代からおこった高度成長というかたちは，ま
た実に似ている。1960年から現在までおこっている現象。それは，
強制力が，今度は占領というかたちでもないし，天皇制権力によって
警察にひっぱられていくとか，拷問を受けるとか，そういうものでは
ない。超高層ビルが建ち，ハイウェイができる，歩く道がなくなって
歩道橋を渡っていかなければならない，そういう環境そのものの変化
が1つの強制力になって思想にたいしてはたらく。……1960年代以
後の強制力は，金甌無欠の国体がわからぬのかとか，教育勅語を暗誦
できないからぶんなぐる，そんなことは関係ない。ピッカピカの道路
を歩く，その道路を突っきらないで，歩道橋を当然のことのようにあ
がってむこうにいく。うちでテレビをすわって見ていられる。そのこ
とが思想にたいする影響力になっていく。だから，その手段はちがう
んですけれども，1940年，45年，60年，各時代は相似た1つの型を
なしている。集団転向として似ている。(鶴見1981，74-6)

　鶴見によれば，「知識人の場合でみてみると，清水幾太郎や江藤淳は，
顕著なしかたで60年安保以後かわった人なんです。清水幾太郎は，60年
安保闘争のとき，言論界のもっとも活躍した知識人の1人だった。国会突
入をはかる全学連を支援して，支援をちゅうちょするグループを激しく攻
撃するというやり方をとった。「いまこそ国会へ」と叫び，反代々木系の
急進主義の最高の指導者だった」(76)。
　これは少しも清水を賛美しているのではない。そこのところを看過して
はいけない。
　鶴見は続けて次のように言う。「〔清水は〕安保のあと香山健一などと新
しい急進主義の根拠を研究する「現代思想研究会」をつくってからしばら
く沈黙する。研究会を解散してからだんだんかわっていくのですが，治安
維持法の時代にも自由があったとか，紀元節を復活せよとか，今度は核兵
器を日本国家はもつべきだとか，いいだすようになる」(76-7)。

205

以上の鶴見の指摘に関して，その当時の清水の言説はどのようになっていたのか，一部分であるが，参考までに，ここで，清水幾太郎の著書『戦後を疑う』（清水，1980）を筆者なりに要約してみたい。清水によれば，「この終りかけているように感じられる時代は，これを何と呼ぶべきか。私は，この時代の一面を捕えて，これに「啓蒙時代」という名を与えてよいのではないかと密かに考えております」（清水 1980，57）と述べている。

　清水は，啓蒙思想の特色として２点をあげる。第１点は，理性ないし科学の崇拝と，歴史の軽蔑との結合。第２点は人間性善説と制度批判の結合である。そして，賢明な人たちは上記２点が，日本の戦後思想の二大公理だということに気付くはずである，と言う。そこから，清水は次のように締めくくる。すなわち，戦後日本の二大公理は，治安維持法への復讐の心理から生まれた。同時にかつての転向が恥辱となり，非転向が勲章のようになった（57-9）とする。換言すれば，「60年安保」後，また転向した清水らしい見解の表明である。

　筆者としてコメントさせてもらえば，清水幾太郎は戦前にも戦後にも転向したことで有名である。そこの本質は何か，そこの過程はどうなっているのか，鶴見俊輔との関係なども考察することは大事なことだと思われる。

　以下においては，鶴見俊輔 対談，編集『語り継ぐ戦後史』（上）（鶴見，1975d）をベースにして，清水と鶴見の対談を検討してみよう。なお対談が行なわれたのは（1968・6）と記されている。清水は次のように言う。

　　大学を昭和６年にでて８年に研究室をはなれて，無職になって筆一本で食べていくような生活になるんですが，そこでいろいろなアルバイトをした。その１つに"子供の育てかた"というのがあって，その頃，チャイルド・ケアーなんてのをまじめにやっていたのはアメリカだけだったでしょう，おそらく……それのパンフレットなんかもでてまして，それを日本の母親たちに知らせなければ，というようなわけ

で，ぼくは我流で英語をやったのですよ。……そんなことをやってみ
ると，子供の命は大切なんだから，当然そこには，むこうの生理学と
か心理学の成果が集まってるわけです。科学的な成果というものだけ
でなく，人間というものに対するある観方というものが出てるんです
ね。そこで人間への眼が開かれたころがあります。それじゃあという
ので，生物学とか心理学とかを一生懸命になって読んでたわけね，そ
の終点がデューイじゃないかな。いろいろな諸科学の中にあらわれ
ている人間のつかみ方の一般理論として，ぼくには『人間性と行為』
〔デュウイー，1951〕という本が現われてきた。（鶴見 1975d，370-1）

　清水がその頃，「チャイルド・ケアーなんてのをまじめにやっていたの
はアメリカだけだったでしょう，おそらく……それのパンフレットなんか
もでてまして，それを日本の母親たちに知らせなければ，というようなわ
けで，ぼくは我流で英語をやったのですよ」というところが重要である。
すなわち，清水は戦前からアメリカをよく勉強していたのである。鶴見
は，その点につき，「ニューディールの中では"よりよいアメリカ"とい
う考え方があると思うんですが，戦争が終ったときには，どういうふう
に考えられましたか」（371）と聞く。さりげないようで，大事な質問であ
る。清水の答えが面白い。彼はこう答える。「そういう点では単純なんだ
な。言いかえれば，そういう思想的な問題というものと，国と国が戦って
一方が勝ち一方が敗けるということとは，あまり関係がないことだと思う
んですよ。戦争が終ったとき，万歳を叫んだとよく言うけど，ぼくはワア
ワア泣いたなあ」（371）。
　清水の答えは少し無理がある。なので，鶴見の応答「そうですかねえ
……。その悲しさというのは，日本が敗けたからですか？」という問いか
けは少し残酷な気がする。したがって，次のように清水がこう答えるのも
無理はないと筆者は思う。

敗けたからっていうか，だって，あなたそう言うけどねえ，実にた
くさん……ぼくはまあビルマに行ってますが，ぼくは1人の徴用員に
すぎなかったけど，しかし，その前線と銃後とをとわず，これだけ巨大
な費えというか……いろんなものが全てむなしくなっていく……，そ
の最後の計算をしなけりゃならないというのが敗戦ってことでしょ。
いろんな人の話に，これで日本がよくなるといって，喜びの声をあげ
たというのがあるし，そういう人がいるってことも可能だけれど，ぼ
くの場合はぜんぜん違っていた。(372)

　さすがに，鶴見はこう言いなおす。「いやあ，それは意外だ。やはりそ
れは清水さんのパースナリティの根源的なものでしょうね」。これに対し
て，清水は「根源的かどうかわからないけれど，実に自然なものでした
ね」(372) と軽く答える。
　清水と鶴見との回想的対談は20世紀研究所の話題に移って行く。清水
は言う。「20世紀研究所が法的にも正式に発足するのは，昭和21年2月
28日です」。鶴見は問う。「あれは海軍に行っておられた仲間が主体では
なかったですか? 宮城音弥さんから聞いたんですが，海軍のなにかの研究
所に，中野好夫氏と清水さん宮城さんなどが，たくさん徴用されていて，
そこで雑談してた仲間があって，その人たちがずっとひっぱっていたよう
なことでしたが……」(373)。
　清水は答える。「いろんな人がいましたねえ。中野好夫さんもいました
し，坂西志保，渡辺一夫，大河内一男……いわゆる文化人といわれる人は
殆どみんなきていました」(373)。
　鶴見は聞く。「人を集めたときの規準というか条件というのはどういう
ものだったのですか」(373)。清水は答える。「なるべく景気がよくて，あ
まりブラないような，気楽に話ができるような……そんな人にしようと思
いましたね，そして若い人」(374)。
　鶴見は，20世紀研究所がその当時どのように彼の目に映っていたか，

第5章 「共同研究　転向」と鶴見俊輔

それを次のように語る。

　　20世紀という名前はどこからおもいつかれたんですか。私がはじ
　めて清水さんのものを読んだのは戦前に20世紀思想叢書というのが
　あったでしょ。……それに清水さんと新明正道，今田恵，大道安次郎
　というような人が書いていた。F・C・S・シラーのことなんか書いて
　おられなかったかしら。あまり人が書かないことを書いておられるの
　で，私は愛読しましたよ。昭和15年くらいかな。とにかくあのころ
　の哲学の本で，わかることが書いてあるのは珍らしいんだ（笑）。影
　響を受けましたよ。あの20世紀ということが頭の中にあったのです
　か。(374)

清水はおそらく照れながらこう答える。

　　いや，とにかく大きな名前をつけようというわけで，ふと，20世
　紀というのを思いついたのです。……日本を滅ぼしたのは東京帝国大
　学と陸軍大学であるという，戦争直後の空気が関連したのかどうか，
　いまから考えると不思議ですが，20世紀研究所には，ちゃんとした
　大人で，ちゃんとした学歴のある人がずいぶん来たんです。そんな時
　期がありましたね。
　　2つの面があったんだ。これは，なぜ研究所をやめることになった
　かということになるんだけど，1つは，はじめの資金が100万円で半
　分を手つかずの基金にして，あとの50万で運営していたんです。あ
　のころはすごいインフレ時代で，13人の事務員の給料だけでも大変
　だったんだけど，講師の先生がたには，当時としてはかなり多額のお
　礼をして，まあ盛会だったんですよ。そうしてるうち，白日書院か
　ら，諸先生の話を本にするということになって何冊か作った。それが
　わりに好評だったのです。……そのうちにうんと売れると，研究所が

209

ピンハネをやって清水が私腹を肥やしているという人が現れてきたんですね。……当時はもういや気がさしちゃって……。

　もう1つは，聴講者がしだいに減っていったことですね。はじめのころは講習会的なものを開いて，押すな押すなの超満員だったのですが……。(375-6)

　東京帝国大学と陸軍大学に代わるものとしてスタートした20世紀研究所，それを引っ張る清水幾太郎は，意気軒昂であったに違いない。「講師の先生がたには，当時としてはかなり多額のお礼をして，まあ盛会だった」ことも容易に想像がつく。「諸先生の話を本にするということになって何冊か作った。それがわりに好評だった」ことも順調な証しであったのだろう。しかしながら，聴講者がしだいに減っていったという状況がやって来る。以下に清水が語るように，20世紀研究所はあっけない幕引きとなる。清水はこう語る。

　　最後は専修大学の講堂だったな。よく憶えていますよ。申し込み者が3名くらいでね。もっともそれまでも申し込み者がそのくらいでも，当日になると何百人と集まることも珍しくなかったわけで，いくらか多寡をくくっていたんですが，当日になっても4人くらい。先生はもう来ちゃってね，もうどうしようもなかった。それが最後。
　　その時には管理人にたのんで人工的に停電にしてもらって，きりぬけた。(376)

　鶴見は「いつごろですか」と聞く。清水は「昭和23年頃ですね」(376)と答える。以上のようにして，清水と鶴見の対談では，戦後日本における2人の回想が語られている。戦争が終わったとき，清水がワアワア泣いたことを，鶴見がそれを清水のパースナリティの根源的なものと評するところがポイントであると言えないだろうか。続いて清水が「20世紀研究所」

第 5 章 「共同研究 転向」と鶴見俊輔

を主宰した頃のことを，同時期，『思想の科学』を立ち上げた鶴見がいろ
いろ聞くところも興味深い。両者の行動と思考の相違がよく現れていたと
筆者は観察した。

さて，清水の次の仕事は平和問題談話会であった。平和問題談話会こ
そ，清水が戦後に再度転向する出発点となる場所であった。2人の対話を
さらに追跡してみたい。

鶴見が，「平和問題懇話会は，どういうふうにしてできたんですか」
(377) と聞く。清水はこう答える。

　いま自発的に絶版にしている本で，岩波新書の『ジャーナリズム』
〔清水，1949〕というのがありますが，あれを伊豆山の岩波の別荘で書
いていたんです。あれが昭和23年の9月くらいじゃなかったでしょ
うか。そこへ吉野源三郎氏が東京から現れて，2人で海岸を歩いたん
だなあ，とてもロマンチックな話なんだけれど，吉野氏がタイプ用紙
2，3枚のものをぼくにわたして，それを月の光で読んだ記憶がある。
それが「世界の社会科学者より戦争の原因について」のテキストなん
です。……こういうことが日本でできないだろうか，というのが吉野
源三郎氏の考えで，ぼくはできるだろうと思って，むずかしいだろう
けれどやるに価いする，と答えたんですよ。
　やはり年長の方が中心になられる方がいいだろうというわけで，吉
野氏を非常に信頼している安倍能成さんを立てて，その介添役になっ
たのが大内兵衛さんと仁科芳雄さんでしたね。(377)

鶴見は，「ずいぶん大世帯でしたが，私の印象では保守的自由主義者も
だいぶ入ってましたねえ。和辻哲郎，田中美智太郎，鈴木大拙，田中耕太
郎…」(377) と，合いの手を入れるが，すかさず清水は「天野さん」を付
け加える。鶴見はこう応じる。「そうそう天野貞祐。いまからならちょっ
と考えられないですね。それに，一度話をさせられたときに感じたのです

211

が，和辻さんが前におられて積極的に反応されましたね，ただお座なりに来てるという感じじゃないんだ」(377-8)。これに対して，清水はこう応じる。

　　そうですよ。ああいう年輩の方々が政治的立場を別にして，とても熱心でした。ぼくは終始，書記局のようなことをやることになりまして，東京だけでもいろんな派がある上に，京都にいくと京都には，派があるだけでなく東京に対する何かがある，というふうで，何かをきめようとすると，東京での合意をもってぼくは京都にいき，そこでまた説明するというようなことで，なかなかたいへんでしたね。(378)

　清水の大忙しの行動が目に浮かぶ。そこに，清水応答に対する鶴見の「2段階ロケット」発言が飛び出す。鶴見はこう言う。

　　それからだんだんにその人たちはなだらかになってくるんだけど，清水さんだけは，　2段階ロケットみたいにずっと先にでて……，私の頭に残っているのは砂川の基地問題で，文化人基地問題談話会とかってのがあったでしょ。バスに乗って，その文化人なるものも行った。その行った先で清水さんが話をして，「私は今日はパジャマを着ています。今晩泊まれるようになっております」っていわれたのが，すごく印象に残っている（笑）。……平和問題談話会のときよりもずっと前に出て，ひっぱっておられたような感じだったが，たしか黒田秀俊さんが事務局長だった。(378)

　鶴見発言に対する清水の回答は次のようなものである。戦後の清水の思想と行動の原点になるような貴重な証言である。清水はこう述べる。

　　ぼくは，談話会を始めるまでは，評論家というか，いくらか学問の

第5章 「共同研究 転向」と鶴見俊輔

好きなジャーナリストとして生きてきたし，生きていこうと思っていたから，政治的なことについて全く発言しないというわけじゃないが，ちょっと距離をおいておくというようなところがあったんだけど，談話会をやってみるとね——つまり，こういうことだったんだ。

さんざん議論したあげくに，23年の12月12日に当時の憲法記念館，いまの明治記念館で東西最初の総会を開いたわけ。……それが当日になって吉野氏が「今日は声明を出すことになる。きのう何か清水さん書いたでしょ，それを声明として読みあげろ」というんだ。……すると面白いもんでねえ，短い時間だけど自分がまとめたというか，軍事基地反対とかなんとか自分がそれを書き，みんなの前でディフェンドしたわけでしょ。すると，それを聞いて賛成した人と，心の中に持つ重さがちがうんですね。(378-9)

鶴見と清水の問答はさらに続く。鶴見は問う。「それから安保のときも，非常に早くからとりくまれたんじゃないですか。「諸組織への要請」を書かれたのは，激突のだいぶ前でしたねえ」。それに対して清水が「60年の2月でしたねえ」と応じれば，すかさず，鶴見は「あの前の年に学生が国会に入りましたね。あのあたりから学生の気分とは密接だったんじゃないですか。そういうところは，安保問題研究会の学者の人たちとは，ずいぶん気分的な基礎が違ってたでしょうね」(380-1) という実に重要な質問で切り込んで行く。清水はこう答えている。これも大事な発言である。

違ってましたね。実は安保年代といわれる学者・文化人の間での，60年の安保に対する対策の出発というのは，57年じゃないですか，ずいぶん早いんですよ。……だけど安保というのは最高に政治的な問題で，政治的なことは労働者の中に直接にはなかなか入らないわけ。……当時もそう書いたしいまもそう思っているんだけれど，安保が大変な問題だということを，多くの人に気づかせたのは，あの学生の

213

荒っぽい動きかたなんですね。(381)

　鶴見も「それは私もそう思います」と同意する。それに応じる清水の次のような発言が重要である。清水はこう言う。

　　もう1つは60年1月16日の羽田闘争ですね。それが例の"幅広い運動"を代表する代々木を中心とする諸組織からは，しばしば岸内閣以上の敵にみたてられるようなことになって，……あの「諸組織への要請」を書いたんです。(381-2)

　清水の言う「諸組織への要請」は重要である。これは清水の著作集には収められていない。おそらく17名の「共同宣言」(1960年2月15日)的な形式をとっているからであろう。なお，「諸組織への要請」は「諸組織への要望」の，鶴見，清水の記憶違いであろうと思われる。「諸組織への要望」は，次のように書かれている。抜粋して紹介する。

　　私たちの反対にもかかわらず，ついに日米新安保条約の調印が行なわれました。……しかし，調印は行なわれましたけれども，元来，調印は政府の一方的行為として可能であり，これに対して，批准は国民の見識と決意とを通して行なわるべきものであります。政府の仕事が終ったところから，国民の仕事は本当に始まるのでありまして，私たちの新安保条約反対運動は，今こそ本格的な段階に入るものと考えられます……去る11月27日の『国会乱入』などは，このエネルギーの爆発の1つにほかなりません。多くの報道機関が，一方，この事件に烈しい非難を加えながらも，他方，新安保条約の内容ならびに岸首相の渡米に極めて批判的な態度をとっておりますのも，或る程度まで，こうしたエネルギーの増大に気づいている故でありましょう。……しかし，率直にいって，現在，最も憂慮に堪えないのは，この広汎かつ

214

強烈なエネルギーを有効に組織する政治的指導性が欠けているように見える点であります。……とりわけ，1月16日の羽田への全国大衆行動の抑圧において明らかであります。有力な諸組織の指導部は，増大する全国民的エネルギーに向かって「……をするな」と説くことのみ多く，エネルギーに適合した方法で「……をしよう」と呼びかけてはいないようです。そして，そこから生じた爆発的結果については，大切な味方である勢力に非難を浴びせるのみであって，かえって，広汎な戦線に分裂を招いているように思われます。(阿部知二ほか 1960, 272-6)

あまりにも引用が多すぎたので，一言コメントしたい。筆者のような後世の者から観察すると，知識人からのこの声明は，世論に訴えるにしては，いささかバランスを欠いていると思われる。清水幾太郎のその後の「転向」を予見させるような，危ない文書になっているように思えてならない。

さて，「諸組織への要望」後の安保闘争の結末について，鶴見は「6月18日の自然承認というのがピークなんですが，あのときに「もうこれほどのことはおこるまい，今の状況というものになぜもっとくい込んでやれなかったか」という意味のことを言われてましたね。それは戦後の総決算という感じでしたね」(鶴見 1975d, 382) と聞く。例によって涙話になって，清水は次のように答える。

そうでした。しかし終始，安保条約が破棄できるかどうかということについては自信がなかったな，おそらくできないだろうとは思っていたね。だけど，岸内閣というのはたたきつぶせると思ったんだ。しかしその運動を一点にぶつけないでバラバラにし，エントロピーを増やしちゃったのは，代々木のやり方だった。その考えはいまも変わらないな。6月18日は，国会の表門を埋め尽くした群衆の中に立って

いて，どういうわけか，ちっちゃなトランジスタラジオを持っていて
ね，それがチーンといって……12時の時報よね，それがねどうも今
日の話は涙で始まって，涙で終りそうで，だけどやっぱりね，涙がで
てやりきれない……。(382)

さて，安保後の清水の思想と著作はどうなるか，それについて清水はど
う考えるのか，鶴見は，清水に次のように聞く。

　あのあと現代思想研究会をつくられるんですね。私は欝病になって
1年半仕事ができずにいて，何もお手伝いできなくて申しわけなかっ
たんですけども，それで，その頃に清水さんが考えておられたことは
ぜんぜん知らないんですが，吉本隆明氏に聞くと，清水さんの気持は
よくわかると言うんだ。……私はあのころからお会いしてもいない
し，状況に通じていないんですけど，あのあと『精神の離陸』〔清水，
1965〕というのを書かれますね。あれは私はびっくりしたんですが，
あの間にあったことというのは，これ（『現代思想』）〔清水，1966〕を
読んで，ある種の根拠があるってことはわかりますが，しかし，日本
の時代に対する反応としてはどういうことだったのかな。(382-3)

清水は丁寧に次のように答える。

　よくわかんないな。正直に言って20世紀研究所で得た友達を，平
和問題談話会をやってく過程で失ないましたね。談話会では一種の狂
信的独走みたいなことをやって，談話会の中でのぼくと条件のちがう
人との距離ができてしまったし，安保の最後の過程で，談話会で得た
実に多くの人たちをまた失なったですね。
　その安保でおさまらない気持のうさ晴らしというか，そんなものを
やらないではいられない気持になった。……ぼくはいろんな総合雑誌

第5章 「共同研究 転向」と鶴見俊輔

と，長い間にかなり深い関係に入ってたんだけど，まれなケースをの
ぞくと，そういう雑誌との縁が一度に切れるわけですよね。ですから
その，気持を表現したいということと，もう一度いろんなことを勉強
したいということで，「現代思想研究会」をはじめたんです。あの年
の秋からでしたから，安保のあとで始まったと言ってもいいでしょ
う。雑誌は……8号くらいしかでてないでしょう。だけど時間は1年
くらいかかって，終ったわけですね。(383)

　清水の回答はまだ続く。筆者の誤解を恐れずに言えば，それは，清水の
戦後転向宣言として名言である。

　　その間の研究会に出てた人が，ほとんど近代派というんでしょう
　か，そうなっていったんですね。それはしかし，ぼくが指導したので
　も希望したのでもないんで，なぜそうなったかというのは，そうなっ
　た人が言えばいいんで，ぼくが代弁する気はないんだけど，ぼく自身
　についてだけ言えば，つまり，それまでの時期が非常に無理してたわ
　けなんだよね。出身というか根が，育児法てなところから入っている
　でしょ。それならそれだけやってればいいじゃないかといわれるかも
　知れないが，ユネスコの声明にめぐり会ったのが運のつきみたいなこ
　とで，一生懸命に声明を書くというようなことになり，……誰よりも
　無遠慮に運動の中に飛び込んでいくというようなことになって，とい
　うことになると，西をむいてもだめだから東をむいてみただけよ，と
　いうことになるのかも知れないが，西をむいても東をむいてもマルク
　ス主義者ばかりなのよ。……自分はマルクス主義者でも共産主義者で
　もないということはわかり切ってるつもりでも，運動というものを
　やってくと，やはり赤旗の下でやる以外に活動の場がないわけね。共
　産党の野坂といっしょに出るということが，運動の上からは必要に
　なってくるわけね。……安保が終ってみると，やはり身分不相応なこ

217

とをやってたなあという気がするし，思想的な意味でも……安保の運動の中で仲間に対していちばん腹がたったのは，やはり人民戦線方式というか，広く，神を信じたものも信じなかったものもとやらいう，あれには終始腹が立って……ですからそういうものを，いろんな勉強の過程で自分の気持を無理しないで整理しよう，ということになると，いままでおさえ遠慮していたことが，一度にワーとでちゃう……というのがナチュラルヒストリーですかねえ。(384-5)

　鶴見の感想は，「自分の位置を，運動家としての位置からひきあげたわけですね。すると言いたいことが言えるようになって，言いたいことを体系としてまとめる，ということですね」(385)とフォローする。清水は「そのとおりです」(385)と答えるのみである。
　鶴見は話題を変えて未来学について清水に次のように尋ねる。「安保以後，いま，というのをどういうふうにみられていますか。未来学なんてのがすごい流行になってきたけど。未来学というのもひとつのイデオロギーだと思うんですがね。なんというか，ある種の気分と密着していますね，現代感覚として」(385)と。清水はこう答える。「ぼくは，未来というのは，現状をコントロールするための観念だ，と思うんですよ。未来というのは，イグジストしないもので，多少きどっていえば無みたいなもので」(385)。鶴見は「『未来を発明する』という言葉が引用してありますが」(385)と食い下がる。清水は次のように答える。

　　未来学というのがあるのかどうか知らないけれど，それが最近かなり実体化されているような気がするんですね。現状をコントロールするためのアイデアで，人間が支えていなければいけないもの，とぼくは思っているんですが，その未来が，ガンと，しかも明るくイグジストするようで，逆にそこからの光で現在をみるような傾向……つまり，未来が，かつて摂理や歴史的大法則が占めていた座につきそうで

第 5 章　「共同研究　転向」と鶴見俊輔

すね。つきそうな危険がかなりあると思う。(385)

　これに対して，鶴見は「なんとなく，未来学というのは，エスカレーターにのって書かれている感じがしますね」(385) と応じる。

　清水は大真面目に，そして大袈裟に言っているような気がしないでもないが，それはともかく，その後の「未来学」の行く末は，鶴見のほうが，大局的に，冷静に見ていたのではないかというのが筆者の感想である。

　以上のようにして，清水の戦後転向の一端を垣間見たわけであるが，ここで趣向を変えて，安保闘争当時，清水のパートナーともいえるグループであった全学連ブント派の1人の活動家であった西部邁を取り上げてみたい。政治学者中島岳志は，彼の最近の好著 (中島，2022) で，西部について，次のように評価している。中島によれば，日本でスペインの哲学者ホセ・オルテガ・イ・ガセットの存在にスポットライトを当てたのは，西部であったという。また，中島にとって，西部は，さまざまなことを学んだ師匠のような存在だったという (中島 2022, 132)。

　中島によれば，「自民族中心の思潮」，それこそが，大衆化，大衆主義の典型であるというのが西部の考えだった。安易に大衆社会の中で「日本」を礼賛し，「ジャパン・アズ・ナンバーワン」と浮かれている人間を軽蔑していた (137)。

　西部がこうした考えを持つに至ったのには，若いころの経験が関係している，と中島は言う。すなわち，西部は大学時代60年安保を闘った左翼の闘士だった。そのことに対する反省的まなざしを常に強く持ち続け，運動から足を洗ったあとも，「近代主義的な観念から自分はながく離れられなかった」と語っていたと中島は回想する (138)。

　西部は，その後，大学院で数理経済学を専攻する。専門の研究が評価され，東京大学の教授までなるが，途中で自分の学問を徹底的に疑い始める。そして，「こんなことで世界が分かるわけはない」と言って，数理経済の研究を投げ出してしまう (138)。

219

そして，政治学から文化人類学，心理学に至るまで，あらゆる分野の本に目を通し，「狂ったように」勉強をはじめた。その後，アメリカ，イギリスに留学。そのイギリスで，西部は保守思想の真髄に出会う。イギリスの農村部で生活し，何百年も続いてきたであろう庶民の豊かな日常，受け継がれてきた祭りの様子などをみるうちに，「これこそが人間だ」と感じ，バークなどの著作を読み始めた。彼が30代後半のときのことだった（138-9）。

　日本に帰ってきた西部が目にしたのは，自己懐疑の精神を失った大衆が権力を掌握する「高度大衆社会」だった。その中で，西部は自ら「保守」を選び取り，オルテガを語りながら，現代日本，とりわけ1980年代の右傾化と言われる現象に対して強く批判を続けた。そして『大衆への反逆』（西部，1983）が書かれた（中島2022，139）。

　中島によれば，西部は1988年に東大教授を辞職する。彼はオルテガと同じく「輪転機の上に立って」，大学を去り，自分で雑誌を立ち上げた（140）。私見では，清水幾太郎の戦後における転向に引けを取らない，もう1つの戦後転向の例を見ることができると考えるのだが，以下においては，彼自身の自伝的なメッセージにあたってみたい。付言すれば，筆者の本章のタイトルは，「共同研究『転向』と鶴見俊輔」である。西部と鶴見は何の関係があるのかという疑問が生じてもおかしくない。しかしながら，詳細に探究したわけではないが，もとはと言えば，西部は清水が支援する全学連に属していた。他方，中島は全面的に鶴見に傾倒している。その中島が重要視する西部の思想と行動は，十分に「戦後転向の遺産」と言ってよいと思うのである。

　さて，西部は，1986年に刊行された自著『六〇年安保　センチメンタル・ジャーニー』（西部，1986）の「序章　空虚な祭典」を，こう書きはじめている。

　　25年前のちょうど今頃，ブントという政治組織が，その短命の生

第5章 「共同研究 転向」と鶴見俊輔

涯における，最初にして最後の昂揚をむかえようとしていた。ブント
というのは"同盟"ということを意味する独逸語で，共産主義者同盟
の略称である。1960年の4月から6月にかけ，いわゆる60年安保闘
争が大きく激しく渦巻くなかで，ブントは過激派の青年たちを率いて
警官隊との衝突をくりかえしていたのである。全学連主流派のひきお
こした一連の騒擾がそれである。（西部 1986, 5）

　25年も経って振り返るのだから，さすがに西部の筆は冷めている。西
部は安保反対陣営の勢力配置を次のように描く。

　　60年安保闘争は，戦後思潮の終焉を刻む儀式になるとも知らずに，
　出来事の推移が企画されているという意味での，キャンペインにおお
　よそ終始した。国民会議に関与する諸党派・諸組織のつくった企画は
　総じて静穏を旨としており，祭りの賑やかさをかもしだすのがせいぜ
　いであった。60年の奇妙さはそのような牧歌的な雰囲気のなかで歴
　史の大きな歯車が回ったというところにある。……共産党はその暴力
　の先鋒を，少くとも対権力闘争にかんするかぎり，5年もまえに収め
　ていた。新左翼は共産党からの離脱をようやく開始したばかりの段階
　で，暴力をまだ手にしてはいなかった。……しかし，ブントおよびそ
　の影響下にあった全学連主流派の先鋭な部分は暴力への志向を，おお
　むね観念の領域にとどまりながらも，執拗に追求していたのである。
　（18-9）

　「60年の奇妙さはそのような牧歌的な雰囲気のなかで歴史の大きな歯車
が回ったというところにある」と西部は要約しているところが重要であ
る。すなわち，「国民会議に関与する諸党派・諸組織」はおおむね静穏で
あった。しかし，ブント及び全学連主流派の先鋭な部分は暴力への志向を
執拗に追求していった，といちおう述べる。しかし，ブントに対する西部

221

の後になされる評価はまったく甘くない。もう少し西部の文章を引用しよう。

　　いったいブントはなにを信じていたのか。ほとんどなにものをも信じていないという点で，ブントほど愚かしくも傲慢な組織は他に例がない。……要するに信じるに価するものを獲得していなかったのである。……彼らがかろうじて信じることができたのは，戦後思潮のなかに，……様々の魔語によって操られる言語空間のなかに虚偽や欺瞞が充満しているという感覚であった。その感覚にはたしかな経験の裏づけがあったのである。なぜといって，ブントはその言語空間のなかで育った人間たちを主要な構成員としていたのだからである。ということは，自己のうちにも虚偽や欺瞞がふんだんにあると察知するということである。……ブントの過激さとは，2年近くの短い期間であったとはいえ，革命を幻想と知りつつ幻想してみた軽率さのことであり，そして軽率を一種の美徳とみなした腰の軽さのことである。つまりブントとは一個の滑稽にほかならない。(20-2)

このあたりで，西部言説の紹介を終えたい。筆者としては，清水と同じく西部も「転向」だと言ってもよいのではないかと思うのだが，西部の場合は「卒業」というべきかもしれない。

Ⅴ　おわりに

最後に，「共同研究　転向」のなかで，抜きんでて異彩を放つ藤田省三の「『共同研究　転向』中・下巻の総論についての補注」論文から2つの問題点を拾い出してみたい。この短い藤田論文は，「その一」と「その二」に分かれているが，まず，「その一」では，藤田はこう述べている。

　　あの権威ある岩波書店のある編集者が，私に，さも隠された秘密を

第 5 章　「共同研究　転向」と鶴見俊輔

耳打ちするかのような調子でこう語ったことがある。「古在由重さん
は非転向だと言われているけれども転向調書を書いているんですよ。
私は読みましたよ。如何にも古在さんらしい文章でした」と。もちろ
ん，古在さんと比較的親しく，立ち入って戦前・戦中・戦後の状況に
関する話を聞いていた私はそんな「耳打ち」には些かも動かされな
かった。古在さんの親友の一人からは「あれは，古在があんまり頑
張って身体を毀しそうなので，外から連絡を入れて，『調書』を書く
ように，と組織的に薦めたのだ」という一説も聞いていた。その説が
正しいかどうかは，私の知るところではない。しかし出獄後の古在さ
んの言動・社会的活動から見ると，文句なしに古在由重は非転向で
あった。そうでなければどうして戦中の一番危険な「国際スパイ事
件」（いわゆるゾルゲ事件）の中心的日本人・尾碕秀実の弁護人を探
すために親友中の親友・松本慎一と共に奔走したりするような極端に
危険な活動をするのであろうか。すなわち，全体的に見て古在由重は
紛れもなく本式の非転向であった。(藤田 2013，245-6)

「全体的に見て古在由重は紛れもなく本式の非転向であった」と喝破す
る藤田の言説は清々しい。見習いたいものである。
　さて，「その二」では，藤田はこう述べている。

　　いわゆる「昭和 10 年代」以後の時期には「偽装転向」は非転向の
　唯一の一般的形式となった。「防共協定」，「三国同盟」，「社会生活統
　制」と徐々に進む「高度国防国家社会」の成立過程の反映として「転
　向調書」なしの非転向は在り得なくなっていた。古在由重，粟田賢
　三，吉野源三郎，松本慎一，村井康男等がその代表例である。という
　ことは風間道太郎のような本当の転向者が拡がって全体化したことの
　反面でもあろう。松本礼二氏が複写をして送って下さった風間道太郎
　の本『暗い時代の記念』（未来社）に出てくる名前の人々は著者風間

223

自身を除いて殆ど尽く「偽装転向」の形をとった非転向者である。
（247）

ただし，「戦後転向」について，以下のように，藤田が短兵急に結論することには感心できない。藤田はこう言う。

　「戦後転向」については，代表例として，清水幾太郎らに見られるように，殆ど，本物の転向と言うより変質そのものである。何の権力的強制もないのに自分の利益や地位への関心を動機として行われたものであり，その点で私はこれらを嫌悪するし，その点こそが便乗性と共に，「戦後転向」の特徴である。（248）

筆者としてコメントすれば，藤田の言う「その点こそ」に引っ掛かるものを感じる。藤田によれば，清水幾太郎らは，「何の権力的強制もないのに自分の利益や地位への関心を動機として，転向と言うより変質が行われた」ということになるのだが，ことはそう簡単ではないと思われる。すなわち清水の転向が「利益や地位」を目的として行われたという見方はあまりにも表面的である。

筆者は清水が「最終講義　オーギュスト・コント」の中で述べた清水の次のようなメッセージに感銘している。清水はこう言っている。

　　今日では，博学というのは，もう美しい言葉ではありません。そこには，しばしば冷笑の響きさえ感じられます。しかし，博学ということは，いやしくも学問に携わるものにとって，常に1つの美徳であると私は信じます。私は，終にこの美徳を身に着けるに至りませんでしたが，学生時代，それが美徳であるという信念をコントに学んで以来，私はそれを深く信じています。（清水 1993，280）

224

第 5 章 「共同研究 転向」と鶴見俊輔

しかしながら，「最終講義」での発言よりだいぶん以前の，さきに述べた鶴見との 1968 年の対談では，清水は次のように，居直っている。これも大事なポイントである。清水はこう言っている。

　　とはいっても，ぼくは本来，放火魔的なところがあってね，誰もやっていないところをみつけるとすぐ火をつけたくなるんだ。それで火がつくとさっと逃げ出しちゃって，あとは知らんというわけね。煽る人は煽るだろうし，水かける人は水かけるだろうけれど，それはもう関係ないんだ，まかせちゃうというのかな。そんなところがあるなあ。(鶴見 1975d，387)

　簡言すれば，博学者には放火魔的なところは似合わない。清水はもって瞑すべしではないだろうか。

　「転向」の問題はむずかしい。単純化して言えば，戦時期日本と 21 世紀の日本では，「転向」の様相が違うだけでなく，本質的に違うのではないかと思われる。

　また，「転向」の問題は世界的な問題であるとして，例えば，フランス第五共和制下における，ある思想家の「転向」という問題には，筆者の場合，食指が動かない。転向研究の御本尊である鶴見俊輔のお叱りを買うかもしれないが，日本製「転向」研究は，あくまで局地性という外観と内面を持つ限り，世界的に普遍化することは出来ないのではないか，というのが現在の心境である。

　最後に，戦後転向の代表的な例を表現するものとして，清水の著書，『戦後を疑う』(清水，1980) を挙げておきたい。以下において，その彼の著書から，清水の興味深い言説を 2 篇紹介してみたい。まず，第 1 に，清水はこう述べている。

　　戦前，「現代の悪法」として知られる治安維持法というものがあっ

225

た。それは，天皇制と資本主義制度とを守ることを目的とした法律
で，敗戦までの20年間，進歩的インテリを初めとする左翼的な人間
は，同法に怯えながら生きて来た。敗戦後，同法が廃止された途端，
今度は，「治安維持法への復讐」というのが新しい大義名分になり，
天皇制を排して共和制にする，資本主義国日本を作るというのが，戦
後思想の大前提となってしまった。(清水 1980, 264)

　このような清水の指摘に対する筆者の感想は，あまりにも清水の「被害
妄想」，「意識過剰」ではないかという思いである。もっと言えば，当時，
清水は本気でそう思っていたのだろうかと疑いたくなる。
　次に，紹介したい清水言説は，戦後日本の教育についてのものである。
清水はこう言っている。

　　実際，考えてみれば，戦後の日本の教育思想ほど奇妙なものはな
　い。それは，プラグマティズムとマルクス主義という氷炭相容れぬ2
　つのものの合体なのであるから。この合体は，一方，日本占領のアメ
　リカ軍によって，プラグマティズムの教育論が歪んだ形で日本の教育
　界に押しつけられ，他方，教育者の団体が，教育学説などとまったく
　縁のない，伝統否定と現状変革とを目指すマルクス主義を奉ずる政党
　によって指導されたために生じたものである。(265)

　これまた清水の，「嫌・アメリカ」，「嫌・マルクス主義を奉ずる政党」
という思考（言辞）が目立つ見解である。他方，筆者は，清水よりはるか
に後の世代で，大学1年生のおり，清水の名訳，E. H. カー『歴史とは
何か』（岩波新書）に感動した思い出がある。後に，筆者は，無学なレベ
ルの低い研究者として，清水のいう教育者の団体（日教組）の，毎年の県
教組研究集会に1人の助言者団の資格で参加していたのだが，その頃のあ
る年，よく通っていた大阪アメリカンセンターの肝入りで，アメリカ政府

第5章 「共同研究　転向」と鶴見俊輔

の招待で1カ月間の「アメリカ視察」に出かけたことがある。そのおり，ある友人から「アメリカに招待されたからといって，喜んで出掛けるものではない」と諭されたことがあつた。

　しかしながら，本章の主人公である鶴見は，アメリカ通どころではない。丸山眞男も高畠通敏もアメリカをよく知っている。清水はもっと早くから戦前ではよく勉強していたアメリカを訪れるべきではなかったのではないだろうか。

参考文献

阿部知二ほか（1960），「諸組織への要望」，『資料　戦後学生運動』第5巻，三一書房，1969年，272-6頁。

思想の科学研究会編（1959），『転向――共同研究』上巻，平凡社。

―――（1960），――中巻，――。

―――（1962），――下巻，――。

島木健作（1955），「生活の探求」，『現代日本文学全集　46　武田麟太郎，島木健作，高見順集』，筑摩書房，137-233頁。

清水幾太郎（1949），『ジャーナリズム』，岩波新書。

―――（1965），『精神の離陸』，竹内書店

―――（1966），『現代思想』，岩波書店

―――（1980），『戦後を疑う』，講談社。

―――（1993），「最終講義　オーギュスト・コント」，『清水幾太郎著作集11』，株式会社講談社，266-293頁。

高畠通敏（1975），「解説」，鶴見俊輔（1975a），後掲書，477-86頁。

鶴見俊輔（1975a），『鶴見俊輔著作集2　思想Ⅰ』，筑摩書房。

―――（1975b），「転向の共同研究について」，―――（1975a），前掲書，3-28頁。

―――（1975c），「方法としてのアナキズム」，『鶴見俊輔著作集3　思想2』，筑摩書房，387-401頁。

―――（1975d），『鶴見俊輔 対談，編集　語り継ぐ戦後史』（上），講談社文庫。

―――（1981），『戦後思想3話』，ミネルヴァ書房。

―――（1982），『戦時期日本の精神史』，岩波書店。

―――（1997a），『期待と回想』上巻，晶文社。

―――（1997b），――下巻，――。

─────・上野千鶴子・小熊英二（2004），『戦争が遺したもの──鶴見俊輔に戦後世代が聞く』，新曜社。

デュウイー，ジョン（東宮隆訳）（1951），『人間性と行為──社会心理学序説』，春秋社。

中島岳志（2022），『オルテガ　大衆の反逆〜真のリベラルを取り戻せ』，NHK出版。

中野重治（1960），『むらぎも』，新潮文庫。

西部　邁（1983），『大衆への反逆』，文藝春秋。

─────（1986），『六〇年安保　センチメンタル・ジャーニー』，文藝春秋。

林　達夫（1951），『共産主義的人間』，月曜書房。

森崎和江（1984），『慶州は母の呼び声──わが原郷』，新潮社。

吉本隆明（2021），「甦えるヴェイユ」，『吉本隆明全集』第 25 巻，晶文社，9-135 頁。

藤田省三（2013），「『共同研究　転向』中・下巻の総論についての補注」，思想の科学研究会編，『共同研究　転向 5　戦後篇』下，平凡社，244-8 頁。

第6章

【書評】鶴見俊輔著
『日本思想の道しるべ』
（中央公論新社，2022年）

I　はじめに

　在野の哲学者長谷川宏は，本書『日本思想の道しるべ』の「解説」で次のように述べている。

　　　この本に採録された文章は鶴見の書いたもののほんの一部にすぎないが，どの文章を読んでも鶴見が生活のなかで思索を重ね，思想を身近な伴侶として生きていることがはっきりと感じられる。（長谷川2022，319）

　ここで，重要なポイントは，「生活のなかで思索を重ね，思想を身近な伴侶として生きている」にある。このような観点から思想家鶴見俊輔の言説を，本章において，書評してみることにする。すなわち，「思想を伴侶とすることは，思索を生活のなかで切り離すことなく実行することにあるからである」という鶴見の信念が実によく出ているからこそ，この著書の「書評」は有意義だと思うからである。

II　本書の主要論文

　本書の主要論文を取り上げながら，鶴見俊輔の言説を，いくつか抜き書き的に，抜粋，引用，列挙してみたい。とはいえ，それだけでは，鼻白むというか，お粗末なので，貧相なコメントではあるが，できるだけセンテンスごとに，付論させていただくことにする。

229

日本思想の可能性

　日本思想の可能性について，鶴見は次のように言う。鶴見によれば，彼が「民族」という感じを強く持ったことが2度あるという。

　1度目は，彼がアメリカにいて日本軍の真珠湾攻撃が伝えられた時，チャールズ・ヤングという友人が「これからはお互いに憎みあうことになるだろう。しかし，そういう憎しみを超えて，やがてもう一度親しさを恢復する時が来ることを祈ろう」ということを知らせに来てくれた時（鶴見2022, 9-10）。

　鶴見には，そういうヤングの感情がわからなかった。鶴見は，戦争中，アメリカ人を憎んだことがなかったし，どちらかと言えば，アメリカのほうが正しいと信じてきたから，憎むべき理由がなかったし，同時に日本は負けるし，負ける時に日本にいなければならないと考えていた（10）と言う。

　「負ける時に日本にいなければならないと考えていた」と考えていたところに鶴見のユニークなところが感じ取れる。ただ，当時の日本において，そのように考える人たちは少なかったのではないだろうか。

　「アメリカを憎むべき理由がない」，「アメリカのほうがより正しい」と考えていたと回想して，それを記す鶴見は正直である。と同時に，そこに，当時の普通の日本人とは鶴見は違っていた，ということを押さえておきたい。

　2度目は，3年ほど前と鶴見が言うのであるから，彼のエッセイが1963年初出だから，1960年前後と推測できるのだが，鶴見の旧友，プリンストン大学教授マリアン・リーヴィーと鶴見が清水寺のそばの坂を歩いていて，リーヴィーが急にひとつの人形を認めて，あれがほしいということで，2人は一緒に店の中に入っていった。ところが店の少女は，「まだ1つしかつくっていないので，このつぎにつくる時にこれとおなじくらいよくできるかどうかわからないから」という理由で「それは売れない」と言ったのである（10）。鶴見はこう回想する。

第6章 【書評】鶴見俊輔著『日本思想の道しるべ』（中央公論新社，2022年）

　　はたちくらいの，のんびりした感じの少女だったが，彼女がその人
　　形の作家なのだ。この時に私は，民族のほこりというべきものを感じ
　　た。アメリカ人の要求にたやすく応じる日本人を多く見ていて，その
　　例外がここにあるというだけのことではなくて，ここに，自分でその
　　作品をつくった人がいて，これまたきわめて不合理な理由で，その人
　　がこの作品をつくった源に私もまたつながっているのだ，という感じ
　　からである。(10-1)

　小さなコメントを差し挟むとすれば，鶴見らしい自意識過剰ではないだ
ろうか？　あらゆる意味で，時間が経過し，そのうえ，第三者としての遠
距離からの感想にすぎないが，その「店の少女」は，反対に，観光都市京
都といえども珍しくアメリカ人嫌いな少女だったのかもしれない。すなわ
ち，京都の店の人たちは，アメリカ人客を歓迎し，本音はともかく，アメ
リカ人客に，日本人客以上に親切でサービスに努めていたことが考えられ
る。
　さて，鶴見によれば，この100年間に集団としての日本人がして来たこ
とで，世界の思想史にとって意味あるものを2つ選ぶとすれば，「明治維
新」と「15年戦争」だと言う (12)。
　鶴見の分析は非常にユニークである。まず，明治新政府の思想とは，尚
歯会から流れ出る近代社会のユートピア像と国学から流れ出る王政復古の
ユートピア像とが合流したものである。次に，この明治国家は，1945年
の敗戦によってほろびるが，そのほろびかたそのものの中にふくまれた新
しい思想は，滅亡のもとをつくった満洲事変以来の15年戦争に求めるこ
とができると言う (16)。
　このように，2つを結びつけるわけであるが，そのむすびつけ方が非常
にユニークで，新鮮だと思われる。
　鶴見の近代日本政治史観は，明治維新と15年戦争を2つの極としてい
ることを確認しておきたい。鶴見の指摘は適切だと思う。問題としては，

筆者（土倉）は明治維新の後に来る大正デモクラシーと，15 年戦争の後に来る戦後民主主義との繋がりも，それに劣らず重要だと考える。さらに，問題を広げれば，戦後民主主義は現在も存続しているのか，それとも，戦後民主主義は今や終焉して，現在は，ポスト戦後民主主義の情況にあると考えるのか，という別の問題もある。

おそらく，今や故人となった鶴見は戦後民主主義存続論者であると思う。それにひきかえ，筆者は戦後民主主義終焉論に立ち遭う情況にあるのではないかと思っている。

さて，鶴見は次のように述べている。

　私は近頃『古事記』を読んで，特にそのはじめの部分に，天皇制がつくられる前の社会思想が，ところどころに顔を出しているのを感じた。それに気づかせてくれたのは，筑紫申真の『アマテラスの誕生』（1962 年）〔筑紫，1962 ──筆者〕という本だった。天皇制のつくり出される前の日本の社会思想は，どういうものだったのだろう。それは『古事記』のはじめにあるような，自然と人間があまり区別されることなく交流し，人間同士も，おたがいにあまりけじめなく，一体感をもって集団的に合議するような状態ではなかったか。そのもとのかたちがきだ・みのるや柳田国男や神島二郎の伝えるいろいろな部落会議に今も残っているものではないか。こういう見かたをもとにして，柳田国男が『明治大正史』で試みた明治維新批判をさらに進めてゆくならば，官僚万能・法律万能主義で上からの改革をおこなった明治新政府の思想そのもののもろさが，日本のよりふかい伝統の内部から批判されてゆくのではないか。(22)

ポイントは「明治新政府の思想そのもののもろさが，日本のよりふかい伝統の内部から批判されてゆく」ところにある。以前のことであるが，「鶴見には保守主義のところがある」と筆者が述べたところ，ある知友か

第6章 【書評】鶴見俊輔著『日本思想の道しるべ』（中央公論新社，2022年）

ら「鶴見が保守主義だなんて，とんでもないことである」と批判されたことがある。しかしながら，「日本のよりふかい伝統」を口にする鶴見は，全面的ではないにせよ，保守主義者の部分があると言えるのではないか。とはいえ，鶴見には，広角度というか，深層的というか，視野が広すぎるという面もあることも認めなければならない。もっとも，鶴見に比べて，「戦後民主主義の終焉」を考える筆者のほうがやはり視野狭窄というべきであろう。

日本の思想百年

　鶴見によれば，「肉体主義」（丸山眞男）の伝統が日本にあるという。すなわち，すぐれた思想構造を持つ運動も，すぐれた能力と魅力を持つ特定の肉体によって指導されないと，運動としてのびてゆかない。ここに，教祖というものが，日本において果す独自の役割がある（37）というわけである。鶴見はこう述べる。

　　　教祖とは，刻々変化する状況が新しい問題を持ってくるごとに，これに対して平均の人が思いもかけぬような意外な，しかし適切な解答を与える能力を持つ人である。その解答の出しかたは，教理によって十分に定式化されることがない。おどろくべき弾力性を持つ教祖が肉体として生きつづけるあいだは，運動はのびてゆく。(37-8)

　次に，鶴見の言う柳田国男の「現象記述の方法」をとりあげてみたい。橋川文三の評伝「柳田国男」（橋川，1977）によれば，理想型の図式によってつよくしばられていない柳田国男の現象記述本位の方法は，ある意味でウェーバーをこえて人類の未来の思想につらなるという。鶴見は，この考えかたは，ウェーバーの眼が，ピタゴラス流・キリスト教流の概念図式によって曇らされているのに比べ，柳田国男は，そういう概念図式なしに虚心に現象に接することができることを述べていると思われると述べる（鶴見 2022，38）。しかしながら，筆者としては，概念図式なしに虚心に接

233

することが，思考としてとくに優れているとは思えない。

　鶴見によれば，柳田国男は戦争中の軍部のように，日本人の世界観を他の諸国民に押し付けようとはしなかった。異国人に対する柳田の対しかたは，普遍妥当なただ１つの世界観と信じるものを他国の人びとに強制しようとするキリスト教諸国民の外国人への接しかたとはちがう道すじをとることになる。明治国家は，その道をとらず，満洲事変以後の日本の軍国主義政権はその道をとざした。敗戦後の日本は，このような接し方で，諸外国にたいする可能性をもっている，と鶴見は述べている（38-9）。

　筆者として，さしあたり，２点について，指摘してみたい。第１に，丸山眞男の言葉「肉体主義」という発想は，昔，彼の著作で読んだことがあるが，丸山は，日本の独自の普遍宗教，「新興宗教」に関連して述べたのではなかったような記憶がある。第２に，「敗戦後の日本は，このような接し方で，諸外国にたいする可能性をもっている」点について言えば，敗戦直後の日本に鶴見が考える可能性はあったかもしれないが，昨今のグローバル化する国際社会で柳田の「死後のたましい」論はあまりにもユートピア的ではないだろうか。そこが鶴見の独特で，異色な持ち味と言ってもよいのであるが。

　さて，鶴見によれば，戦後の日本思想で興味のある問題の１つは，大衆論であり，大衆と知識人論であったと言う。この問題について，中国との対比において日本の状況を新しく照らし出したのが，1949年に書かれた竹内好の「中国人の抗戦意識と日本人の道徳意識」（竹内，1980）その他一連の仕事である（鶴見2022，42）と述べる。

　ここで，日本の近代化の型の対照としてあげられた中国の近代化の型は，１つの理想型であって，かならずしも，中国の実情を過不足なく写しているものではないが，「この理想型の提出によって，日本の近代文化の欠点が見事に映しだされたことは否めない」（42）と鶴見は共鳴する。

　すなわち，「いったん竹内によってひらかれた視野で日本文化を見る時，明治以来の知識人と大衆の関係の型をそのままにしておいて，知識人

第6章 【書評】鶴見俊輔著『日本思想の道しるべ』(中央公論新社, 2022年)

の側から大衆を啓蒙してゆくという仕事を, 戦後になってもう一度とりあげることには望みをかけることができない」(42-3) というわけである。

「大衆の側から知識人にむかって呼びかけてくる根源的方向性を求めることが必要になる。その根源的な方向性」は, 「大衆の記憶の中に沈んでいる15年戦争の体験, 隣りの中国にたいする罪悪感と親近感, 原爆にたいするつよい嫌悪の感情は, 明白な表現をもたないままに」なっているからである (43)。

竹内のなした, なんとも大胆な方法の提示である。あえて, 問題提起をすれば, 「中国の近代化の型は, 1つの理想型」である点である。評者の学生時代の記憶では, 「中国の近代化の型」はあまりにも美化されていたのではないか, と思われてならない。当然であるが, われわれが現在の中国の政治を現に目にしているからである。竹内好や鶴見は故人となってしまったが, 2人の現在の中国の政治に対する見解を知りたいものである。

問題提起として言えば, 1949年に竹内好が言った「中国人の抗戦意識」から半世紀以上たった現在において, 昨今の新聞によれば, 現中国政府習近平政権のあからさまな強い好戦意識は明瞭である。これをどのように考えるか, 時代の移り変わりを思わざるをえない。

さて, 鶴見は, 「大衆の側から知識人にむかって呼びかけてくる根源的方向性を求めることが必要になる」ことについて, 次のようにスペインの哲学者オルテガ・イ・ガセットを引き合いに出す。

　　20世紀のはじめにスペインの哲学者オルテガ・イ・ガセットは『大衆の反逆』を書いて, ヨーロッパ知識人の伝統がおわって今や大衆の文化の時代が来たと述べた。日本の思想が日本の知的大衆の思想として明白な表現をもつ時が来るならば, その時には, ……オルテガがあたえた悲観的な解答とはいくらかはちがう解答をこの今世紀最大の思想問題にたいしてあたえることができるのではないか。(43)

235

「オルテガがあたえた悲観的な解答とはいくらかはちがう解答」については，たとえ，「いくらかは」という限定が付くにせよ，現在の日本や中国の思想情況を考慮すると嘆息せざるをえない。鶴見や竹内のユートピア的願望が実ることを祈りたい心境である。

日本の思想用語

鶴見によれば，戦後23年の今日，日本産の思想をふたたびもちあげようとする気運がよみがえっている，と言う。すなわち，今度は，旧占領者米国が，その国家的利益のゆえに日本を同盟者としてつよく結びつける都合上で，日本文化の伝統的形態を高く評価することを進めている，というわけである。すき焼きや御絞りなど日本風の物事がアメリカ人にとって持つエキゾティシズムということで，満洲事変後の日本のイデオロギーの戦後的なむしかえしではないか，というわけである (67)。

鶴見は続ける。戦後の小田実の世界無銭旅行記『何でも見てやろう』〔小田, 1972〕という本は，歌枕の伝統を，現代的な仕方で生かしたものと言える。ヨーロッパ諸国や米国，さらにまた中国のようなみずからの精神の範型を人類普遍のものと信じる諸民族とはちがう仕方で，日本人は，アジア，アフリカ諸国民族と交渉をもちうる，と彼は主張する (68)。「ただし，それは，日本みずからの帝国主義の復活をくいとめる程度に応じて，日本にひらかれてくる未来の可能性である」(68) として，である。

鶴見が小田の文学的業績を高く評価するのは，以上のような文脈であったのか，と感慨を新たにする。小田の文学的師匠は中村真一郎であると想像できるが，筆者の狭い見解かもしれないが，鶴見は「歌枕の伝統を，現代的な仕方で生かした」(68) と小田を評価しているのである。筆者も，小田は，先年物故した文化勲章受章者で，劇作家，評論家であった山崎正和とはえらい違いであるとひそかに思っている。

丸山眞男が荻生徂徠においてみとめた，自然にたいする人間の作為としての政治の理念は，日本人がみずからの手でうちだした近代的な政治理念であるが，作為として政治をとらえる見方は深く定着したとは言えない，

第 6 章 【書評】鶴見俊輔著『日本思想の道しるべ』（中央公論新社，2022 年）

と鶴見は言う（72）。

　たしかに，日米戦争の開始という人為の政治行動も，日本の詩人たちによっては天変地異とおなじような仕方でとらえられ，敗戦もまたそのような仕方でとらえられた。そのような考え方は，日本人にひろく共通するものであり，それがために，人間としての天皇ならびに戦時権力者の戦争責任の追及も，民衆の支持を得て進められることがなかった（72）という鶴見の考え方も正鵠を得ている，と考えられる。

　「自然にたいする人間の作為としての政治の理念」はあまりにも有名な丸山政治学の核心概念である。しかしながら，「作為としての政治の理念」が，現在の情報社会化した現代日本において，その核心概念が定着したとはとても言えないというのが，筆者の感想である。退化したとまでは言えないかもしれないが，「作為としての政治の理念」は永遠の課題というべきかもしれない。

　鶴見によれば，明治以後の日本の進歩思想は，多かれすくなかれ近代主義的性格を持ち，それ故に，日本の土着的思想伝統を軽んじる傾向があった。こういう進歩思想に対して，国家権力による弾圧が加わると，たやすく集団的な規模で転向が起こる。転向とは，国家権力の強制によって個人の思想がかわるということをさすと述べる（77）。

　国家権力による明白な暴力的強制がなされない場合にも，土着的思想伝統を無視した進歩思想は長い間には，まわりの風俗の働きかけをとおして，変わってしまうものだ，と鶴見は言う（77）。

　続けて，鶴見によれば，こういう場合を，風化と呼ぶとすると，戦後の日本におけるように，国家がむきだしの暴力をつかって個人の私生活の中にまで入って来ない場合には，風化と呼んだほうが適切な思想変化が増えてきている。しかし，風化とみられるものは，転向の一種とみることが出来るし，戦後の日本では，風化が転向の代用的形態となっていると述べる（77-8）。

　「風化」とは実に的を得た有効な用語である。「転向」に較べ，「風化」

237

はソフトであるが，実に的確なイメージを沸かせる用語ではないだろうか。ただし，「風化」というのは面白い発想に違いないが，鶴見が転向研究会を組織した頃には，そういう用語はあまり使われていなかったように記憶している。

日本の折衷主義　新渡戸稲造論

1. 折衷主義の系譜

　1960 年 1 月，「新渡戸の著書を今よみかえしてみると，その古くなっていないことに，おどろく。むしろ，これからひらけてゆく日本の新しい時代のためにとくに書かれたものであるかのように感じる」(86) と鶴見は口火を切る。

　鶴見によれば，新渡戸の思想は，大正から昭和初めまでの日本の正統思想であっただけでなく，戦後の日本においても正統の位置をしめるものではないか。このような日本思想の正統に対して，反折衷主義者は反折衷主義者なりに，また鶴見のような折衷主義者の後継ぎはまた折衷主義者なりに，自分の位置を見定めることが必要となる。新渡戸の折衷主義の性格を描きだすことが，われわれの立つ場所を見定めることにもなるであろうと述べる (86)。

2. 個人を軸とする折衷

　鶴見によれば，新渡戸はキリスト教徒としては，あまり教理にとらわれず，沈黙をとおして神の声をきくクエイカー宗に属していた。キリスト教徒ではあるが，儒教，道教，仏教，武士道，神道など，あらゆる種類の遠くからの声にたいして，耳を開いていようとしていたと言う。新渡戸の考え方は，日本の折衷主義的宗教心の実に見事な展開であり，それが，沈黙をもって万国共通の宗教的儀式としようという国際連盟事務次長としての実際的体験にうらうちされた提案となるというわけだったのである (89)。

　鶴見の「折衷主義的宗教心の実に見事な展開」という言説について，心底感服した。不遜で尊大な言い方を許していただければ，それこそ，鶴見の思考のスタイルの真髄ではないかと思うものである。換言すれば，鶴見

第 6 章　【書評】鶴見俊輔著『日本思想の道しるべ』（中央公論新社，2022 年）

流プラグマティズムの全面的展開である。鶴見は宗教者ではなかった。しかし，新渡戸の思考にプラグマティズムを読み取ったのではないだろうか。鶴見は新渡戸の実学主義について次のように述べる。

　するることが，毎日つみかさなって大きくなってゆく。こうして事業ができる。人間が一個の人格として生きているということがまず第 1 に重大なこと，その人格の存在証明として事業をするということが第 2 に重大なこと，そして事業のための手段として必要な技術，知識，学問の習得はその次に来るべきことなのである。事業をするということは，志と徳によって主としてなされるもので，知恵とか学問とかは副次的である。青年は何かの事業についての志をたてて，その志におうじて学問をしてほしい。学校を出た後にも，事業に献身することをとおして，いろいろの知識をあらたに要するものであり，何十歳になっても事業の必要に応じて何度も新しく学問をすることになり，この意味では生涯が社会という学校における学生生活である。このようにすすめるところに，新渡戸の実学主義がある。(90)

鶴見に言わせれば，例からしか説けないという思考方法は，新渡戸に学者には珍しく，事業人たちと親しく付き合うことを可能にし，付き合いを通して世界各国の事業人たちから世間智をひきだしてきて頭に貯蔵しておくことを可能にしたと言う (97)。

　続けて，鶴見によれば，その世間智が多くは当時の先進国であるヨーロッパから得られたということが，新渡戸の提案を進歩的なものであるかに見せたが，しかし，具体的なものに固執するというその思考方法において新渡戸はカール・マンハイムの定義した「保守主義的思考」にぴったりとあてはまる (97)。鶴見はこう述べている。

　マンハイムによれば，保守主義的思考は，状況から抽象した理論体

239

系をとおして未来を考えてゆくことをきらい，状況内で実現された具体的なものに固執する。こうして新渡戸の思想は，進歩主義のうわべをもちながら本質的には保守主義的思考として，主体本位の折衷主義よりは状況本位の折衷主義へと近づいてゆく。(97-8)

「状況から抽象した理論体系をとおして未来を考えてゆくことをきらい，状況内で実現された具体的なものに固執する」という保守主義論は，マンハイムから学んだ鶴見の新渡戸観だと容易に想定できるが，それはそれとして，鶴見はここで自分のことを語っているのではないか，というのが筆者の印象である。

3. 国家を軸とする折衷

新渡戸の国体論は，エドマンド・バーク（1729-1797）の政治思想にもとづいている，と鶴見は述べる。バークの説をひくことからはじまって，ゆっくりと国体観を展開し，その国体観に基づいて共産党系の危険思想を批判してゆくのが新渡戸の方法だと言うのである（100）。

鶴見は次のように述べる。

すくなくとも1929年（昭和4年）までにおいては，新渡戸は，左翼思想よりも右翼思想に国体破壊の危険性をみとめていたのである。ところが，1931年以後に日本の中国侵略が日本の政府の政策としてきまってくると，米国の排日移民法通過にふんがいして以後太平洋をわたらぬといったちかいを撤回して米国にわたり，1932年4月から1933年3月まで米国各地を旅行して満洲事変における日本の立場を弁護して，米国の世論をかえようとした。彼は次の太平洋会議（1932年）においては，論旨をかえ，数年前にかんかんにおこらせたおなじ副島道正伯爵が「バンフの太平洋会議に於ける博士は，失礼ながら満点であった。氏は此会議に於て大に我国威を宣揚したのである」と折紙をつけることになる。「国体」と新渡戸が言う時，それは神秘的意

第 6 章 【書評】鶴見俊輔著『日本思想の道しるべ』（中央公論新社，2022 年）

味あいのものでなく，まったく経験主義的・習慣尊重的意味あいのものである。国民的習慣のことだと考えてよい。それぞれの国に特殊な国民的習慣がつくられ，なかなかかえにくい。日本の国体もその一種で，したがって日本にはあっているが，他の国におしつけるわけにはゆかぬ。この意味では新渡戸の国体観は，日支事変以後の八紘一宇主義とはちがう。ただし，日本の国体（国民的習慣）は，非常にすぐれたもののようで，その故に日本は明治以後の奇蹟的な近代化を実現できたのである。岩倉，木戸，大久保らには，国体という偏見の有効性については，これをもりたててゆこうという意志はあっても，これでやってゆけるかどうか，じっさいにはかなりの不安があったろうが，そのすぐ次の世代にぞくする新渡戸らになると，徳川制度下の封建的な日本の記憶をもって明治天皇制下のうってかわった近代的な日本の実現を見ているので，この変化の推進力となった国体に岩倉らの前世代以上，また新渡戸以後の世代以上の非常な経験主義的信頼感をもっていた。（105-6）

　ここで，一言だけコメントすると，鶴見の，「奇蹟的な近代化」と「国体」は，概念として，それほど安易に連結しているものであろうか？　疑問を呈しておきたい。すなわち，鶴見と世代の違う者からすれば，「近代化」とは開放的なものであり続けるイメージがあるのに比べ，「国体」とは閉鎖的で伝統的なイメージが感じられるからである。「明治天皇制下のうってかわった近代的な日本の実現」という把握についても過大評価ではないかという思いが筆者にはある。すなわち，福沢諭吉は別格として，森鴎外や夏目漱石のような文学者には，うってかわった近代的なイメージを感じることが出来ないのは，はるかに後世の戦後世代の筆者の観察は薄っぺらだからであろうか？

　しかしながら，さすがに鶴見だけあって，次のように述べていることも留意する必要がある。鶴見は次のように言う。

241

新渡戸が武士道を高く評価することの中には，日本の支配階級の道徳観がそのまま被支配階級におこなわれることをよしとするという前提がふくまれていた。(109)

　支配階級の美化は，封建制度下の武士道讃美からそのまま，王政復古以後の国体礼讃につながってゆく。まさにこの故に，新渡戸は，日本政府が外国に派遣するのにもっともふさわしい人物だった。満洲事変以後の日本の中国侵略政策を正当化するために，日本政府が欧米に送った数百名の自由主義者からなる国民使節の群像の原型となる人であった。(109)

　新渡戸の初期の英文著書『日本国家——その国土，国民，および生活』("The Japanese Nation : its Land, its People, and its Life" 1912) は，ことに新渡戸みずからの経験にそくして，日本が植民地行政にいかにたくみであるかを米国人に例をあげて説明している。(109-10)

　したがって，鶴見の新渡戸評価には，前向きなところと後ろ向きなところ，という矛盾が混在するのではないだろうか。新渡戸の「支配階級の美化」が「国体礼讃」にそのままつながってゆくというところに鶴見言説の力点があることが問題なのである。

　したがって，以下のような，鶴見言説は，新渡戸が，やはり「体制のイデオローグ」であったことを証拠づけているように思われてならない。鶴見は次のように言う。

　1912 年においては，日本が植民国家として世界史上たぐいまれなる民族であることを説かれても，米国人は信用したものである。だが，ほとんど同じ主張が，似たようなタイトルの英文の著書『日本——その問題および発展の諸相』("Japan — Some Phases of her Problems and Development" 1931) でくりかえされた時，新渡戸の日本政府美化は，もはや欧米人にも中国人にも通用しなくなってい

第6章 【書評】鶴見俊輔著『日本思想の道しるべ』（中央公論新社，2022年）

た。世界史の状況にたいする日本国家のはたらきかけかたは，明治末と昭和はじめとでは，それほどのひらきがあった。新渡戸は，このことに気づかず，明治末とおなじ論法を用いて昭和はじめの日本政府の方針を弁護している。(110)

　1931年の英文の著書で，「新渡戸の日本政府美化は，もはや欧米人にも中国人にも通用しなくなっていた」ところが重要であると思う。

　次に，大東亜戦争開戦直後の当時アメリカに留学していた鶴見の回想が挿入される。鶴見は，大東亜戦争が始まってから数日経ったある夜，アメリカ留学生仲間の外務省官僚と話したことがあったと言う。鶴見が戦争を始めたことの愚かさについて口に出したところ，その外務官僚は急に気色ばんで「それではどうしたらよかったと言うのだ」と聞いてきたという。「新渡戸を原型とする日本の官僚的自由主義をもってすれば，日支事変も進めてゆかざるを得ず，大東亜戦争も開戦にふみきらざるを得なかったであろう」と鶴見は回想する。「こうして，新渡戸の自由主義・折衷主義の思想の延長線上には，新渡戸ゆずりのおだやかな趣味をそのままひきつぎながら，穏健な超国家主義，軍国主義，全体主義が生まれることになる」と鶴見は回想を締め括る（113-4）が，「穏健な」という形容がどうも後世のものには気になるところである。

4. 今日の折衷主義

　簡単に私見を述べるとすれば，鶴見は，新渡戸を，穏健な超国家主義者，穏健な軍国主義者，穏健な全体主義者と規定しているように見える。それをどう評価するかは，ひとまずさておき，鶴見が「長期にわたって大規模な事業の直接の責任者になった者は，権力者側にたつと反権力者側にたつとをとわず，実務そのものに強制されて折衷主義の傾向をおびるようである」(114)と述べていることは重要である。換言すれば，鶴見の「新渡戸は穏健な超国家主義者である」の意味を解く鍵は「折衷主義」にある。鶴見は折衷主義について次のように述べる。

折衷主義の思想は，主体本位の折衷主義としても，状況本位の折衷
　主義としてもとらえることができる。この意味では，あたえられたど
　の折衷主義の思想についても，その折衷の主体の性格は何か，その折
　衷の状況の性格は何かを問題とすることができる。だが，どちらとし
　てとらえるほうがより適切かによって，折衷主義そのもののタイプと
　して，主体本位の折衷主義，状況本位の折衷主義との2つが成立する
　ということも言える。日本の近代思想史を例にとれば，大杉栄・辻
　潤・小林秀雄らの思想は主体本位の折衷主義であり，福沢諭吉・新渡
　戸稲造の思想は状況本位の折衷主義の系列にぞくすると言える。(115-
　6)

　鶴見が「主体本位の折衷主義」と「状況本位の折衷主義」を区別してい
るところは慧眼であると思う。それは，概念上の区別であるが，大杉栄・
辻潤・小林秀雄のグループと，福沢諭吉・新渡戸稲造のグループを分ける
ことによって分かりやすくなるからである。ここでは，鶴見にしたがっ
て，新渡戸稲造の思想に焦点を置いてみたい。
　「新渡戸の思想がどれほどのつよさ，よわさをもっているかは，近代の
日本史の中でその演じた役割をとおしてあきらかである」(116) と，鶴見
は言う。
　鶴見によれば，「それは，日本の国家のうごきにたいする批判の機能を
いちじるしく欠いており，日本の国家が世界の諸国の間にあって採用する
コースが，どのような方向をとるかによってより良い結果，より悪い結果
を生み出す」(116) ということになるのであるが，結局は悪い結果を出し
たのであるから，「批判の機能」を著しく欠いたということになると思わ
れる。
　さて，ここからが，鶴見の新渡戸論の終章になってゆく。新渡戸的思想
は戦後になって花咲く，と鶴見は評価しているようである。鶴見は次のよ
うに述べる。

第 6 章 【書評】鶴見俊輔著『日本思想の道しるべ』（中央公論新社，2022 年）

　新渡戸的思想の中心は，そのやさしさにある。その思想は，人はだ
であたためられたものとしての，あたたかみをもっている。そのあた
たかみこそ，日本の成人社会において，思想の特性として高く評価さ
れるものである。戦後日本の支配者の急進主義思想対策は，昭和 4 年
前後に新渡戸が田中義一首相の文部対策ならびに危険思想対策を批判
して受けいれられなかったまさにその線にそうて再建され，その結
果，戦後の転向は主として親切の通路をもって誘導される。上役から
下役へ，先輩から後輩へ，親類から親類へ，親から子へ，妻から夫へ
のさまざまの親切のワダチにそうて，ゆるやかになしくずしに急進主
義からの転向が用意されてゆく。(117-8)

したがって，鶴見の論理では，次のような結論が導かれるのは当然であ
る。鶴見によれば，

　思想をイムパーソナルな原理としてでなく，その思想をもつ人と自
分とのパーソナルな関係として理解するというパーソナリズム（丸山
眞男の言う肉体主義の一属性）が，日本思想の中心にあり，これを新
渡戸思想は見事につかんでその体系をつくったものと言える。(118)

ただ，その延長上に，次のように展開する鶴見の論理に同意してよいの
かどうか迷うところである。鶴見はこう述べている。

　新渡戸思想は，大正・昭和年代のトップ・レベルにあるもっとも重
要な官僚派閥の基本的哲学として作用した。このパーソナリズムにた
いして，ただたんにイムパーソナリズムをもって対し，日本には「真
の思想」が成立しないとなげいていることは日本の状況の内部におい
てうごくための積極的な原理とは言えない。(118)

245

それはともかくとして，ここでは，パースナリズムとイムパースナリズムの対比が重要である。その意味で，「日本には「真の思想」が成立しないとなげいていることは日本の状況の内部においてうごくための積極的な原理とは言えない」という鶴見のフレーズが気になって仕方がない。丸山眞男に『日本の思想』（丸山，1961）という著書があるが，丸山のこの著書の刊行は鶴見論文の公刊後であるのが微妙である。

さて，鶴見の言わんとする核心部分は，彼の次のようなセンテンスであると思われる。

　　昭和時代の軍国主義の支配にたいして，かつて新渡戸門下であった官僚・政治家・実業家・教育者・学者たちのとった道は，偽装転向意識に支えられながら，なしくずしに軍国主義にたいしてゆずってゆくという道をとった。偽装転向意識に支えられているということがかえってかれらの中に転向の自覚を生まず，この故に敗戦後におなじく転向意識なしになしくずしに民主主義に再転向することが可能となった。これら個人の転向・再転向は，日本の支配階級内部での強力な相互扶助，パースナルな親切のだしあいによって支えられて来た。（鶴見 2022，119）

このような鶴見の主張について，さしあたり次のように反論してみたい。

第1に，「かつて新渡戸門下であった官僚・政治家・実業家・教育者・学者たちのとった道」について言えば，新渡戸門下の人たちはどれくらいいたのかという問題がある。

第2に，「偽装転向意識に支えられて転向の自覚を生まず，故に敗戦後におなじく民主主義に再転向することが可能となった」という論理はどの程度成り立つかという疑問に駆られる。

第3に，「個人の転向・再転向は，日本の支配階級内部での強力な相互

第 6 章 【書評】鶴見俊輔著『日本思想の道しるべ』（中央公論新社，2022 年）

扶助，パースナルな親切のだしあいによって支えられて来た」という論理
も一般的に成立するのだろうかと問うてみたい。

　しかしながら，鶴見が，付論のかたちで，次のように述べていることは
極めて重要であると同時に問題である。鶴見は次のように言う。

　　　ここですこし横道にそれるかもしれないが，新渡戸稲造と柳田国男
　　（1875-1962）のつながりについて書いておきたい。こうすることに
　　よって，近代日本の思想史上におけるエドマンド・バーク→金子堅太
　　郎→新渡戸稲造→柳田国男という系譜を明らかにすることができる。
　　　思想のパースナルな次元における研究について，独自の体系をきず
　　いたのは，柳田国男の業績である。柳田国男の研究活動にたいして，
　　1 つの重大な刺激をあたえた人として新渡戸稲造がいたことを見逃す
　　ことはできない。新渡戸ははやくから「地方」の研究の必要をといた。1907 年（明治 40 年）公刊の『随想録』には，「地方の研究」と
　　いう講演が付録としてついている。(119-20)

　鶴見によれば，1908 年に公けにされた新渡戸のジカタ学の構想は，当
時 34 歳の青年官吏だった柳田国男に刺激をあたえ，柳田をして新渡戸の
構想の実行者たらしめたと言う (122)。筆者としては，いささか大胆な仮
説ではないかと考えてみたい。鶴見は次のように述べている。

　　　柳田の自叙伝『故郷 70 年』（1959 年）〔柳田，1997〕によると，柳
　　田は 1907 年 - 08 年ころ自宅で「郷土研究会」を起こしたが，新渡戸
　　稲造が西洋旅行から日本にかえって来たのを機会に，新渡戸を中心と
　　して「郷土会」を創立することとし，もとの郷土研究会のグループに
　　その世話人になってもらった。この会は，柳田邸から新渡戸邸にうつ
　　り，新渡戸が日本を去ってジュネーブに移るまで 10 年近くそこで続
　　けられた。この間には，会員がつれだって地方研究の旅行をしたこと

247

もあったという。(鶴見 2022, 122)

　このようにして，出来上がった鶴見の力作論文「日本の折衷主義　新渡戸稲造論」の結語は次のようになっている。

　　　あらゆる思想が風化してゆく状況に対して，原理を原理としてイムパースナルなものとして守るというのでなく，むしろ，パースナルな行為の中からそれにふくまれているイムパースナルな原理（かくされた指導原理）をくりかえしひきだしてゆくという，逆の行動が準備されることが必要である。この行動のコースが成立するとすれば，それは，日本社会の中ではたらきつづける巨大かつ豊富なパースナリズムの伝統から何ものかをたえずひきだしてくることに成功するであろう。部分的合作者をささえる折衷主義の哲学——新渡戸稲造的な状況本位の折衷主義を部分としてとりこむもっと堅固な折衷主義の成立する基盤がここにありそうである。(125)

　コメントすれば，「状況本位の折衷主義」というのはよく分かる。しかしながら，「堅固な折衷主義」というのは言語矛盾のような気がしてならない。言い換えれば，「折衷主義」とは，もともと「ソフト」なものではないだろうか。
　視点を変えて，以下においては，続けて，ケーススタディとして，柳宗悦に言及している鶴見の言説を考察してみたい。

柳宗悦

(1)

　なぜ柳宗悦（1889-1961）が鶴見にとって大切な思想家かというと，柳が「熱狂から遠い人だからである」(189) と鶴見は言う。鶴見によれば，「柳の思想の核心には，いつも，おだやかさとがんこさがあった。それは，柳の思想の特色であると同時に柳の人がらの特色でもあり，彼の思想

第 6 章 【書評】鶴見俊輔著『日本思想の道しるべ』（中央公論新社，2022 年）

と人がらの接点となるものである」(189)。このように，鶴見は柳を思想
家として見ている。

(2)

鶴見は，「柳の晩年に発表された「美の法門」(1948 年）は，その宗教
観と芸術観の双方にかかわるかなめの位置をしめる論文である」(190) と
述べる。鶴見は次のように続ける。

　　　現世のこととしては，美と醜を語りながらも，その発言にはおのず
　　から，美醜の区分をこえた別様の光がさすという状況が，柳の心中に
　　はそれまでにもあり，そのことの自覚が，「美の法門」の講演にさい
　　してそれまでよりはっきりした形をとったと言える。(191)

柳は，宗教心について，信と不信の区別を固定して考える立場をしりぞ
けた，と鶴見は考える。すなわち，一遍上人のように，信不信を言わず，
不信のものもまた往生するという考え方をよしとした。宗教についてのこ
のような考え方は，美についても，美の判断，醜の判断にわずらわされ
ず，醜とみなされるものもまたそのまま別の意味での美であるという考
え方へと導くというわけである (193)。このような柳の考え方はプラグマ
ティズムと言ってよいだろう。だから鶴見と柳は共通するところがあると
言ってよいと思われる。

柳の「もはや美と醜とに煩はされない王土が厳然と在るのである。之を
こそ美の浄土と呼んでよい。ここ以上の又之以上の美の故郷はない」とい
う言葉を引用しながら，このような美の浄土を指さす力として，柳は民芸
運動を構想した (193) ことを鶴見は強調する。

(3)

鶴見は言う。「青年時代の柳の重要な著作『ヰリアム・ブレーク――彼
の生涯と制作及びその思想』(1914 年）にはじまり，『ブレークの言葉』
(1921 年）をへて，寿岳文章の協力を得て刊行された研究雑誌『ブレイク

249

とホヰットマン』（1931-32年）にいたるまで，柳は，キリスト教の流れを
くむこのイギリス詩人の作品をときあかすのに，東洋人の心と東洋人のメ
タファーをもってしている」（195-6）。

「東洋人の心と東洋人のメタファー」で処した柳のオリジナリティはこ
こにあると言えよう。柳は「イギリス乞食」ではなかったのである。すな
わち，「イギリス人になりすましてイギリス詩人の作品を読むという方法
は，柳の採用するものではなかった」（196）のである。

鶴見が次のように言っていることが重要である。

　　英語の1語の意味をたずねる中で，イギリスの文化と日本の文化が
　ぶつかる，そのたえざる衝突，交流，融合が柳の求める英文学研究の
　方法だった。柳よりも早く夏目漱石など何人もの明治の英文学者の中
　にはじまるこのような研究方法は，日本の英文学研究者が英語になれ
　したしみこれに上達するにつれて，大正から昭和，さらに戦後の日本
　の英文学研究から失われていった。英文学者として，柳宗悦は，大
　正・昭和の同時代において孤立した存在だった。（196）

鶴見によれば，柳は，高等学校の学生だった頃からエマソンにひきつけ
られたという。エマソンのエッセイのなかにある自然観は彼を魅了した。
柳は，エマソンの後にソロー，ホイットマンに親しみ，やがて同年輩のイ
ギリス人バーナード・リーチに教えられてウィリアム・ブレイクを熱中し
て読みはじめた（196）ということになるが，ここでバーナード・リーチ
に注目しておきたい。バーナード・リーチについては後述することにす
る。

さて，鶴見は「彼が25歳の時に書いた大著『ヰリアム・ブレーク』
は，日本人にとって前人未踏の書であるだけでなく，故郷英国においてさ
え評価のさだまっていなかったこの詩人についての世界に珍しい批評だっ
たと言える」（196）と，絶賛する。鶴見は次のように述べる。

250

第6章 【書評】鶴見俊輔著『日本思想の道しるべ』(中央公論新社，2022年)

　この著はまた，柳の後年の民俗研究や仏教研究，とくに妙好人の研究への序説として読むことができる。ブレイクは，たまたまイギリスにうまれたひとりの妙好人であり，その信条は，仏教美学へのいとぐちであるとも言える。(196)

　鶴見は，柳が，「芸術制作の理念としての他力信仰をたてた」(198)と述べていることも重要であると言う。すなわち，鶴見は次のように述べる。

　柳は近代ヨーロッパの芸術制作を支えた理念の一部をなしていた，人間の自力の信仰をはなれて，人間が芸術によって達成する美もまた自然の美を軌範とし，自然による風化をへてさらに美を深めるものとして，芸術制作の理念としての他力信仰をたてた。この考え方のすぐそばにブレイクの芸術論をおき，ブレイクの詩をおくとしても，そこには何のへだたりもない。(198)

　鶴見によれば，ブレイクの芸術論と詩は「日本の中国侵略」への批判に文脈的につながって来る。鶴見は次のように述べている。

　日本の中国侵略のはじまった1931年に柳は，『ブレイクとホヰットマン』の編集後記を借りて，この戦争を批判し，インドのガンジーへの共感をのべている。
　この時代の日本では，ガンジーは，イギリス帝国主義への批判の面においてだけ知られ，米英の帝国主義に反対してたたかう日本の友であるかのようにすりかえられていった。柳が日本の中国侵略を批判してガンジーに言い及ぶ時，そのガンジーはけっして中国侵略にのりだす日本の友の役割をつとめるものではない。それは植民地とされたアジア諸国の民衆の間からあらわれた非暴力的抵抗の指導者としてのガ

251

ンジーであった。(199)

(4)

　鶴見は次のように言う。「柳宗悦は，ブレイクとおなじく朝鮮の陶磁器
についても，バーナード・リーチに教えられるという機縁をもった。朝鮮
の陶磁器への哀惜はやがて，これらをつくった朝鮮人への哀惜を彼のうち
にはぐくんだ。朝鮮人に対して，日本人は近年何をしてきたか」(201-2)。
　日本の隣国の朝鮮の陶磁器について，柳がバーナード・リーチに教えら
れたことが興味深い。鶴見は次のように述べる。

　　　柳は，政治に政治としてかかわることを，自分の生き方としては望
　　まなかった。彼の内部にそだった価値感覚，彼にとって自然となった
　　感情に根をおろす行動計画であるかぎりにおいてのみ，彼は，その行
　　動が政治の領域に属している場合にもそこにあえてふみとどまり，そ
　　こから退くことがなかった。(203)

(5)

　さて，絶賛しすぎる気がしないでもないが，鶴見が次のように言うの
は，たしかに真実の一面を突いていることは否めないだろうと思われる。
鶴見によれば，「民芸についての柳の関心は，朝鮮の民族芸術への関心か
らはじまった。日本の民芸運動が朝鮮への関心に媒介されておこったとい
うことは深い意味をもっている。この運動は，その起源からして，せまい
意味でのナショナリズムと縁がない。また欧米の東洋趣味にそうてあらわ
れる外人むきの日本風からも程遠い」(204)。
　「日本の民芸運動が朝鮮への関心に媒介されておこった」ということが
重要であると思う。柳が朝鮮への関心を持ったのは，欧米の東洋趣味に影
響されてそうなったと言うのは間違いではないかもしれないが，柳本来の
オリジナルな関心であったとも言えると思われる。

第 6 章 【書評】鶴見俊輔著『日本思想の道しるべ』(中央公論新社, 2022 年)

　以下，ここから，鶴見に教えられて，朝鮮への関心にかかわる柳の年譜
を略記しておきたい。

　　1921 年 1 月，柳は，「朝鮮民族美術館設立計画」を発表した。おな
　じ年の 5 月，東京で「朝鮮民族美術展覧会」をひらいた。(204)
　　1923 年は関東大震災の年で，この大地震で柳宗悦は長兄を失うと
　ともに，震災をきっかけとする日本人による朝鮮人のリンチと虐殺を
　同時代人として経験する。
　　あくる年の 1924 年，柳は朝鮮の京城にある景福宮内の緝敬堂に
　「朝鮮民族美術館」を設立し，かねてから自分たちのあつめてきた朝
　鮮人作の芸術を朝鮮人に贈った。(204)
　　1926 年 4 月に，柳は，「日本民芸美術館設立趣旨」を発表した。ブ
　レイク発見，朝鮮の陶磁器の美への開眼にさいして実作者のバーナー
　ド・リーチが柳を啓発したように，今度の民芸美術館設立の構想にあ
　たっても，実作者の河井寛次郎，浜田庄司とともにこの年の 1 月に高
　野山にのぼって語りあったことが大きな影響となった。(205)
　　1935 年にいたって，大原孫三郎の寄付を得て，東京に日本民芸館
　をつくることになり，1936 年に完成した。(206)

　「多くの著作の中で，一遍上人についてのものが，柳の宗教的関心の特
色を示すもののように思われる。その関心のもち方は，青年時代以来の柳
の欧米の経験主義哲学と科学方法論の学習を背景としてもっている」(208)
と鶴見は言う。柳の宗教的関心が，欧米の経験主義哲学と科学方法論の学
習をミックスしたものであることに鶴見が着目しているところが重要であ
ると思う。
　さて，鶴見は，「柳の宗教哲学と芸術論において，1923 年にはじまる
木喰上人の木彫仏の研究は 1 つの転機となったものであろう」(209) と言
う。すなわち，「1949 年に調査をはじめ 1950 年に『妙好人因幡の源左』

253

として刊行された研究のような，妙好人についての考察も大切な位置を占める」(209-10) のではないかというわけである。「妙好人は，学問などなしにじかに信仰に入った人びとであり，木喰は無名の人として各地をまわって仏像をきざんでおいてまわった人である。それらの足跡をとおして，柳は，一遍におけるような信仰が，日本の大衆の中に生きていることをたしかめた」(210) ことを鶴見は強調する。

　鶴見によれば，

　　15 年間の戦争時代に柳は日本の知識人の間の少数意見として終始した。もう大勢は決したと考えて少数意見を捨てて，大勢につく言論人や学者の多かったなかで，柳はそのような動きを見せなかった。そのよりどころとなった思想は，表だった活動ができない時にも，種子としてでも信仰を保ちつづけようという考え方だった。柳のおだやかでがんこな思想の根もとには，6 字の名号 1 つに自分の存在をかけるという，心のむきがあった。(210)

　鶴見の言うように，「おだやかでがんこな思想」と「信仰を保ちつづけようという考え方」が，柳において結びついていたということが重要であると思われる。

普遍的原理の立場…丸山眞男×鶴見俊輔

　1967 年 5 月と記されている (313) 丸山眞男と鶴見の対談で，丸山は次のように「思想の科学研究会」を批判している。

　　ところで「思想の科学研究会」は，思想や学問のこれまでの型に反逆したわけですね。それはそれでいい。しかし，ただ型や形式をぶち壊すというだけだと，日本の文脈ではどうなるか，とくに現代のような社会ではどうなるかといえば，マスコミに対して，まったく無抵抗になるんですよ。だって，マスコミはいわば型を壊すことを商売にし

第 6 章 【書評】鶴見俊輔著『日本思想の道しるべ』(中央公論新社,2022 年)

ている産業だから。これにたいしてアカデミーというのは,まさに,学問の型をしつける場所なんです。……そこで,現代の日本でたんに反アカデミズムなんて呼号することは,さなきだに内容主義,便宜主義の風習のつよい日本では,江戸時代においてわずかに例外的に支配的だった型をしつけるという意味を,まったく忘却することになるんだ。(311-2)

　ここには,「日本思想」に傾く鶴見に対して,「普遍的原理」に立つ丸山の,逆方向の対比が出ている。丸山の発想は彼が専門とする「江戸時代」であり,そもそもはアメリカ・プラグマティズムの素養があるはずの鶴見の「反アカデミズム」を批判しているからである。したがって,丸山が,はじめ,「思想の科学研究会」にどうして参加したのかが問題になる。それについて,丸山は次のように述べる。

　　わたしが「思想の科学研究会」に参加したのは,民間のアカデミズムをつくるっていうから,それはひじょうによいことだ,と思ったからですよ(笑)。ところが,型とか形式を蔑視する内容主義になっちゃったから,きびしいシツケのきらいなかたは,イラハイ,イラハイ,ということになった。これが「思想の科学研究会」に対してもっているわたしの根本的な疑問です。(312)

　丸山の疑問は正しいと筆者は思う。とはいえ,雑誌『思想の科学』はどうなるのか?　という問題が出てくる。『思想の科学』が継続して刊行されてゆくためには,経営の問題に『思想の科学』は対処しなければならない。したがって,『思想の科学』は準「アカデミズム」であると初めから自戒すべきであったかもしれない。あるいは,『思想の科学』同人は,反「アカデミズム」を僭称すべきではなかったかもしれない。その意味で,丸山が「思想の科学」主義を批判したのは貴重であると思われる。すなわ

255

ち，丸山は次のように言っている。

　　博士論文は，こういうふうに書くものだという，型があるんです
　よ。それは論文の内容と独立してそれ自体意味がある。……ところ
　が，「思想の科学」主義は，そういうものをすぐ無意味だとか荘厳
　ぶっているとかいって壊そうとする。それも一面では意味があると思
　うけど，現代のように，型の意味，シツケの意味が忘れられている時
　代では，「思想の科学」主義は，まったく時流にのっていると思うん
　だ（笑）。(313)

　丸山説に賛成したい。強いて鶴見に同調するとしたら，『思想の科学』
の刊行を続けようとしたら，ある意味では「時流に乗る」必要性が求めら
れたからであろう。
　丸山が，「時局便乗ですよね。だから，せっかく新人を育てても，「思想
の科学」を踏み台にしてすぐマスコミに出ちゃう」(313) と鶴見を皮肉る
のも，まことにもっともである。言い換えれば，マスコミに対立する『思
想の科学』，あるいはマスコミと対坑する鶴見といった問題は，意外と重
要なテーマかもしれない。
　ここで，反対の角度から，丸山のジャーナリズムに対する不信につい
て，問題にしてみたい。鶴見の父親に対する嫌悪は有名なところである
が，丸山にも父親に対する反感はあったと，政治学者苅部直は，1937 年
日中戦争勃発状況下の丸山父子のやり取りのエピソードを次のように披瀝
する。

　　このころ，『東京日日新聞』に移った丸山幹治もまた，日中戦争の
　勃発後には，コラムで戦争の遂行をすすんで支持するようになり，眞
　男が「お父さんの自由主義もこのごろだいぶあやしくなってきたじゃ
　ないか」と詰めよることもあった。これに対して幹治は苦笑し，「い

第 6 章 【書評】鶴見俊輔著『日本思想の道しるべ』（中央公論新社，2022 年）

や，おれはほんとうは自由主義者じゃないんだ，新聞主義者なんだ」
と開きなおったという。（苅部 2006，80）

　このようなエピソードを紹介した後，苅部は「戦後に眞男は，論壇で
華々しく活躍しながらも，ジャーナリズムに対する不信を，しばしば口に
しているが，こうしたやりとりも，その感情の大きな原因になったことだ
ろう」（80）と推測しているが，的を射ていると言えないだろうか。

Ⅲ　主要な論点

1　『日本思想の道しるべ』の舞台裏

　黒川創『鶴見俊輔伝』（黒川，2018）は鶴見の優れた伝記となっている。
『日本思想の道しるべ』を読むうえで，おおいに参考になった。なぜな
ら，鶴見がどうして「日本の思想」にこだわるのか，その由来や事情，鶴
見の執筆の様子などが，ふんだんに記されていて，非常によくわかる伝記
となっているからである。

　黒川によれば，鶴見は，杉山茂丸の息子として，福岡の玄洋社の流れに
位置づけられる作家・夢野久作（1889-1936）の小説に，国粋主義・国権
主義への転向以前の民族主義——つまり，自由民権の拡大とアジア解放を
求めるインターナショナルな視野を持つ民族主義者としての「世界小説」
のありようを認める（黒川 2018，294）。

　加えてまた，黒川は，鶴見が日本における「世界小説」の起源をなす
代表的な作品の 1 つに，夢野久作『氷の涯』（夢野，1933）を挙げている
（401）ことも指摘しておきたい。

　鶴見は，少年のとき，夢野久作の作品にのめり込んで過ごしたという。
それは，夢野久作の全集が，父の鶴見祐輔あてに送られて来ていたから
だった。夢野久作の父親である杉山茂丸は，福岡出身で，日本のアジア主
義の源流をなす玄洋社の頭山満らとも交流が深く，初代首相の伊藤博文を
はじめ，政界の大物たちの懐刀として立ち働くことで知られた（402-3）。

杉山茂丸は，後藤新平（鶴見俊輔の母方の祖父）とも，親しい間柄だった。だから，黒川によれば，杉山茂丸・夢野久作父子の相次ぐ没後，流行作家でもある鶴見祐輔あてに，遺族の意向で，久作の全集などが送られていたからだろうという。だが，鶴見祐輔は，大衆娯楽小説と目される作品には冷淡で（彼自身も大衆的な人気の作家であったにもかかわらず），こうした本は手に取ろうともしなかった。だから，家庭のなかでは長男の俊輔ひとりが，夢野久作の熱心な読者となっていったと，黒川は言うのである（403）。

　夢野久作は福岡の玄洋社の流れに位置づけられる作家であるが，黒川によれば，「玄洋社周辺の人脈について，戦後になっての見取り図では，総帥の頭山満を「右翼の巨魁」とすることで片づけられがちだが，鶴見俊輔には，この種の予断が少ない」（403）と言う。黒川は次のように述べている。

　　後藤新平の一族という境遇にいたことで，幼時には，そうした系統の人びとの出入りも身近に見ることがあった。たとえば，両国の国技館での相撲観戦に伴われると，後藤新平一家の桟敷の隣は，頭山満の桟敷だった。禿頭白髭にメガネをかけた物静かな老人として，頭山満がそこに坐って土俵を見ている。酒を飲まず，地位や金銭への欲を示さず，いつも笑顔でいる人，という関係者の目に映った頭山満のおもかげに，彼自身も触れていた。（403-4）

　鶴見俊輔と夢野久作の関係をたどっていると，そこに，それが唯一ではないが，鶴見の心底にある根っこのようなものを見るような気がする。とはいえ，鶴見には，アメリカという奥がある。あるいはプラグマティズムという心臓がある。したがって，鶴見俊輔論というテーマを執刀するとしたら，どうすればよいのだろうか？　複雑・微妙であるとしか，言いようがないのではないだろうか。

258

第 6 章 【書評】鶴見俊輔著『日本思想の道しるべ』(中央公論新社，2022 年)

　さて，話題を変えて，鶴見とアジア女性基金の関係の問題に移りたい。黒川創によれば，1995 年夏から「女性のためのアジア平和国民基金」(略称・アジア女性基金) が発足し，鶴見も，その「呼びかけ人」に加わった (464)。これは重要である。単に名前を貸しただけではないからである。アジア女性基金のオリジンの発起人の中心人物の一人は和田春樹であるが，和田のことをある著名なフランス近代史研究者は「プラグマティスト」と呼んだことがある。当初は驚愕したが，よく考えてみると和田と鶴見の信頼関係は濃いものがある。さらに言えば，筆者のぼんやりした記憶にとどまるのであるが，和田の少年時代に鶴見の「思想の科学」関係の集いに参加していたらしいということを何かの本で読んだことがある。

　黒川は次のように述べている。

　　アジア女性基金とは，先の戦争中，日本軍の従軍慰安婦とされたアジア諸国の女性たちに，民間から募った「償い金」とともに，内閣総理大臣の名で「お詫びの手紙」を手渡し，あわせて政府予算による医療・福祉支援事業も行なおうというものだった。

　　この事業が，日本政府による正式な謝罪を求める人びとから批判を浴びたのは，「償い金」が日本政府の予算ではなく，民間の募金でまかなわれ，「国民，政府」の「協力」という曖昧な性格を帯びている点だった。これでは，従軍慰安婦とされた人びとに対し，日本政府が責任を認めた上で謝罪することにならないではないか，ということである。(464)

　筆者には，坂本義和のような著名な平和問題研究の国際政治学者たちもアジア女性基金には批判的であった記憶がある。鶴見俊輔に対しても，この事業の「呼びかけ人」になることに，多くの人たちから反対論があったという。黒川によれば，彼の自宅にまで，「鶴見さんを制止するように」と求める電話がかかって来たという。むろん，彼としては，「鶴見さんに

259

意見があるなら，当人に宛てて手紙でも書いてみてはどうか」と，勧めてみるほかないのだった，と言う。それでも，もちろん，黒川も，鶴見に，どうして「呼びかけ人」を引き受けたのですか，と尋ねてみたことはある（464-5），と述べている。

　黒川によれば，鶴見はふだんより少し重そうな口を開いて2つの点を挙げたという。1つには「状況から見て，元従軍慰安婦の人たちが生きているあいだに，日本政府の国家賠償が実現できるとは思えない。だとすれば，こんな形であれ『償い金』を実現させて，その上で，国家賠償は撤回せずに求めつづけていくのがいいんじゃないか。自分たちは（当事者からの抗議に）殴られつづけるほかないと思っている」（465）。もう1つには，「私のような考えの者も，こういう（政府寄りの）事業の内側に入っておくことで，将来，だんだんに事業の方向が変わっていくこともありうると思う」ということだった（465）。

　「アジア女性基金」については，筆者もかねて論じたことがある。そこでの結論は，「「慰安婦問題」が，中国，朝鮮，日本の3極構造になっていたことを，迂闊にも初めて知ったのだが，将来は構造的な平和・信頼関係が構築されることを願わずにはおられない」（土倉2022，244）というものだった。こう述べたのは，「慰安婦問題」は日本の「15年戦争」に大きく関係する。また，3国ではなく3極としたのは，朝鮮は現在2国あるからである。

　鶴見俊輔が，「アジア女性基金」の「呼びかけ人」になったことについて，鶴見は，鶴見と上野千鶴子，小熊英二との鼎談（鶴見・上野・小熊，2004）において，品のない言葉ではあるが，いわば2人から吊るしあげられる状態になる。この場面について，筆者は以下のように紹介したい。

　鶴見に言わせれば，鶴見自身は放蕩少年の出身だけあって，自分が和田春樹や大沼保昭よりもう少し悪知恵があるつもりであったと述べると，上野千鶴子が「和田さんや大沼さんを政治の素人とおっしゃるんですか」（鶴見・上野・小熊2004，85）と突っ込む。というのは，鶴見が「彼らは村

第6章 【書評】鶴見俊輔著『日本思想の道しるべ』（中央公論新社，2022年）

山政権のあいだに基金が実現すればチャンスだと思ったろうけど，政治の素人はそういうチャンスを活かせると思って，ミイラ取りがミイラになるんですよ」(85) と，上野から見ると，余計なことを言ったからである。しかしながら，筆者は鶴見のほうが上野よりはるかに優れた見識があると思う。

それはさておき，上野の突っ込みのあと，鶴見が独り言のように，「母方の家系でいうと，私は政治家の4代目なんですよ」(86) と応答するのだが，筆者は，はじめ，この上野と鶴見の応答を，冗談を含んだ売り言葉に買い言葉かと思った。しかし，よく考えてみると，それは50%で，あとの50%は，「政治家の4代目」は，はにかみやの鶴見のあまり表にしたくない本音，あるいは自負ではないかと思うようになった。

さて，鶴見には，「日本思想」の研究におおいに貢献するものとして，「共同研究 転向」という輝かしい仕事がある。

黒川創によれば，1954年晩秋，鶴見は，「思想の科学研究会」会員に転向の共同研究開始を呼びかけて，転向研究グループの最初の会合が持たれた。ちょうど，この時期，鶴見は京都大学人文科学研究所助教授の職を辞して，東京工業大学助教授に移っており，会合には大岡山の東工大構内にある鶴見研究室が使われた。鶴見には，みずから京都から東京に戻ることで，雑誌『思想の科学』の運営にてこ入れを図るとともに，転向の共同研究に本腰を入れたい意向もあった（黒川 2022, 46-7）。

続けて，黒川によれば，鶴見は，前の職場，京大人文研で，西洋部主任・桑原武夫のリーダーシップのもとに，精鋭の研究者が一堂に会する「ルソー研究」「フランス百科全書の研究」という大規模な共同研究に参加し，完結させたばかりだった。だが，今度の「転向」研究では，一転，こうした研究者としてのトレーニングの浅い陣容で挑もうということも，当初から鶴見の計画に含まれていたようだ，と黒川は述べる。なぜなら，鶴見には「大学所属の研究者のみから成る集団によって同時代の転向研究がなされるということの逆説」を突き崩したい，という考えがあったからで

261

あると黒川は言う (47-8)。

なぜ，これを「逆説」と呼ぶのか？　それは，「大学所属の研究者」たちこそ，戦時下，「転向」の主要な当事者だったからにほかならない (48)，というのが鶴見の考えだったと黒川は回想する。

筆者として，少しだけ鶴見の考え方に反論すると，鶴見は，戦時下，「大学所属の研究者」ではなかった。いわば局外者であった。したがって，局外者からの転向批判は，それはそれで，批判力に欠けるものがあるという「逆説」も成り立つのではないかという問題もある。

しかしながら，鶴見の偉さは，彼の著述が，共同研究とか，同人誌的な『思想の科学』という雑誌に，深く密接につながっていることである。ふと埴谷雄高のことを思い浮かべる。埴谷の拠点は『近代文学』であった。鶴見のそれは，『思想の科学』だけでなく，「共同研究　転向」があるのである。これは大事なことだと思われる。

2　白樺派，バーナード・リーチ，朝鮮

本章は，『日本思想の道しるべ』（鶴見，2022）の「書評」という意図で取り組んでいるつもりであるが，鶴見は『柳 宗悦』という単行本を1976 年に刊行している。それには，鶴見「柳宗悦」（鶴見，1975）論文は収録されていない。しかし，『日本思想の道しるべ』に収録されている論文（1975）よりも，『柳 宗悦』（1976）の方がはるかに分厚く，重要であるので，そちらで展開されている「柳宗悦論」も，以下，議論させていただくことにしたい。その理由は，鶴見の思想の中で柳宗悦の占める位置はかなり重要だと思われるからである。

さて，鶴見は，『柳 宗悦』（1976）版第 6 章「白樺派の文体」の冒頭で，バーナード・リーチの日本文化への愛着について次のように述べている。すなわち，鶴見は，「リーチの日本文化への愛着は別格である」と主張する。それに，白樺派，朝鮮，柳が絡む。鶴見はこう述べている。

第6章 【書評】鶴見俊輔著『日本思想の道しるべ』（中央公論新社，2022 年）

　　ニコライ・ラッセル，バジル・ホール・チェムバレン，ラフカディ
　オ・ハーンなどは，いずれも，青年時代の日本好きで，老年に入って
　からは日本を好まなかった。（鶴見 1976，142）

　　こうした中にあって，日本文化への好みのかわらなかった非日本人
　も何人かはあり，英国人バーナード・リーチはその 1 人である。それ
　は彼が陶工であるということからも来るだろう。陶器の世界では工業
　化の波に流されない作風がいくらかは日本に残り，それがリーチと日
　本文化とを結ぶ力となった。日本人の転向しやすさにもかかわらず，
　軍国主義時代にもそれにたやすくおしまけない柳宗悦など古い友人と
　のつきあいが，リーチにとって残ったという事情も手伝っているだろ
　う。（143）

　以上の鶴見言説は，鶴見流の独特なこじつけを感じさせないでもない
が，陶器と柳宗悦がバーナード・リーチの日本文化への愛着を呼んだとい
うことは興味深い視点であると思う。

　鶴見は，「志賀〔直哉〕・里見〔弴〕などのように，日本人のこまやかな
情緒を筆にしたと言われる小説家が，同時につねに人間として人間に語り
かけるという流儀を，国家主義と日本への回帰の時代にも手ばなさなかっ
たところに，私は白樺派の日本文学史におけるめずらしい役割を見る」
（146）と言う。そこまで白樺派を評価する鶴見の見識はユニークなものが
ある。

　鶴見は，この点で，白樺派は，横光利一，川端康成の新感覚派や，伊藤
整らの新心理主義文学と違うと言う。この特長は，民芸の批評という，国
家主義・民族主義にのめりこみやすい仕事を運動として続けながらも，人
間としての立場から一歩も身を移すことのなかった柳宗悦の文体とその物
の見方にも，よく現れている，と鶴見は考える。横光利一や伊藤整が，い
ざ戦争がはじまると，国境のこちら側の日本人しか目に入らなくなったの
と対照的に，柳宗悦には，戦争のむこう側にいる人びとの姿がいつも見え

263

ていた（146）と絶賛する。

　しかも，鶴見は，文体と思想のずれについて，軍国主義の渦中においては，柳は，白樺派とも分かつものがあったと，次のように言う。

　　　柳が，自分の好みに反して，その生涯の終りまで，実証的，論理的であったことが，思考のスタイル，文章のスタイルにあらわれており，このことが，軍国主義の時代にも，武者小路のように政府の戦争政策への手ばなしの讃美にむかうことから彼をさまたげた。それは，すこし見方をかえて言えば，『白樺』の人類普遍の立場から書く文体は，文体だけでは日本の軍国主義への同調をさまたげるのに十分の力となり得なかったことを示すもので，文体とそれに盛りこまれる思想との微妙なずれのあることを示唆する。（148）

　「文体とそれに盛りこまれる思想との微妙なずれ」という興味深い鶴見の指摘は重要であると思われる。

　さて，バーナード・リーチは，1909年，日本を再訪した。鶴見によれば，リーチは「上野桜木町に家をたてエッチングを教えた。9月の雨の夜，新築なったアトリエで第1回の公開教室を開き，柳宗悦，児島喜久雄，里見弴，武者小路実篤，志賀直哉ら15，6人を前にしてエッチングの歴史を語り，技法を実演した」（153）。

　ところが，リーチは「先生としての仕事をその出発に於て全くやめて終ふ方がいい」と悟った。「何といういさぎよさ」と鶴見は感嘆する。鶴見によれば，「このいさぎよさが，リーチと同年輩の日本人との間に新しい間柄をつくった。それは同輩としてのお互いの啓発である。自由に話しあえる仲間に外国人が1人加わったことが，白樺派のコスモポリタニズムに実質的な手がかりを与えた」（153）。

　鶴見のリーチへの高評価は尽きない。鶴見は次のように述べる。

264

第 6 章 【書評】鶴見俊輔著『日本思想の道しるべ』（中央公論新社，2022 年）

　　町の職人の仕事の中に，また人びとの好みの中にある「渋い」感じ
　は，リーチにとって，日本文化が世界にあたえ得るおくりものである
　と思われた。この渋さの中には，きらきらした世俗的なよそおいを脱
　ぎすてた別の境涯がひらけている。日本の武力と経済力へのつまらな
　いうぬぼれのうしろに，なお捨てられずに保たれている渋さの好み
　に，リーチは関心をもった。リーチのエッチング，陶器，家具の中に
　は，リーチが日本でまなんだ，渋いところがあらわれている。日本の
　渋さはもともとイギリスの民衆のもっている好み，イギリス人として
　もとからリーチのもっていた好みを，養い育てるはたらきをした。
　　柳によれば，リーチの特色は，ハーンとちがって古い日本とともに
　新しい日本をも見る力をもっていたことにある。(159)

鶴見がリーチとハーンを対比したところが重要であろう。それにしても
「日本の渋さ」という発想は鶴見のオリジナルなものであろうか。優れた
表現だと思われる。鶴見は続けて次のように述べている。

　　柳の死後，リーチは，彼自身は日本語をたやすくは読めないので，
　友人に助けられて，柳の著作の英訳をかなりの自由をもって編集し，
　『無名の工人』（講談社，1972 年）という 1 冊の本を作った。(161)
　　新しい日本に驚くというそのリーチの反応は，当時いずれも無名の
　高村光太郎，志賀〔直哉〕，武者小路〔実篤〕，柳〔宗悦〕にはじまって
　さらに淡島寒月，尾形乾山，富本憲吉，浜田庄司，岸田劉生にいた
　る，その交際の結果である。(160)

バーナード・リーチの日本文化への造詣の深さは数え切れない。もちろ
ん，そこには柳宗悦のサポートが大きかったことは言うまでもない。リー
チの『無名の工人』序文はそのことをよく表している。鶴見はこう述べて
いる。

265

この本への序文で，柳の著作について1つの疑問をのべている。それは，自覚的な方法をもつ芸術家と，そういう自覚と無縁な職人の関係についてである。ミケランジェロは木喰上人ではないし，浜田庄司のつくった茶盌は，16世紀に李朝の工人のつくった喜左衛門井戸ではない。それらはいずれも美しい花であって，天の円卓におかれた時に，どちらが美しいと言えるだろうか。

　リーチ自身では，個人の自覚にもとづく知的方法は人類存続のために必要であると考える。この点で，柳のように，かつての無名の工人の伝統にかえれとのみ言うことはできない。(161-2)

　リーチはまた，柳の著作の忠実な英訳に，手を加えながら，そのくりかえしの多いことにいくらかのわずらわしさを感じながらも，もとの文体を守りとおすことをえらんだと述べる。なぜなら，柳は，家をたてているのであって，柳の文章には，念をいれてたたいている大工の槌の音のようなものがあるという。(162)

　白樺派—バーナード・リーチ—柳宗悦の関係がよく表されていると思い，長々と引用したが，同時に，ここに，「転向研究」を経た鶴見の新境地が見られるのではないか，とも思っている。もちろん，鶴見は「転向研究」のずっと以前から傾倒がある。新境地とは根本的に深まったという意味である。

3　鶴見俊輔のパースナリズム

　さきにも引用したのであるが，「原理を原理としてイムパースナルなものとして守るというのでなく，むしろ，パースナルな行為の中からそれにふくまれているイムパースナルな原理（……）をくりかえしひきだしてゆくという，逆の行動が準備されることが必要である」(鶴見 2022, 125) というのは名言だと思われるが，このような思考法を鶴見の柳宗悦観に適用してみたい。

第6章 【書評】鶴見俊輔著『日本思想の道しるべ』（中央公論新社，2022年）

文筆家黒川創は力作の伝記『鶴見俊輔伝』（黒川，2018）で，鶴見の中学1年生のときの鶴見と柳宗悦の出会いを次のように描いている。

　　〔鶴見は〕中学1年生のとき，自発的に漢文の先生を付けてもらい，頼山陽『日本外史』から始めて，漢詩集，そして，『史記』の列伝を最初の10本ほどまで読んだ。父の祐輔が"英語人"なので，それとは違った世界を知りたいという気持ちも働いていた。

　　〔鶴見が〕黒い表紙の柳宗悦の宗教研究の本に出会ったのは，家庭教師だった和田周作（1916年生まれ）の下宿でのこと。和田は，当時，一高生で，祐輔の「火曜会」への参加者だった。それとはべつに，毎週土曜日午後，俊輔の家庭教師役としても通ってくれた。のちに，彼はポルトガル大使などをつとめる。（黒川 2018, 70）

　筆者として，2点だけコメントすれば，第1に，鶴見俊輔の父祐輔が"英語人"だったことは重要だったと思う。祐輔は政治家でもあっただけでなく，文人だった。俊輔が「政治家的センス」を持つように育ったことは不思議ではないと思われる。第2に，鶴見が黒い表紙の柳宗悦の宗教研究の本に出会ったのは，家庭教師だった和田周作（1916年生まれ）の下宿でのことだったことも大事なポイントだと思われる。こう言っては身も蓋もないかもしれないが，鶴見の育った家庭環境をうかがわせるわけである。

　黒川は，鶴見と柳宗悦のつながりの濃さを次のように記している。

　　1940年（昭和15）の夏休みに，鶴見は一時〔米国から〕帰国し，柳宗悦を目黒区駒場の自宅に訪ねている。日本民藝館を数年前に開設し，筋向かいの家に彼ら一家は住んでいた（現在の日本民藝館西館）。柳宗悦は，この時51歳。石屋根の長屋門を入って左手の小部屋で，面会に応じたという。鶴見としては，柳の初期から続くウィリアム・

ジェイムズへの関心，また，ウィリアム・ブレイクの詩への共感などについて，質問しようとしたらしい。自身が，ジェイムズについてまとまった論考を書きたいと思案し始めた時期だった。(108)

続けて，黒川が次のように叙述していることも，もっと印象深いものがある。

　　鶴見は，1年生のあいだ，ハーヴァード神学校にも通って，「組織神学」の講義を受けた。ユニテリアンの自由主義神学に立つ講義で，エマソンの汎神論，ソローらのヒンズー教などへの親近感，サンタヤナのカトリック経由の無神論などにも触れあうものだった。鶴見にとっては，小学生のころからなじんだ神と仏に区別を立てない柳の感覚が，そこに重なって浮かんできた。こうした日常の神秘のなかに，また1つのプラグマティズムへの回路があった。(108)

日常の神秘とプラグマティズム，柳と鶴見，真底において相通じるものを持っていたと言ってよいのではなかろうか。黒川は鶴見の著書『柳宗悦』(鶴見，1976) の執筆事情を次のように語っている。

　　鶴見俊輔『柳宗悦』(1976 年) は，先に連載を完結させていた「柳宗悦おぼえがき」に加筆してまとめられた。
　　〔1973 年，鶴見俊輔は〕メキシコからの帰国後，すでに柳宗悦 (1889-1961) は故人だったが，夫人の柳兼子 (1892 年生まれ，声楽家) はなお健在で，1人暮らしの三鷹のアパートメントを訪ねて，鶴見俊輔は話を聞いた。1940 年 (昭和 15) 夏，留学中の米国から一時帰国した18 歳のとき，目黒区駒場の自宅に柳宗悦を訪ねて以来，30 数年ぶりの柳家訪問だった。(409)
　　18 歳の鶴見が駒場の柳家を訪ねたとき，道路一本隔てた向かい側

第6章 【書評】鶴見俊輔著『日本思想の道しるべ』（中央公論新社，2022年）

には，すでに日本民藝館が開館し（1936年），柳宗悦自身が館長職に就いていた。今度の取材で，鶴見は，柳宗悦の4男・宗民（1927年生まれ，園芸家）から，こんな話を聞く。

　「自分の家で佃煮などを入れているいれものがないなと思うと，時々，民芸館の陳列棚に入っていたりした。しばらくすると戻ってきた。父は，ものは使えば使うほど美しくなるという説だった。」(409)

　鶴見は言っている。「自分の生活それ自体が1つの蒐集で，そういうものとして蒐集を考えてゆきたいという主張が，そこにあった。ヨーロッパの美術館とはちがう考え方である」(410)。鶴見が「ヨーロッパの美術館とはちがう考え方である」と感心するところが面白い。柳のライフスタイル，民藝観が思い浮かぶのである。

　さて，黒川の話は，金芝河投獄反対署名運動に移っていくが，ここでも柳への回想がよみがえる。黒川はこう書いている。

　鶴見俊輔は，詩人・金芝河（1941年生まれ）の投獄に反対する署名簿を携え，軍事政権下の韓国に渡ったことがある。そのさい，ソウル市中心部にあるドーム付きの壮麗な政府庁舎「中央庁」で，応対に出た韓国政府側の要人に，金芝河の釈放を求める署名簿の写しを渡した。だが，ふと気づくと，この建物は，彼自身が8歳のころ（1930年），祖父・後藤新平の幼友達，斎藤実への挨拶に連れてこられた，あのときの朝鮮総督府の建物なのだった。(410)

黒川は続ける。

　日本による植民地支配下に置かれた朝鮮・京城（現在のソウル）で，朝鮮総督府のドーム付き5階建ての庁舎は，北岳山を背とする朝鮮王朝時代の宮殿（景福宮）の前面に，立ちはだかるように建設され

269

た（1926 年竣工）。宮殿の正門である光化門は，この工事のために，当初，破却するものとされていた。その計画を知ると，すぐに，柳宗悦は「失われんとする一朝鮮建築のために」という文章を書き，「改造」（1922 年 9 月号）に発表する。これをきっかけに，かろうじて光化門については，宮殿敷地内の工事の邪魔にならない場所に移築する，という方針変更が示されたのだった。(410)

　黒川は言う。「鶴見自身の韓国再訪の経験が，このようにして，柳宗悦という人物への見方にも新しく光を差し入れた」(410)。「見方」というのは「思想」につながる。

　そして，これに関連して，鶴見が，本章でさきにも引用したが，「日本社会の中ではたらきつづける巨大かつ豊富なパースナリズムの伝統から何ものかをたえずひきだしてくること」（鶴見 2022, 125）を提起していることは，いかにも鶴見らしい主張である。

　しかしながら，「パースナリズム」については，以下のような丸山眞男の指摘のほうがオーソドックスであると思う。ここで，丸山の指摘するその箇所の引用をしておきたい。ただし，鶴見から「それを言っちゃあ，おしまいよ」と言われそうであることは承知しているつもりである。丸山は次のように指摘している。

　　近代社会のように人間がその固定的環境から分離し，未知の人間相互の間に無数のコミュニケーションが行われるようになれば，既知の関係を前提とした伝統や「顔」はだんだん用をなさなくなる。だから客観的な組織やルールが「顔」に代り，人間相互の直接的感性的関係がますます媒介された関係に転化するという面を捉えれば，近代化というのは人格関係の非人格化の過程ともいえるが，他方因習から目ざめてそうしたルールなり組織なりを工夫してつくって行く主体として己れを自覚する面から見れば，それは逆に非人格関係の人格化という

第 6 章 【書評】鶴見俊輔著『日本思想の道しるべ』（中央公論新社，2022 年）

ことになるわけだね。べつに両面は本来的に矛盾したことではないん
だ。（丸山 1995，219-20）

近代化とは「非人格関係の人格化」でもあるとする丸山説に賛成した
い。極言すれば，「思想」というものを「社会科学的」に考えるか，「文
学」的に考えるか，によるのではないだろうか。

Ⅳ　おわりに

筆者が「書評」の試みとして，鶴見の当該書（鶴見，2022）を読んでい
る途中で吃驚したのは，本章にも引用してあるが，鶴見が次のように書い
ている箇所である。

　　1935 年にいたって，大原孫三郎の寄付を得て，東京に日本民芸館
　　をつくることになり，1936 年に完成した。（鶴見 2022，206）

柳宗悦は，大原孫三郎の寄付を得て，東京に日本民芸館をつくったので
ある。
　大原家は倉敷の屈指の地主であり，孫三郎の父孝四郎は，1887 年に倉
敷紡績を立ち上げた実業家だった。
　大原美術館を創設したのは，孫三郎であったが，それをさらに発展させ
たのは，長男大原総一郎であった。1961 年に藤島武二，青木繁，岸田劉
生，小出楢重など近代日本の洋画家作品や，現代美術の作品を展示する分
館，同年に河井寛次郎，バーナード・リーチ，濱田庄司，富本憲吉の作品
を展示する陶器館を開館させた。
　倉敷は筆者の郷里である。筆者は，学生時代，大原美術館や，大原陶器
館に通うのが大事な楽しみだった。その頃，何故，大原陶器館に，外国人
の作品が日本の大家と並んで陳列されているのか，不思議な気持ちだった
が，詳しく調べたりはしなかった。

271

今度，当該の書評書を読んで，何かある種の感動を覚えた。一言で言えば，バーナード・リーチ，濱田庄司，富本憲吉の背後にいるのは柳宗悦ではないか。蛇足ながら，大原ファミリーは倉敷民芸館も付設させている。

鶴見は，柳宗悦は思想家であるという。同感である。そうすると，思想とは何かというところまで進まなければならないかもしれないが，それは他日の課題としたい。

それはさておき，筆者より3歳年長の長谷川宏も『日本精神史　近代篇（上）』（長谷川，2023）という力作の柳宗悦論を書いている。おそらく，鶴見の宗悦論も念頭にあったと思われるが，筆者が目を通した限りでは，長谷川の鶴見への言及はなかったように思う。長谷川は次のように述べる。

> 柳宗悦は，柳田国男に比べると，国家にたいしてきちんとした距離を取り，生涯を通して国家にたいする批判的な目をもちつづけた。アジア・太平洋戦争下においても戦争体制を翼賛する態度を取ることなく，好戦的なことばを書き記すことはなかった。（長谷川 2023, 423）

柳宗悦は，白樺派でありながら，この点において，白樺派の大勢とは後に態度を分かつものであったことを長谷川ははっきり指摘している。と同時に，柳宗悦の民芸にたいする行動を長谷川は次のように要約する。

> 行動的でもあった柳，河井，浜田は日本の各地をわたり歩いて埋もれた民芸の発掘と蒐集に努めたが，人目を引かない民芸からかれらの受けとった奥深い感動と感銘は，だれよりも現在と未来の民衆へととどけられ，民衆と共有さるべきものであった。（433）

あとがきにしては，長谷川宏の柳宗悦論に深入りしすぎたかもしれない。これについても他日の課題とさせていただきたい。

第 6 章　【書評】鶴見俊輔著『日本思想の道しるべ』（中央公論新社，2022 年）

参考文献

小田　実（1972），『何でも見てやろう』，河出書房新社。

苅部　直（2006），『丸山眞男』，岩波新書。

黒川　創（2018），『鶴見俊輔伝』，新潮社。

―――（2022），「鶴見俊輔――『思想の科学』と転向研究」，筒井清忠編『昭和史講義【戦後文化篇】（上）』，ちくま新書，39-54 頁。

竹内　好（1980），「中国のレジスタンス――中国人の抗戦意識と日本人の道徳意識」，『竹内好全集』第 4 巻，筑摩書房，16-42 頁。

筑紫申真（1962），『アマテラスの誕生』，講談社学術文庫，2002 年。

鶴見俊輔（1975），「解説」，―――編集・解説『近代日本思想大系　24　柳宗悦集』，筑摩書房，425-40 頁；「柳宗悦」，―――（2022），後掲書，189-212 頁。

―――（1976），『柳宗悦』，平凡社；「柳宗悦」，『鶴見俊輔集・続―― 4 柳宗悦・竹内好』，筑摩書房，2001 年，3-184 頁。

―――（2022），『日本思想の道しるべ』，中央公論新社。

―――・上野千鶴子・小熊英二（2004），『戦争が遺したもの――鶴見俊輔に戦後世代が聞く』，新曜社。

土倉莞爾（2022），「［書評］和田春樹著『慰安婦問題の解決に何が必要か』（青灯社，2022 年)」，『関西大学法学論集』第 72 巻第 4 号，216-44 頁。

橋川文三（1977），「柳田国男」，『柳田国男――その人間と思想』，講談社学術文庫。

長谷川　宏（2022），「解説　持続する思考」，鶴見俊輔（2022），前掲書，314-9 頁。

―――（2023），『日本精神史　近代篇（上)』，講談社。

丸山眞男（1961），『日本の思想』，岩波新書。

―――（1995），「肉体文学から肉体政治まで」，『丸山眞男集』第 4 巻，岩波書店，207-27 頁

柳田國男（1997），「故郷 70 年」，『柳田國男全集』21 巻，筑摩書房，1-375 頁。

夢野久作（1933），「氷の涯」，西原和海［ほか］編集『定本 夢野久作全集』第 3 巻，国書刊行会，2017 年，210-88 頁。

あとがき

　まず，本書の基礎となった各章の論文の初出を以下のように明らかにしておきたい。

第1章　「非暴力直接行動と鶴見俊輔」（『関西大学法学論集』第71巻第4号）（2021年11月），57-90頁。

第2章　「鶴見俊輔の「方法としてのアナキズム」」（『関西大学法学論集』第71巻第5号）（2022年1月），1-31頁。

第3章　「鶴見俊輔：ひとりの保守主義者」（『関西大学法学論集』第71巻第6号）（2022年3月），1-41頁。

第4章　「戦後思想史において『思想の科学』とは何であったのか」（『関西大学法学論集』第72巻第1号）（2022年5月），1-23頁。

第5章　「「共同研究　転向」と鶴見俊輔」（『関西大学法学論集』第72巻第2号）（2022年7月），1-31頁。

第6章　「［書評］鶴見俊輔著『日本思想の道しるべ』（中央公論新社，2022年）」（『関西大学法学論集』第73巻第1号）（2023年5月），139-62頁。

　ご覧のとおり，著者は以上の6論文を，関西大学を2014年に退職して7年後に書いたことになる。したがって，著者が「まえがき」で居直ったように，本書は，「著者の漫然とした私的な読書遍歴の「なれの果て」」なのである。

　ただし，だからと言って，退職後，2冊目の本書を刊行したからといって，これをもって，現職の頃に勉強した地点から，離別しようとは毛頭考えていない。

　たしかに，著者の専門であるフランスを中心としたヨーロッパの政治，

275

政治史の現地に，フィールド・ワークとして渡航するには，気力も体力も衰えているが，そのぶん，現職の頃の課題の「枯れた勉強」が進むに違いないと本気に考えている。

さて，「はったり」めいたスピーチはこれくらいにして，本書の各章の「解説」のようなものを略記させていただきたい。

第1章「非暴力直接行動と鶴見俊輔」では，次のようなテーマを扱っている。すなわち，「動く」鶴見俊輔の始まりに関するものである。鶴見と小田実との出会いが大きい。次に韓国慰安婦問題で，「アジア女性基金」をとおして，和田春樹にも協力する。これらの鶴見の思想と行動は，鶴見の原点であると著者は考えている。

第2章「鶴見俊輔の「方法としてのアナキズム」」では，加藤典洋や熊野純彦に教えられて，埴谷雄高と鶴見の親和を追跡しただけでなく，鶴見の好きなソローやクロポトキンにも論及した。

第3章「鶴見俊輔：ひとりの保守主義者」では，中島岳志に教えられて，鶴見を，「ひとりの保守主義者」という観点から，鶴見と『戦艦大和の最期』の著者吉田満との対談を取りあげる。次に，「もうひとりの保守主義者」として，鶴見が好評価する丸山眞男と鶴見の対話を取りあげてみた。

第4章「戦後思想史において『思想の科学』とは何であったのか」では，まず，『思想の科学』の創刊について，鶴見・上野・小熊『戦争が遺したもの――鶴見俊輔に戦後世代が聞く』をベースにして，たどり，次に『思想の科学』の50年間についても，同書を参考にしただけでなく，それに加えて，鶴見『期待と回想』（下巻）も参照した。

第5章「「共同研究　転向」と鶴見俊輔」は，鶴見が立ち上げた「共同研究　転向」研究会が提起した問題を探ろうとした。まず，「共同研究　転向」のモチーフについて，上記『期待と回想』（上巻）を参照したが，次に『戦争が遺したもの――鶴見俊輔に戦後世代が聞く』も参考にした。その次に，「共同研究　転向」の発展と展開について，高畠通敏の言説を

276

あとがき

中心に論じた。最後に，「転向の遺産」について，戦後転向の問題を，清水幾太郎，西部 邁というモデルをケースタディとして検討した。

第6章「【書評】鶴見俊輔著『日本思想の道しるべ』（中央公論新社，2022年）」は，著者（土倉）の書評論文である。したがって，鶴見の言説をいくつか抜き書き的に，抜粋，引用して，著者が短いコメントをセンテンスごとに付記するという構成となっている。まず，『日本思想の道しるべ』の便概として，1. 日本思想の可能性，2. 日本の思想百年，3. 日本の思想用語，4. 日本の折衷主義　新渡戸稲造論，5. 柳宗悦を紹介し，次に，この書の主要な論点として，1.『日本思想の道しるべ』の舞台裏，2. 白樺派，バーナード・リーチ，朝鮮，3. 鶴見俊輔のパースナリズムについて拙論を書き添えたものである。

最後に，本書が論文から本へと発展してゆくにあたっては，編集業務，印刷業務をお引き受けいただいた関西大学出版部と，協和印刷株式会社の行き届いた適切なご指導，ご鞭撻，ご遂行がなければ，刊行はありえなかったであろう。記して感謝を捧げたい。

出版部では，宮下澄人氏にとくにお世話になった。心からお礼申し上げたい。宮下氏は，冷徹で誠意ある編集者として，著者の稚拙どころか，乱れに乱れた著者の粗悪な雑原稿をご丁寧に分析し，ご批評，ご助言くださった。著者はそれに従って改稿を重ねた結果がこの書であることを付言させていただきたい。

2025年1月7日

土倉　莞爾

【著者紹介】

土倉莞爾（とくら・かんじ）

1943 年	満州国（現中国東北部）に生まれる
1966 年	神戸大学法学部卒業
1971 年	神戸大学大学院法学研究科博士課程単位取得退学
1970 年	関西大学法学部助手
1983 年	関西大学法学部教授
2011 年	関西大学特別契約教授
2014 年	関西大学退職
現　在	関西大学名誉教授
著訳書	『フランス急進社会党研究序説』（関西大学出版部，1999 年），『現代フランス選挙政治』（ナカニシヤ出版，2000 年），『拒絶の投票：21 世紀フランス選挙政治の光景』（関西大学出版部，2011 年），『現代日本の政治思考的考察』（関西大学出版部，2015 年），『ポピュリズムの現代─比較政治学的考察』（関西大学出版部，2019 年），『西ヨーロッパ・キリスト教民主主義の研究』（関西大学出版部，2021 年），『キリスト教民主主義と西ヨーロッパ政治』［共編著］（木鐸社，2008 年），水島治郎編『保守の比較政治学』［共著］（岩波書店，2016 年），水島治郎『ポピュリズムという挑戦：岐路に立つ現代デモクラシー』［共著］（岩波書店，2020 年），マルコム・アンダーソン『戦後ヨーロッパの国家とナショナリズム』［共訳］（ナカニシヤ出版，2004 年），トニー・ジャット『知識人の責任』［共訳］（晃洋書房，2009 年），アンソニー・セルドン編『ブレアのイギリス：1997-2007』［共監訳］（関西大学出版部，2012 年）ほか。

思想家鶴見俊輔とその時代

2025年 3 月14日　発行

著　　者	土倉莞爾
発 行 所	関西大学出版部 〒564-8680 大阪府吹田市山手町 3-3-35 TEL 06-6368-1121(代) / FAX 06-6389-5162
印 刷 所	協和印刷株式会社 〒615-0052 京都府京都市右京区西院清水町 13

ⒸKanji TOKURA 2025 Printed in Japan
ISBN978-4-87354-794-7 C3031　落丁・乱丁はお取替えいたします

JCOPY ＜出版者著作権管理機構委託出版物＞

本書の無断複製は著作権法上での例外を除き禁じられています。複製される場合は、そのつど事前に、出版者著作権管理機構（電話 03-5244-5088，FAX 03-5244-5089，e-mail: info@jcopy.or.jp）の許諾を得てください。